AF325273

HISTOIRE

DE

L'ART DE LA GUERRE

AVANT

L'USAGE DE LA POUDRE

PAR

ÉD. DE LA BARRE DUPARCQ

CAPITAINE DU GÉNIE

Professeur d'art militaire à l'École de St-Cyr,
Correspondant de l'Académie royale d'histoire de Madrid.

PARIS

CH. TANERA, ÉDITEUR

LIBRAIRIE POUR L'ART MILITAIRE, LES SCIENCES ET LES ARTS
Quai des Augustins, 27.

1860

HISTOIRE

DE

L'ART DE LA GUERRE

HISTOIRE

DE

L'ART DE LA GUERRE

AVANT

L'USAGE DE LA POUDRE

PAR

ÉD. DE LA BARRE DUPARCQ

CAPITAINE DU GÉNIE

Professeur d'art militaire à l'École de St-Cyr,
Correspondant de l'Académie royale d'histoire de Madrid.

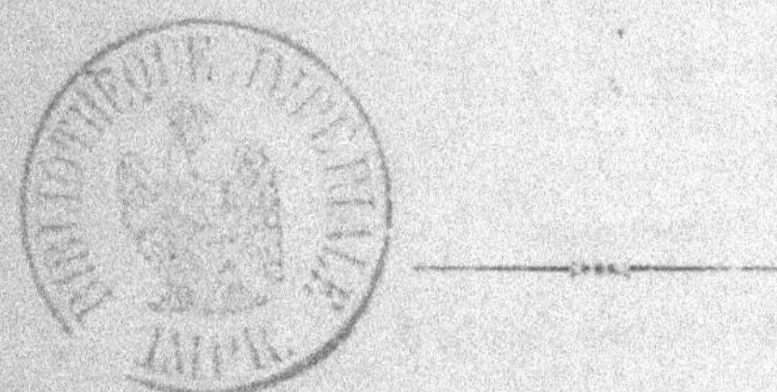

PARIS

CH. TANERA, ÉDITEUR

LIBRAIRIE POUR L'ART MILITAIRE, LES SCIENCES ET LES ARTS

Quai des Augustins, 27.

1860

A MON PÈRE

J.-Ch.-Fr. de La Barre Duparcq

Conseiller honoraire à la Cour des comptes

TÉMOIGNAGE

D'affection et de respect.

AVANT-PROPOS.

Ce livre forme la première moitié d'une *Histoire de l'art de la guerre* à laquelle je travaille depuis 1848 : si d'autres travaux m'ont longuement distrait de sa composition, ils s'y rattachaient cependant et, sous ce rapport, ne lui auront pas été inutiles.

Une semblable histoire demanderait à être écrite avec supériorité ; à défaut, je crois l'avoir écrite avec conscience.

Toutes les histoires de l'art militaire sont plutôt des récits de faits de guerre que la formule des progrès successifs de l'art proprement dit. J'essaye d'aborder ce sujet en le dégageant de tous les détails d'action destinés à grossir le texte, de manière à tracer le développement pur et simple de cet art, autant que les documents parvenus à ma connaissance me fournissent des jalons certains.

A cette indication de mon point de vue spécial, j'ajoute que mes efforts tendent à traiter avec assez de détails ce qui concerne les peuples conquis par les Romains et les peuples barbares, ainsi que la première partie du moyen âge, sur laquelle glissent dédaigneusement presque tous les auteurs militaires.

Pourtant, comme caractère général, mon travail reste plutôt sommaire que développé, et cela pour un motif bien naturel et fort avouable. Placé dans une sphère modeste et réduit à mes propres forces, je n'ai pas à ma disposition la plénitude de moyens d'exécution littéraire et de publication qui serait peut être nécessaire pour faire mieux. Je fais donc un écrit court, comme une espèce de spécimen de ce que je serais capable d'exécuter si je venais à être transporté dans de meilleures conditions.

Malgré ma brièveté calculée, qui n'a pas d'inconvénient pour le lecteur sérieux, déjà familier avec l'histoire générale, je crains qu'on ne trouve mon texte trop peu relié, décousu : c'est alors sans doute que j'ai conçu sur une échelle trop grande et que j'ai manqué ensuite de matériaux. Je crois connaître plusieurs autres défauts de ce livre : aussi je recevrai avec plaisir les observations critiques tendant à me les faire approfondir, à m'en signaler d'autres, à me fournir le moyen de les éviter si ce travail doit être réimprimé un jour; avec le concours d'avis bienveillants, je parviendrai sans doute plus tard, en y revenant à plusieurs reprises (cette histoire ne saurait être l'œuvre d'un jour), à le rendre plus correct, plus riche de faits, plus juste dans ses appréciations.

Je n'ai pas voulu, en supposant que j'en sois capable, faire ici de l'érudition proprement dite, de l'érudition digne de l'Académie des inscriptions; pour pouvoir la faire, il aurait fallu joindre à la lecture assez étendue que je possède la connaissance complète des langues grecque et latine qui n'est pas mon lot, et ce défaut, au dernier moment, me fait trembler pour mon travail qu'il a pu entacher de bévues impardonnables. Quoiqu'il en soit, j'ai voulu seulement essayer d'une érudition suffisamment exacte, et plus utile par sa forme même aux officiers mes camarades et aux gens du monde (1), chez lesquels j'ai toujours désiré voir répandre les notions militaires. Cet ouvrage d'un officier pourra peut être aussi être utile aux érudits par son point de vue même. D'ailleurs une *Histoire complète de l'art de la guerre* doit partir, ce me semble, d'une

---

(1) J'entends par ces mots: *tout le monde*, tous ceux qui ne sont pas militaires ou érudits.

plume militaire, et cette plume ne saurait échapper à la nécessité d'y parler au début des anciens, malgré, je le répète, son incompétence probable à l'égard des sources antiques.

ÉDOUARD DE LA BARRE DUPARCQ.

23 mars 1860.

HISTOIRE

DE L'ART

DE LA GUERRE

INTRODUCTION GÉNÉRALE

ORIGINE DE L'ART DE LA GUERRE

La guerre, fille de la discorde, est ancienne comme le monde.

Les instruments de guerre furent simples chez les premiers peuples : ils se perfectionnèrent, comme tous les produits des arts, avec la civilisation.

Les pierres lancées à la main, le bâton durci au feu, la massue, voilà les premières armes offensives ; ensuite on imagina l'arc (1) et la fronde, et, à la découverte des mé-

(1) Les premières flèches en usage étaient garnies d'une pointe en silex, en os, en coquillages, en arêtes de poissons. Suivant GOGUET, l'arc est plus ancien que la fronde. (*De l'Origine des lois, des arts et des sciences*, 6e édit., 1820, tome 1er, p. 433.) BRILLAT-SAVARIN pense que l'emploi uniforme de l'arc, sous toutes les latitudes, « doit provenir d'une cause qui s'est cachée derrière le rideau des âges. » (*Physiologie du goût*, Méditation XXVII, n° 123.)

taux, on fabriqua des javelots, des lances, des épées, d'abord
en cuivre, puis en fer. Les premières armes défensives employées furent le bouclier, le casque et la cuirasse façonnés
en peaux d'animaux.

Pour se mettre à l'abri des surprises, on entoura les habitations de haies, de fossés, de pieux, de palissades clayon-
nées, de murs. Pour repousser l'ennemi les hommes se
groupèrent en petits corps d'infanterie; et bientôt, guidés
par l'impression que fait tout objet qui domine, ils inventèrent les chars et montèrent les animaux qu'ils avaient à
leur disposition : les chevaux, les éléphants, les chameaux
ou dromadaires (1), les onagres.

Avec l'accroissement de la population les corps d'infanterie
se grossirent, les chars et les cavaliers se multiplièrent.
Chaque peuple organisa ses combattants. Parmi ces combattants, les uns, *armés à la légère*, furent destinés à l'escarmouche, les autres, *pesamment armés*, furent réservés
pour le choc. L'escarmouche et le choc constituent deux
manières de combattre puisées dans les mœurs des animaux,
et par conséquent de toute antiquité.

En ces temps primitifs, à ce début des sociétés, l'art de
la guerre, cet art expérimental et traditionnel qui se fonde
sur tous les arts et sur toutes les sciences, n'existait pas, ne
pouvait exister. Aussi la victoire appartenait exclusivement
entre individus *à la force*, entre peuples *au nombre*.

On voit en effet *le nombre* former chez les premiers

______

(1) Les chameaux en Asie, les dromadaires en Afrique.

peuples l'indice de la puissance. Les souverains, rivalisant à qui aurait le plus de combattants, favorisaient dans ce but (1) la population et accordaient des gratifications aux pères de nombreuses familles. Ils se plaisaient à traîner à leur suite une multitude confuse, aussi difficile à discipliner qu'à nourrir, pensant ainsi décider de la victoire et prévenir les troubles qui pourraient s'élever en leur absence (2). Les premiers conquérants, dont l'histoire peu connue du berceau du monde laisse entrevoir les hauts faits, nous apparaissent à la tête de millions d'hommes, effectifs dans lesquels il faut sans doute comprendre les femmes qui, chez les peuples d'Asie, suivaient ordinairement leurs maris à la guerre (3). Le passage de semblables armées affamait nécessairement les pays traversés, car alors la guerre nourrissait la guerre; et d'ailleurs eût-il été possible d'organiser un service de subsistances capable d'alimenter régulièrement de telles masses? Pour éviter un semblable fléau, pour se soustraire au pillage, but et conséquence de ces invasions, les populations n'avaient d'autre ressource que de se réfugier dans des villes fortifiées. Aussi construisait-on des cités d'une étendue proportionnée à l'agglomération d'habitants qu'elles devaient recevoir. Memphis, Ninive, Babylone, dont l'immensité rencontre de nos jours tant d'incrédules, n'étaient autre chose que des places de refuge. L'enceinte de ce

(1) Et non dans un but moral, comme des auteurs l'ont prétendu.

(2) BARTHÉLEMY, *Voyage d'Anacharsis*, 2ᵉ section de la IIᵉ partie de l'Introduction.

(3) XÉNOPHON, *Cyropédie*, livre IV, chap. 3.

places, généralement de forme carrée, consistait en parapets de terre avec fossé (1), ou en murs épais garnis de tours.

Ces innombrables armées se composaient d'infanterie, de chars et d'hommes montés sur des chameaux, des éléphants et des chevaux, c'est-à-dire d'hommes à pied et d'hommes montés sur des machines ou sur des animaux.

L'homme à pied, en grand nombre, était pourtant alors peu estimé : on préférait l'homme monté et surtout les chars, que les peuples d'Asie considéraient comme la force principale des armées. Il faut diviser ces chars de guerre en trois espèces : les chars propres au transport des combattants, les chars armés de faulx, les chars portant des machines.

Les chars destinés au transport des combattants possèdent la plus haute antiquité : leur usage précède celui des hommes montés à cheval, c'est-à-dire de la cavalerie proprement dite (2). Ils consistaient en plates-formes garnies sur le devant d'un petit parapet, montées sur un essieu à deux roues, attelées le plus souvent de deux chevaux bardés, et assez larges pour contenir au minimum deux hommes, un conducteur et un combattant. Cette espèce de char servait de monture aux guerriers éminents ; les chefs et les rois haranguaient leurs troupes du haut de ces tribunes mobiles.

(1) Telle était l'enceinte de Memphis. L'étendue intérieure des places des premiers peuples explique la longue durée des siéges à cette époque : les assiégeants avaient en effet, à l'intérieur des remparts, des champs qu'ils pouvaient cultiver pour se nourrir.

(2) GOGUET, ouvrage cité, tome Ier, p. 330. — FABRICY, *Recherches sur l'époque de l'équitation et de l'usage des chars équestres chez les anciens*, 1764, tome Ier, p. XXVI, tome II, p. 334.

Les chars armés de faulx et les chars portant des machines, plus récents que les précédents, sont contemporains de l'usage de la cavalerie ou postérieurs à cet usage.

Les chars armés de faulx proviennent d'un perfectionnement des premiers chars employés : on imagina en effet d'armer ces chars de guerre pour les rendre plus redoutables, et l'on plaça « à chaque extrémité des essieux deux faulx longues de trois pieds, l'une disposée horizontalement, l'autre verticalement, pour couper en pièces les hommes et les chevaux renversés. On ajouta dans la suite deux longues pointes au bout du timon pour percer tout ce qui se présentait, et l'on arma le derrière du chariot de lames tranchantes pour empêcher qu'on ne pût y monter (1) ». On agrandit bientôt ces chars afin qu'ils pussent contenir plusieurs combattants : dès lors ils ne furent plus la monture exclusive des guerriers éminents. Mais on eut soin de conserver des chars armés de faulx exclusivement destinés au carnage, et conduits par un seul homme bardé et monté sur un des chevaux qu'il conduisait : ces chars n'étaient plus alors que des espèces d'avant-trains armés en tous sens de pointes et de lames tranchantes, que le conducteur pouvait, dit-on, allonger et mouvoir au moyen de courroies et de ressorts.

Les chars portant des machines se construisaient sans doute suivant les machines qu'ils recevaient et qui étaient des machines de jet, des machines incendiaires ou des tours.

(1) Joly de Maizeroy, *Cours de tactique*, 1785, tome Ier, p. 12 et 13.

Les combattants montés dans ces tours tiraient contre l'armée ennemie par dessus l'infanterie derrière laquelle ils se trouvaient rangés.

La construction des chars de guerre variant d'un peuple à l'autre, la description qui précède indique la forme la plus généralement adoptée, et si l'on est entré dans quelques détails, c'est que le char de guerre demeure la machine la plus caractéristique de l'art de la guerre chez les premiers peuples.

Les chameaux, dont la vue et l'odeur effrayaient les chevaux et jetaient le désordre dans la cavalerie, étaient montés par des archers.

Il faut considérer les éléphants comme des combattants isolés ou en portant d'autres. Redoutables et par leur masse et par l'usage destructeur de leur trompe et de leurs défenses, ces animaux, lorsqu'on ne les destinait point à lutter seuls, portaient des tours où se plaçaient ordinairement quatre combattants.

L'art de la guerre naquit dans un pays de plaines et dans un climat sec : quand même on ne saurait pas que telle est la nature du sol et du climat de l'Asie, contrée habitée par les premiers peuples, la description sommaire des moyens de guerre employés par ces peuples, telle que nous venons de la donner, le démontrerait suffisamment. D'innombrables armées ne conviennent pas en effet aux pays accidentés, où

tout les arrête et les fractionne, et l'usage des chars et des
éléphants exige un sol uni et ferme (1). Indépendamment de
la différence des terrains et des climats, le perfectionnement
de l'art devait d'ailleurs tendre à faire disparaître ces premiers moyens de destruction, car l'art de la guerre est un
art d'envahissement, et comme tel doit employer des procédés applicables en tous lieux : aussi le verrons-nous, dans le
cours de cette histoire, secouer, à plusieurs reprises, les
usages alourdissants pour se rendre plus léger, plus mobile,
plus universel.

(1) ARMANDI, *Histoire militaire des éléphants*, p. 50 et 328. — « Lorsque
les chars n'ont pas d'élan, ils sont sans force, » rapporte PLUTARQUE dans
la *Vie de Sylla*.

CHAPITRE Ier

PREMIERS PEUPLES.

§ 1er. CHINOIS.

Il paraît certain que, plus de vingt-six siècles avant J.-C., il existait un art militaire en Chine. Comme les annales des Assyriens et des Égyptiens ne nous sont pas parvenues, il est impossible de fixer l'époque où naquirent la civilisation et l'art militaire de ces deux peuples intelligents : tout en présumant donc que cette civilisation et cet art militaire doivent remonter très-haut, peut-être même aussi haut que la civilisation et l'art militaire de la Chine, nous devons naturellement commencer par les Chinois dans ce chapitre consacré aux premiers peuples.

Vingt siècles au moins avant notre ère, les Chinois possèdent des armées bien subdivisées, chaque subdivision ayant pour la guider un drapeau de couleur spéciale. La cavalerie et les chars de guerre y manœuvrent par grandes masses ; parmi ces chars, citons le *char volant*, capable de contenir vingt-cinq hommes, et cependant assez léger (1) pour être

____

(1) Construit en bambou, sauf le brancard et les roues.

traîné à vide par un cheval et être transporté au besoin par six hommes.

Déjà ils savent assiéger les places, et le faire en se couvrant.

Onze siècles avant J.-C., ils se rangent tactiquement sur une seule ligne à intervalles, formée de cinq *carrés* égaux en front et en distance.

Quatre siècles antérieurement à l'ère chrétienne, au dire du P. Amiot (1), ils connaissent la poudre de guerre, qu'ils fabriquent *blanche*. Le même auteur ajoute à la connaissance de la poudre la connaissance des propriétés de cet agent, et même l'emploi des bouches à feu ; je crois qu'il faut ici restreindre son assertion. Les Chinois utilisaient alors la poudre à la confection d'artifices divers, et aussi pour produire l'explosion à distance de globes en fer creux ; mais ils n'eurent véritablement des bouches à feu qu'au début de notre ère, et ce qui semble le prouver, c'est que les *canons* qu'ils emploient à ce dernier moment sont des canons en cercles de fer, et par conséquent d'une construction simple et naïve (2). Leurs canons restèrent toujours très-inférieurs, puisque, l'année 1271 de l'ère chrétienne, ils appellent à leur aide deux ingénieurs européens, qui leur construisent plusieurs catapultes, et amènent ainsi la reddition de la place de Siang-Yang.

Ils ont pour principales armes offensives : l'arc, le sabre courbe, la hache, la pique de longueur variable ; leur cavalerie se défend comme leur infanterie : par un casque, une cuirasse, un bouclier rond.

Leurs armées sont gigantesques : au viiiᵉ siècle de notre

____

(1) *Mémoires sur les Chinois*, tome VIII, p. 336.

(2) Ce genre de construction se reproduit en Europe au xive siècle.

ère, par exemple, ils achètent 180,000 chevaux, pour remonter leur cavalerie.

Ils étudient la théorie de la science militaire; chez eux, cette science confère comme les autres le titre de *docteur*, et ouvre des concours (1) dont les lauréats obtiennent de l'avancement. Les écrits de leurs généraux renferment les préceptes les plus sages, surtout pour la partie morale et l'appréciation du cœur humain.

Le P. Amiot prétend que, « s'il y a de la différence entre la milice d'aujourd'hui et celle des anciens Chinois, elle ne se trouve guère que dans une certaine police extérieure, qui ne doit être comptée pour rien (2). » Cette assertion pouvait être vraie à l'époque où écrivait le savant missionnaire, au milieu du xviiie siècle, mais elle cesse d'être exacte au xixe siècle, après les attaques des Anglais contre le Céleste Empire; nous expliquerons pourquoi dans la seconde partie de cette histoire.

§ 2. ASSYRIENS.

Nous savons par Xénophon que les Assyriens entouraient leur camp (3) d'un fossé, creusé rapidement, à cause du grand

---

(1) Ces concours, qui subsistent aujourd'hui, n'ont été en réalité établis qu'à la fin du xe siècle par l'empereur Taï-Tsou; mais ils sont trop dans l'esprit des premiers Chinois, ces conservateurs immuables, pour ne pas les citer ici; nous ne reviendrons d'ailleurs sur ce peuple que relativement aux temps modernes.

(2) *Art militaire des Chinois*, publié par DE GUIGNES, 1772, p. 12. Un extrait de cet ouvrage a été publié en 1773, à Paris, chez Didot, dans le format in-12, sous ce titre : *Etat actuel de l'art et de la science militaires à la Chine.*

(3) Ce camp renfermait des tentes soutenues chacune par un poteau central : voyez les bas-reliefs de Khorsabad et Kouyunjik dans les publications récentes relatives à Ninive.

nombre de bras, et destiné à la fois à pouvoir éviter le combat et à garantir leur cavalerie ; les cavaliers de cette nation entravaient en effet leurs montures, et de là nécessité de se ménager du temps pour les détacher et les équiper ; la rédaction du commandant des Dix mille, dans le passage invoqué, semble même taxer d'infériorité la cavalerie assyrienne (1).

Le même auteur (2) nous apprend que ce peuple menait avec lui, quand il faisait la guerre, de belles femmes, soit épouses, soit concubines, placées dans des chariots.

A l'égard de ces chariots, nous manquons de détails spéciaux. Le char royal du bas-relief de Kouyungik, reproduit par M. Henri Layard, explorateur anglais, qui a suivi les traces françaises pour les fouilles assyriennes (3), est à deux roues, sans faulx, sans pièces défensives. contient trois personnages (le monarque, un conducteur, un porte-parasol) et se trouve attelé de deux chevaux ; le roi y tient un arc à la main, mais on ne peut affirmer que ce soit l'image réelle d'un char de guerre assyrien.

Les armées de l'Assyrie ne pouvaient recruter des éléphants, mais elles traînaient à leur suite des chameaux ; Diodore de Sicile nous confirme ces deux faits, en racontant de la reine Sémiramis, prête à combattre un prince indien, qu'elle fit fabriquer des simulacres d'éléphants, et qu'elle rassembla pour cette expédition jusqu'à 100,000 chameaux,

(1) « Ils savent que, durant la nuit, la cavalerie, *surtout la leur*, est en désordre et sans forces. » (*Cyropédie*, livre III, chap. 3.)

(2) *Cyropédie*, livre IV, chap. 3.

(3) La voie a été ouverte par M. BOTTA, consul de France à Mossoul, auteur, avec M. E. FLANDIN, du curieux ouvrage intitulé : *Monuments de Ninive*, 1849.

montés par des guerriers munis chacun d'une épée longue de 4 coudées (1^m 80) (1).

Quant à l'infanterie assyrienne, je n'ai pas rencontré d'indications la concernant positivement; mais tout porte à croire qu'elle était presque entièrement armée de javelots, se servait de boucliers légers et se rangeait sur trente rangs de profondeur, comme celle des Babyloniens et des Lydiens. On distingue, sur un bas-relief des ruines de Ninive, des fantassins assyriens coiffés d'un casque et armés d'une pique.

Le drapeau assyrien portait une colombe : ce symbole venait de la grande Sémiramis, nourrie, dit-on, dans le désert par cet oiseau, lorsque sa mère l'exposa enfant (2), et adorée sous cette figure.

Leurs forteresses affectaient souvent, d'après le bas-relief de Nimroud, une forme arrondie; elles se composaient d'une muraille continue, avec tours carrées. Ninive et Babylone, vastes camps retranchés, à l'intérieur desquels on labourait comme au milieu de toutes les grandes villes antiques, avaient chacune une enceinte rectangulaire d'un pourtour gigantesque; le développement de l'enceinte de Babylone, après ses derniers accroissements, a été fixé par M. Quatremère (3) à 480 stades, c'est-à-dire à 40, 64 ou 89 kilom., suivant l'évaluation du stade; et l'on retrouve chez Ctésias le même chiffre pour l'enceinte de Ninive. Les

(1) Diodore de Sicile, ii, 16, 17. Sémiramis régna, suivant les plus grandes probabilités, de l'an 1946 à l'an 1874 avant notre ère.

(2) Le nom de Sémiramis signifie colombe, car il est la corruption du mot syriaque *chemirmor* : BENETON (*Commentaires sur les enseignes*, p. 15) va trop loin en semblant conclure de ce rapprochement que la reine Sémiramis doit son nom au drapeau assyrien.

(3) *Mémoires géographiques sur la Babylonie ancienne et moderne*. M. QUATREMÈRE adopte, comme Sainte-Croix, pour le circuit l'indication d'Hérodote qui est supérieure à celle de Strabon et à celle de Ctésias.

murailles de ces deux villes mesuraient 100 pieds de hauteur; celles de Ninive comptaient de 1,500 à 1,800 tours pour les flanquer; celles de Babylone, 250 tours seulement. Malheureusement, l'Assyrie n'offrant ni pierres ni bois de charpente, toutes ces constructions se faisaient en briques et bitume, se trouvaient mal reliées et se détruisaient par suite facilement et promptement. Un fossé large, profond et plein d'une eau empruntée à l'Euphrate, courait autour de l'enceinte de Babylone.

§ 3. INDIENS [1].

L'état actuel de nos investigations sur l'Inde ancienne ne permet pas d'affirmer positivement, comme pour la Chine, qu'on y connaissait plusieurs siècles avant notre ère la composition de la poudre; pourtant les Indiens possédaient, à l'époque la plus reculée de leur histoire, le secret de certaines armes à feu lançant, à l'aide d'une *combinaison salpêtrée*, des projectiles explosibles dont la durée de combustion se calculait à volonté, et qui servaient à détruire les machines, les édifices, les portes; cette combinaison, cet agent particulier de destruction, paraît s'être ensuite perdu, avant l'ère chrétienne, en sorte que, dans la période moderne, les Indiens n'ont point précédé les Européens quant à l'invention ou l'emploi des armes à feu (2).

[1] Nous parlons en ce paragraphe antérieurement au grand Alexandre, dont l'influence en art militaire sera esquissée au chapitre suivant. — M. l'abbé Gaspare Gorresio, de Turin, traducteur du *Ramayana*, a bien voulu nous indiquer les principales sources à consulter pour la rédaction de ce paragraphe.

[2] *Note sur l'usage primitif de la poudre dans les Indes*, dans le *Bibliographical Index to the historians of muhammedan India*, by ELLIOT, esq. — Calcutta, 1849.

Les anciens Hindous s'adonnaient à la science militaire, dont s'occupe une partie de leurs livres sacrés, le *Dhanur Veda*. La guerre était chez eux l'occupation spéciale des *kchattriyas* ou classe des guerriers. Ces derniers portaient un casque, une jaquette piquée ou une cotte de mailles. Leur principale arme offensive était l'arc (en sanscrit *dhanus*, le meurtrier), puis le javelot, la massue, la hache, l'épée, l'épieu.

Les hommes montés formaient le fond de leurs armées : d'après le *Mahâbhârata* (1), ils mettaient en effet sur pied *cinq* fantassins pour trois cavaliers, un char (monté par 2 hommes) et un éléphant (monté par 4 hommes), c'est-à-dire pour *neuf* hommes montés (2). L'emploi du char se rencontre dès l'époque où les Aryas n'étaient pas encore entrés dans l'Inde (3). L'éléphant (en sanscrit *gadja*, le marcheur) appartient spécialement à cette contrée; c'est le joueur le plus important de son système militaire, et on l'arme par milliers.

Suivant l'*Agni Purana*, les Indiens savaient établir un camp, disposer une marche, passer un défilé, fractionner leur armée en deux ailes, un centre, une réserve (4).

§ 4. ÉGYPTIENS.

Dans l'ancienne Égypte, les guerriers formaient une caste

(1) Recueil d'anciennes épopées indiennes. ROBERTSON en fait déjà l'analyse partielle : voyez ses *Recherches sur l'Inde ancienne*, Appendice, IV, 3 ; traduction française, 1792, p. 396 et suivantes.

(2) ARMANDI, *Histoire militaire des éléphants*, 1843, p. 33.

(3) LASSEN, *Antiquités indiennes* (en allemand), tome Ier, p. 811 à 813.

(4) *Note sur la science militaire des anciens Hindous* lue à la Société asiatique par le professeur WILSON.

spéciale (1), la plus honorée après celle du sacerdoce. Cette caste possédait le tiers des propriétés territoriales : chaque guerrier avait reçu, en effet, 12 aroures (environ 11 arpents de Paris ou 376 ares) de terre exemptes de toute charge et redevance (2) ; s'il ne possédait pas réellement ces 12 aroures en nue propriété, il reste certain qu'il en touchait l'usufruit (3).

Pendant leur service auprès du roi, les guerriers avaient, en outre, une solde (4), et l'on fournissait en même temps à chacun d'eux de quoi nourrir une portion de sa famille, soit 2 kil. 50 de pain, 1 kil. de viande et 1 litre de vin. Les priviléges et largesses dont jouissait la caste militaire avaient pour but d'y favoriser les mariages, résultat important pour l'État, puisque les fils de guerriers pouvaient seuls devenir guerriers.

Il était expressément défendu aux guerriers de cultiver leurs terres, de commercer ou d'exercer des arts mécaniques ; le principe de l'*hérédité des professions* s'y opposait ; ce principe, applicable à la profession militaire comme aux professions civiles, formait une des bases du gouvernement. Les guerriers conservaient donc pour uniques occupations l'étude, l'exercice et l'enseignement de leur art : on leur

(1) Je parle ici d'après les anciens errements. Un mémoire de M. AMPÈRE, lu à l'Académie des inscriptions, le 1er septembre 1848, mémoire rédigé sur la traduction des textes originaux, tend à établir que la division de la population égyptienne en castes n'était pas absolue, et que les fonctions militaires ne se transmettaient pas constamment par hérédité.

(2) HÉRODOTE, livre II, § 148.

(3) La caste possédait, les individus n'avaient que l'usufruit. Cette distinction, indiquée par quelques auteurs, existait probablement, car elle donnait au gouvernement la faculté de faire changer les guerriers de lots, soit pour égaliser les revenus, soit pour récompenser les meilleurs guerriers par la distribution des lots les plus productifs.

(4) HÉRODOTE, livre II, § 148.

laissait des armes pour les exercices (1). Ces exercices se faisaient au son du tambour et de la trompette ; ils étaient variés et sérieux.

L'Égypte n'entretenait point d'armée permanente : après les expéditions, on licenciait les troupes. Les évaluations du nombre de soldats que pouvait fournir la caste militaire diffèrent beaucoup entre elles suivant les auteurs qui les rapportent. Ce nombre, dépendant du chiffre de la population guerrière, a dû varier en effet avec les époques, augmenter dans les temps heureux, diminuer dans les temps de décadence ; on peut l'évaluer en moyenne à 180,000 hommes.

Les historiens s'accordent à donner à Sésostris, pour sa fameuse expédition, 600,000 fantassins auxquels il faut joindre 27,000 chars et 400 vaisseaux. Quant aux 24,000 chevaux que les historiens ajoutent, on doit les considérer ou comme une partie des chevaux des chars, ou comme une cavalerie alliée ; car, d'après le témoignage unanime des monuments, l'Égypte n'eut point de cavalerie nationale, et n'employa même pas les chameaux.

L'existence de la caste guerrière contribua au perfectionnement de l'art militaire : aussi, parmi les anciens peuples, les Égyptiens peuvent-ils à bon droit être regardés comme un des plus habiles à la guerre, sinon comme un des plus belliqueux (2). Leur ordonnance consistait en gros bataillons

(1) Si l'un des tableaux sculptés et peints du palais de Medinet-Habou ne reproduit pas un fait isolé ou fort rare, les guerriers ne conservaient probablement pas, en temps de paix, toutes leurs armes : ce tableau représente en effet une distribution d'armes faite à des soldats s'avançant en ordre et sans armes, sous la conduite de leurs chefs.

(2) Des auteurs, entre autres KAUSLER (*Histoire militaire de tous les peuples*, en allemand, tome Ier, 1825, p. 11), ont écrit que les Égyptiens ne furent jamais un peuple guerrier. M. CHAMPOLLION - FIGEAC (*Univers pittoresque*, Égypte ancienne, p. 150) réfute cette opinion. TRANCHANT DE LAVERNE dit que les Égyptiens étaient *militaires* sans être essentiellement *guerriers* ; voyez

carrés de 100 de front sur 100 de hauteur ; ces bataillons se subdivisaient par fractions de 1,000, de 100, de 10. Ce système de formation décimale paraît être le plus naturel, le plus simple ; les premiers peuples l'eurent seuls d'une manière complète.

De grands boucliers qui les couvraient de la tête à la ceinture, de longues piques à la main droite, une courte hache à la main gauche, une courte tunique, des cuirasses de lin, des casques de cuivre ou de fer, et pour chaussures des patins à pointe aiguë et recourbée, tel était l'équipement des pesamment armés. Il existait aussi des armés à la légère, soit archers, soit frondeurs, soit portant la hache ou le sabre courbe. Les chefs se reconnaissaient à la plume d'autruche dont leur tête était ornée, les autres officiers à des signes extérieurs.

Les Égyptiens tenaient à leurs habitudes, toutes fort embarrassantes, telles que leur grand bouclier et leur extrême profondeur, qui les faisait impénétrables, mais les rendait en revanche faciles à harceler. A la bataille de Thymbrée (548 avant J.-C.), Crésus ne put jamais obtenir d'eux de se ranger sur une moindre hauteur pour former un plus grand front, ce qui provoqua ces paroles de Cyrus, s'adressant à l'un de ses chefs : « Crois-tu que des bataillons dont l'épaisseur fait que la plupart des soldats ne sauraient atteindre l'ennemi avec leurs armes, puissent être d'un grand secours aux leurs, et causer bien du mal au parti opposé ? Je désirerais que les pesamment armés égyptiens, au lieu d'être sur cent, fussent sur dix mille de hauteur ; nous aurions affaire à beaucoup moins d'hommes (1). »

sa distinction, p. 40 de son *Art militaire chez les nations les plus célèbres,* Paris, 1805.

(1) Xénophon, *Cyropédie,* livre vi, chap. 3.

Les enseignes portaient des images d'animaux, ou la coiffure et les insignes caractéristiques des divinités à forme humaine; chaque corps avait la sienne. L'emblème du vautour et celui de l'épervier représentaient la victoire.

La discipline se montrait peu sévère; le lâche, déclaré infâme, était abandonné à ses remords, mais il pouvait se réhabiliter par des actions d'éclat.

Les camps se construisaient entourés de palissades: on s'y livrait aux exercices et on y soignait les soldats malades.

Avant d'entrer en campagne, l'on invoquait par des cérémonies la protection des dieux; on se mettait en marche sur 8 ou 10 hommes de hauteur; en tête s'avançait un char portant le symbole du dieu Ammon. Dans ces marches, les armés à la légère escarmouchaient; les autres fantassins cheminaient entourés en tête, en queue et sur les flancs par les chars. Des ânes servaient pour les transports.

On livrait la bataille, les pesamment armés en première ligne, les chars en seconde ligne (quelquefois entremêlés à l'infanterie (1) rangée alors sur une ou deux lignes), les armés à la légère sur le flanc, le roi au centre du corps de bataille; chez tous les premiers peuples, le roi occupe cette place, où il se croit mieux placé pour sa sûreté et pour donner ses ordres (2). Un lion apprivoisé et dressé pour les combats accompagne le char du roi. Après la lutte, on coupait aux vaincus la main droite et le phallus, et l'on enregistrait comme trophée le nombre de mains et de phallus coupés. A sa rentrée en Égypte, un pompeux et religieux triomphe attendait le monarque vainqueur; dans ces triomphes figurent les éventails et les parasols.

(1) DUREAU DE LA MALLE, *Poliorcétique des anciens*, 1819, p. 262.

(2) XÉNOPHON, *Retraite des Dix mille*, livre 1er.

Les Égyptiens savaient se couvrir au moyen d'un parapet en terre précédé d'un fossé ; Sésostris fortifia d'un semblable parapet la ligne comprise entre Pelusium et Héliopolis, afin de fermer le Delta aux incursions des Arabes (1). Divers auteurs disent que cette ligne fut fortifiée par un mur (2), et cette version d'une fortification en maçonnerie semble mieux cadrer avec l'existence des gigantesques constructions égyptiennes. Quoiqu'il en soit, ce fait constate chez les Egyptiens l'emploi de lignes fortifiées.

L'Égypte renfermait de grandes villes semblables aux villes d'Asie : les plus célèbres sont Memphis et Thèbes, cités entourées de fortifications précédées d'un fossé. L'enceinte carrée de Memphis avait 150 stades (27 kilom.) de pourtour ; le fossé qui la précédait était fort large, et, rempli d'eau, formait sur trois côtés une véritable inondation. Thèbes constituait ce que nous appelons aujourd'hui un *camp retranché*, d'un si vaste développement que son périmètre contenait *cent* portes.

Les Égyptiens ne devaient pas être versés dans l'art de prendre les places, s'il est vrai que Psammétique resta 29 ans devant la petite ville d'Azoth, c'est-à-dire pendant la plus longue durée de siége dont l'histoire fasse mention. Ils connaissaient pourtant l'usage des machines de guerre et se servaient dans leurs siéges, comme on le lit sur leurs monuments, de la tortue, du bélier et des échelles (3).

La décadence de l'art militaire en Égypte eut pour cause

(1) SAINT-CYR, *Notes sur les anciens peuples guerriers*, 1783, p 25.

(2) DIODORE, I, 57, et, d'après lui, l'*Encyclopédie méthodique*, Art militaire, 1785, tome II, p. 2, et presque tous les géographes du xixe siècle.

(3) DUREAU DE LA MALLE (*Poliorcétique des anciens*, p. 125) croit qu'alors un règlement forçait les officiers du génie à être peu habillés et dénués d'armes défensives et offensives, afin de donner l'exemple du courage dans les assauts.

l'affaiblissement successif de la caste guerrière, à laquelle l'émigration volontaire en Éthiopie de 20,000 guerriers, mécontents et jaloux des mercenaires grecs appelés par Psammétique, porta le dernier coup. L'époque de cette décadence reste mémorable, car depuis lors l'Égypte fut toujours asservie.

Nous terminerons ce paragraphe par quelques lignes sur la marine des Égyptiens.

Nous avons vu ci-dessus que les historiens s'accordaient à donner 400 vaisseaux à Sésostris (Rhamsès III) pour son expédition. L'Égypte possédait alors en effet depuis longtemps une marine militaire régulière, et tous les monuments nautiques de ce pays, actuellement connus, « témoignent d'un art avancé. » Voici la description de la construction *probable* d'une galère égyptienne, telle que l'étude approfondie de ces monuments a permis à un savant archéologue français de l'établir (1) :

La galère de guerre égyptienne, ordinairement pontée, et dont la quille se recourbait vers la poupe et la proue, affectait une forme allongée (environ 38^m98 sur 5^m19) : la proue était munie d'un éperon en métal faisant fonction de *bélier*; à l'avant comme à l'arrière s'élevaient des châteaux couverts, offrant à l'intérieur un abri, et à leur partie supérieure une dunette sur laquelle on combattait. Cette galère nageait avec un rang de rames de 4^m87 de long environ : elle était en outre pourvue d'un mât portant une voile carrée et d'un gouvernail; elle faisait approximativement 9 kilom. 72 à l'heure. Un bloc de pierre lui servait d'ancre.

____

(1) M. A. Jal, dans son *Archéologie navale*, 1840, tome Ier, mémoire n° 1, *Sur les navires des Égyptiens*. C'est ce mémoire que nous résumons dans la description qui suit.

§ 5. JUIFS.

Le chevalier de Folard et Joly de Maizeroy considèrent la nation juive comme une nation très-guerrière. Les Juifs, en effet, depuis leur départ d'Égypte jusqu'à leur établissement définitif dans la terre de Chanaan, eurent toujours les armes à la main; et, comme réussir devenait pour eux une condition de vie et de mort, leurs chefs, et surtout Moïse et Josué, firent tous leurs efforts pour les organiser militairement et les plier à la discipline : ils imitèrent dans leurs institutions la constitution militaire des Égyptiens. Les Juifs profitèrent de ces institutions; néanmoins, avouons-le, ils vainquirent plutôt à cette époque grâce à la confiance illimitée qu'ils avaient en la parole de leurs chefs, qui leur promettaient la victoire au nom du Dieu d'Israël, que grâce aux ressources d'un art de la guerre profondément étudié, d'une constitution militaire bien fixe, d'un armement solide, et de qualités guerrières telles que le courage et la discipline : leurs succès furent, comme plus récemment ceux des Mahométans, des succès de foi et d'impétuosité.

Après avoir exterminé leurs ennemis, les Juifs s'installèrent dans la terre promise, et conservèrent les habitudes militaires de leur vie nomade; ils continuèrent à combattre en troupes irrégulières, mal armées, et lorsque Saül marcha contre les Philistins, lui et son fils Jonathas étaient armés des deux seules lances et des deux seules épées qu'on eût pu trouver (1). Les rois qui suivirent entretinrent des armées permanentes : dès lors la constitution militaire des Juifs reposa sur des bases plus stables.

(1) La *Sainte Bible*, Samuel, livre 1er, chap. 13, verset 22.

D'après les lois de Moïse, à vingt ans on était apte au service (1) ; mais on exemptait, afin de les conserver à l'État, ceux qui avaient planté une vigne, bâti une maison ou épousé une femme dans l'année : et l'on permettait à ceux qui manquaient de courage de quitter les rangs pour que la contagion de leur exemple ne devint point funeste à l'armée (2).

Outre les archers et les frondeurs, il existait des corps de troupes plus pesamment armés : ces corps, forts de 1,000 hommes, se subdivisaient en groupes de 100 hommes. L'armée, commandée par le chef de la nation, qu'il prit le titre de juge ou de roi, marchait sous 12 enseignes, une par tribu : celle de Juda portait un lion, celle de Ruben un homme, celle de Dan un aigle, celle d'Éphraïm un bœuf. Les armes défensives étaient le bouclier, le casque, la cuirasse ; les armes offensives une forte épée, « leur arme de prédilection », et une hallebarde pouvant servir pour le jet ou l'estoc. Le costume consistait en une tunique courte et serrée sur les reins.

David fortifia Jérusalem, qu'il choisit pour résidence, et y bâtit une citadelle : il n'eut ni cavalerie ni chars, mais son fils Salomon en établit. Le roi Ozias fit le premier construire des arsenaux (vers 808 avant J.-C.).

Les Juifs combattaient ordinairement sur une seule ligne de 10 à 30 hommes de profondeur, derrière laquelle se trouvaient les chefs pour tuer les fuyards : les premiers rangs

---

(1) La *Sainte Bible*, les Nombres, chap. 1er, verset 3.

(2) La *Sainte Bible*, Deutéronome, chap. 20, versets 5, 6, 7, 8. « Les Romains, au contraire, dit CARRION-NISAS (*Histoire de l'art militaire*, tome Ier, p. 372), croyaient raisonnable d'appeler celui qui avait à protéger sa femme, sa vigne ou sa maison. » Rappelons à ce propos que du Guesclin, avant la bataille de Cocherel (1364), permit à ceux de ses soldats qui manquaient de cœur de quitter les rangs.

étaient formés d'archers et de frondeurs, qui ouvraient l'action en entonnant le cri du combat. Les signaux se faisaient au son du cor et de la trompette.

Leur religion interdisait aux Juifs de combattre le jour du sabbat, et maintes fois ils furent surpris et défaits par suite de cette interdiction. Les Machabées, dans l'intérêt de leur patrie, secouèrent avec intelligence la gêne de cette prescription religieuse, et vainquirent plusieurs fois le jour du sabbat.

Quant à l'art de fortifier et de prendre les places, les Juifs durent s'y perfectionner par le grand nombre de siéges auxquels les contraignit la conquête de la terre promise. Cependant on ne doit admettre qu'avec réserve les conclusions quelquefois conjecturales de l'auteur de la *Poliorcétique des anciens* (1), qui fait remonter :

L'emploi de la mine et de la sape à Jacob (2100 avant J.-C.);

L'emploi des circonvallations à Moïse (1500 avant J.-C.);

L'emploi des enceintes avec tours et créneaux et citadelles à Abimelech (1300 avant J.-C.);

Enfin l'emploi des balistes et catapultes à Ozias (810 avant J.-C.).

Et surtout il ne faut pas supposer ces moyens d'attaque, ces enceintes et ces machines, aussi parfaits qu'ils l'ont été depuis chez les Grecs et les Romains.

§ 6. PERSES.

Le peuple perse aimait les conquêtes, et, lorsqu'il convoitait une province, il envoyait demander à ses habitants, en

---

(1) M. Dureau de la Malle, de l'Académie des inscriptions. — Goguet (ouvrage cité, tome III, p. 146) émet en partie le même avis.

signe de soumission, *la terre et l'eau ;* en cas de refus, il déclarait la guerre.

Les Perses n'eurent dans l'origine que de l'infanterie rangée en gros bataillons de 24 à 30 hommes de profondeur, et armée uniquement d'armes offensives.

Mais, sous Cyrus l'aîné, l'art de la guerre reçut chez ce peuple de notables perfectionnements. Ce prince créa en effet un corps de cavalerie dont l'effectif varia entre le cinquième et le sixième de l'effectif de son infanterie ; il introduisit l'usage des armes défensives, « afin que ses soldats pussent combattre de près sans crainte, et non-seulement de loin comme avec l'arc et le javelot (1) » ; il réduisit à la bataille de Thymbrée (544 avant J.-C.) la profondeur de ses troupes à 12 rangs ; il parvint enfin, par une discipline sévère (2), une vie frugale et des exercices fréquents, à rendre les Perses de véritables guerriers.

Cyrus améliora aussi la construction des chars de guerre qui faisaient une partie importante des armées perses, et barda le conducteur du char comme le guerrier qui le montait. Il n'employa que 300 chars à la bataille de Thymbrée : une partie de ces chars, traînés par des bœufs, portait des tours crénelées de 5ᵐ de haut, où pouvaient tenir 20 archers (3).

Des coureurs qui faisaient la découverte, la cavalerie, les chariots de guerre, quelques pelotons de pionniers, le bagage, puis l'infanterie, — le tout marchant en plaine sur un

---

(1) Xénophon, *Cyropédie*, ii, 4.

(2) Un écrivain a vu dans le mode de condamnation d'Orontas, seigneur qui voulut trahir Cyrus le jeune, l'origine réelle des conseils de guerre répressifs : il est probable que cette origine remonte plus haut et se trouve même antérieure à Cyrus l'aîné.

(3) Xénophon, *Cyropédie*, vi, 4.

grand front qui se resserrait au passage des défilés, — tel était l'ordre de marche de Cyrus se rendant à la bataille de Thymbrée.

Cyrus mit au jour trois grands principes de l'art de la guerre : entretenir des troupes permanentes, tomber à l'improviste sur l'ennemi, profiter de la victoire.

Le service militaire cessait en Perse à 50 ans; il commençait à 27, mais dès 17 ans on était astreint à tous les exercices militaires.

On distinguait deux espèces de troupes royales : celles qui occupaient le pays plat, et celles qui formaient la garnison des châteaux et lieux fortifiés; ces deux espèces de troupes, partagées, suivant le système décimal, en corps de 10, 100, 1,000 et 10,000 hommes, étaient passées une fois par an en revue par le roi. Le commandement des troupes restait indépendant du gouvernement civil, et les circonscriptions des divisions militaires différaient de celles des satrapies.

L'étendard royal de Perse consistait en une pique surmontée d'un aigle d'or déployant ses ailes; il se plaçait au centre de la première ligne. C'était aussi dans le combat la place du roi (1), qui faisait donner le signal par des trompettes au son desquelles répondait un long cri des troupes. A la bataille de Thymbrée, l'infanterie pesante, rangée sur plusieurs lignes, était au centre, la cavalerie aux ailes, les chars en avant du front et sur les flancs; l'infanterie légère derrière le corps de bataille, et plus en arrière encore, sur chaque aile, une petite réserve.

---

(1) « C'est, dit XÉNOPHON, le poste ordinaire de tous les généraux des Barbares. Ils croient qu'étant des deux côtés entourés de leurs troupes, ils y sont plus en sûreté, et qu'il ne faut à leur armée que la moitié du temps pour recevoir leurs ordres, s'ils en ont à donner. » (*Retraite des Dix mille*, livre 1er, traduction LA LUZERNE.)

Après Cyrus, les Perses se corrompirent, commencèrent à prendre à leur solde des mercenaires hyrcaniens ou grecs, et se formèrent de nouveau « en gros corps comme les Lydiens et les Babyloniens qu'ils avaient vaincus (1). » La cavalerie devint la principale force de leurs armées (2); elle se couvrit, hommes et chevaux, de fer et d'airain, et, trop alourdie par ses armures, eut de la peine à résister aux cavaleries plus légères (3) ; elle s'accoutuma, en outre, à *entraver* ses chevaux pendant la nuit, usage pernicieux qui la rendait presque inutile en cas d'alerte (4). Le corps d'élite, nommé les *Immortels*, et formé d'infanterie et de cavalerie, fut toujours bien entretenu, bien armé; mais les autres corps, et surtout ceux d'infanterie, levés à la hâte par les satrapes suivant les besoins, manquaient de discipline et d'expérience ; ils ne valaient que par le nombre. En outre, la Perse restait ouverte de tous côtés, et ses frontières sans défense ; ceci explique les incroyables succès de quelques poignées de Grecs, et la conquête de ce pays par Alexandre le Grand.

Malgré cette décadence militaire, causée par l'inobservation des maximes de Cyrus l'aîné, les Perses étaient cependant des adversaires redoutables par leur courage. Au passage des Thermopyles, à la bataille de Platée, ils ne le cédèrent guère aux Grecs soit en force, soit en audace (5); mais, armés de piques trop courtes (6) et de boucliers fragiles

(1) Maizeroy, *Cours de tactique*, tome Ier, p. 8.

(2) Barthélemy, *Voyage d'Anacharsis*, Introduction, partie IIe, section 2.

(3) Arrien, *Expéditions d'Alexandre*, ii, 5.

(4) Xénophon, *Retraite des Dix mille*, livre iii.

(5) Hérodote, ix, 64.

(6) Hérodote, vii, 211.

construits en osier, embarrassés par un habit long (1), n'ayant
d'ailleurs ni l'habileté, ni la prudence de leurs ennemis (2),
ils devaient, malgré leur armure, nécessairement succom-
ber.

Les Perses n'avaient point de places fortes; peuple guerrier, ils ne songeaient pas à se couvrir par des fortifications,
mais ils s'entendaient à faire les siéges, et exécutaient devant les villes assiégées, grâce à leurs innombrables armées,
de gigantesques travaux; ils allaient même jusqu'à détourner
les fleuves et à dessécher la mer. — Au siége de Babylone,
Cyrus l'aîné, ayant détourné l'Euphrate, fit entrer ses troupes
dans la ville par le lit du fleuve desséché (3). — En Égypte,
le Perse Mégabaze, assiégeant dans l'île Prosopitide les Hellènes qui s'y étaient réfugiés après avoir été chassés par lui
de Memphis, parvint, au bout de 18 mois, à dessécher le
bras du fleuve et à passer à pied dans l'île, dont il se rendit
maître (4).

(1) Hérodote, ix, 62.
(2) Hérodote, ix, 61.
(3) Xénophon, *Cyropédie*, vii, 5.
(4) Thucydide, i, 109.

CHAPITRE II.

—

GRECS [1].

—

INTRODUCTION.

La Grèce se divisait en petites républiques distinctes, amoncelées sur un étroit espace (2). Les deux principales

(1) Nous ne considérons l'art militaire chez les Grecs que dans les siècles historiques. — Aux temps héroïques, l'art militaire comme la civilisation commençait à se développer. « Les Grecs, dit Maizeroy (*Cours de tactique*, tome Ier, p. 29), combattaient dès lors sur les mêmes principes qu'ils ont suivis dans les siècles postérieurs. » Pendant la guerre de Troie, la marine était plus nombreuse et composée de bâtiments plus forts que pendant la guerre médique. A la même époque, l'infanterie, pourvue d'armes défensives, était bien disciplinée. Mais, du xiie siècle à la fin du vi^e, pendant le *moyen âge* où la Grèce fut plongée par suite de la conquête des Thessaliens, Arnéens et Doriens, l'art militaire déclina comme tous les autres arts : les conquérants seuls allèrent à la guerre d'une manière continue, et, comme ils étaient riches et possédaient des chevaux, on les appelait *chevaliers*. — Ce nom de chevaliers reparaît même dans les siècles historiques, mais il n'est plus donné qu'à des corps d'élite. Voyez *Précis d'histoire ancienne*, par MM. Poirson et Cayx, 3e édit., p. 224. Consultez, sur l'art militaire des Grecs aux temps héroïques, *De l'Origine des lois, des arts et des sciences*, par Goguet, époque II, livre v ; *Histoire de l'art militaire grec* (en allemand), par Rustow et Kochly, publiée à Aarau en 1852, livre i^{er}, A.

(2) Une particularité du sol de la Grèce peut, suivant un jeune savant, expliquer en partie ces singulières agglomérations. « La disposition des montagnes de cette contrée, écrit M. Albert Gaudry, est en forme de réseau. Les chaînes, en se joignant entre elles, y ont *isolé* plusieurs plaines qui sont dé-

étaient Sparte et Athènes. Les Spartiates, supérieurs en puissance, obtinrent, lors de la guerre médique, le commandement des Hellènes armés pour la défense commune. Après l'expulsion des Perses, les Athéniens, devenus redoutables sur mer, balancèrent l'influence des Spartiates, et les Grecs se partagèrent entre les deux peuples rivaux. Les Spartiates ménageaient leurs alliés et n'en exigeaient pas de tributs : les Athéniens, au contraire, leur dictaient des lois et leur imposaient des tribus pécuniaires (1). Cette différence dans la manière d'agir envers les alliés caractérise Athènes et Sparte.

Sparte, ville toute ronde (2), composée de bourgades mal bâties, sans maisons contiguës, n'offrait nullement l'aspect d'une ville puissante. Les particuliers et le trésor public restaient également sans argent, sans revenus, tellement que Sparte ne pouvait entretenir de marine, et se voyait obligée dans les moments de guerre d'en improviser : aussi n'eut-elle jamais de bons marins, dit Thucydide, car « la marine est un art comme un autre et veut être l'objet d'une étude exclusive (3). » Les Spartiates étaient aussi sobres que pauvres, austères dans leurs mœurs, pleins de respect et d'obéissance pour la loi. « Artisans de guerre, suppôts de Mars, ils ne savaient, ils n'apprenaient autre chose qu'à obéir

venues chacune le *centre* d'un peuple.... Les montagnes qui entouraient ces chaînes formaient des barrières presque *inaccessibles* à une armée, et quelques soldats énergiques suffisaient pour les défendre contre des troupes nombreuses. Ces montagnes étaient généralement *stériles*, elles ne tentaient pas la cupidité des cultivateurs, et elles mettaient entre les terres arables des intervalles assez grands pour que des discussions ne pussent être soulevées sur les limites. » (*Une mission géologique en Grèce. — Revue des Deux-Mondes*, 1er août 1857.)

(1) THUCYDIDE, livre Ier, chap. 18 et 19.

(2) POLYBE, livre v, chap. 5.

(3) THUCYDIDE, livre Ier, chap. 142.

à leurs chefs et vaincre les ennemis (1). Leur style était
« court et sentencieux (2), » leur politique mystérieuse et
perfide : ils se gardaient de faire connaître la force de leurs
armées (3), et pour triompher tout moyen leur paraissait bon
et légitime (4).

Athènes aimait le luxe et les jouissances. Reine de l'esprit et de l'art, l'école de la Hellade pour les formes aimables
et les heureuses dispositions de ses citoyens, cette ville était
bâtie avec goût, et, à la seule inspection de ses monuments,
on l'aurait jugée beaucoup plus puissante qu'elle ne l'était
en effet (5). Les Athéniens combattaient avec bravoure, mais
ils avaient compris que l'argent est le nerf de la guerre (6) :
aussi s'occupaient-ils sérieusement de leurs finances et s'at-
tachaient-ils à payer exactement leurs troupes. De là le
tribut qu'ils imposaient à leurs alliés et qui rapportait pour
l'ordinaire 600 talents (3,300,000 francs) par an (7). Malheureusement l'administration des revenus publics ne fut
pas toujours aussi bonne chez les Athéniens; ils étaient spi-
rituels, légers, et trop souvent, par la suite, les fonds destinés aux besoins de la guerre furent appliqués à l'entretien
des théâtres.

Peuples courageux et puissants, les Athéniens et les
Lacédémoniens étaient dignes d'être rivaux et de se disputer

(1) PLUTARQUE, *Comparaison de Lycurgue et de Numa*, traduction PIERRON,
tome Ier, p. 171.

(2) POLYEN, livre II, chap. 1er.

(3) THUCYDIDE, livre v, chap. 68.

(4) GOGUET, troisième époque, livre v, chap. 2, art. 2.

(5) THUCYDIDE, livre 1er, chap. 10, et livre II, chap. 11.

(6) Ce n'est pas l'avis de MACHIAVEL; voyez ses *Discours sur Tite-Live*,
livre II, chap. 10. « De bons soldats, y dit-il, ont bientôt trouvé de l'or. »
Toutefois l'argent reste incontestablement un des nerfs de la guerre.

(7) THUCYDIDE, livre II, chap. 13.

la souveraineté de la Grèce : et d'ailleurs, en beaucoup de circonstances, « les Lacédémoniens se montrèrent de tous les peuples celui qu'Athènes devait préférer d'avoir pour adversaire : d'un caractère opposé à celui des Athéniens, lents contre des esprits vifs, craintifs vis-à-vis d'hommes entreprenants (1). » C'est principalement chez ces deux peuples que nous étudierons l'art militaire grec (2). Cette étude est intéressante, car c'est uniquement à cet *art* que la Grèce dut de pouvoir vaincre les innombrables armées de Xerxès, où les *hommes* se comptaient par millions (3).

§ 1er. CONSTITUTION MILITAIRE.

Dans les républiques grecques, l'assemblée du peuple décidait la guerre en dernier ressort ; une fois cette question vidée, on mettait l'armée sur pied d'après les principes suivants :

A dix-huit ans les Athéniens étaient enrôlés dans la milice et s'engageaient par serment à sacrifier leur vie pour la défense de la patrie. Pendant deux ans, ils ne sortaient pas de

(1) THUCYDIDE. livre VIII, chap. 96. Voyez aussi livre 1er, chap. 70. « On n'aurait pas plus tiré parti d'un Athénien en l'ennuyant que d'un Lacédémonien en le divertissant. » (MONTESQUIEU, *Esprit des lois*, livre XIX, chap. 7.)

(2) « Les lois et usages militaires des autres républiques et colonies grecques nous sont peu connus. En général, elles imitaient plus ou moins ou les Athéniens ou leur métropole ; quant à Lacédémone, on l'admirait plus qu'on ne pouvait l'imiter. » (*Encyclopédie méthodique*, Art militaire, tome III, p. 170, première colonne.)

(3) Voyez HÉRODOTE, livre VII. §§ 60 et 185. Xerxès comprit, au passage des Thermopyles, qu'il avait beaucoup d'*hommes*, mais peu de *soldats*. — Le territoire de la Grèce n'était que la cent quinzième partie de celui de l'empire perse.

l'Attique (1), mais à vingt ans ils renouvelaient leur serment,
et, devenus citoyens, étaient incorporés dans les armées.
On était apte au service jusqu'à soixante ans (2). Lors des
levées, tous les citoyens en âge de porter les armes devaient,
sous peine d'infamie, se présenter au tribunal qu'on élevait
sur la place du marché ; on les appelait à haute voix et on
notait ceux que le général choisissait. Quelquefois on tirait
au sort ceux qui devaient être enrôlés. « Ce n'est, dit Barthélemy dans la relation du voyage du jeune Anacharsis (3),
que dans les besoins pressants qu'on fait marcher les esclaves, les étrangers établis dans l'Attique, et les citoyens les
plus pauvres. On les enrôle très-rarement, parce qu'ils n'ont
pas fait le serment de défendre la patrie, ou parce qu'ils
n'ont aucun intérêt à la défendre ; la loi n'en a confié le
soin qu'aux citoyens qui possèdent quelque bien, et les plus
riches servent comme simples soldats. Il arrive de là que la
perte d'une bataille, en affaiblissant les premières classes
des citoyens, suffit pour donner à la dernière une supériorité
qui altère la forme du gouvernement. » — Athènes contenait
20,000 citoyens ; elle était divisée en dix tribus. Chaque
tribu fournissait 1,000 hommes et 120 chevaux, ainsi qu'un
général nommé *stratége* et un taxiarque, élus chaque année

(1) « C'était l'usage des Athéniens d'entretenir toujours dans leur ville et
dans leur territoire un grand nombre de troupes pour s'opposer aux invasions
de l'étranger. » (TURPIN, *Histoire du gouvernement des anciennes républiques*,
p. 130.)

(2) MAIZEROY, dans son *Cours de tactique* (1785, tome Ier. p. 36), dit seulement jusqu'à 45 ans, et quelques auteurs (CARRION-NISAS, *Histoire de l'art
militaire*, tome Ier. p. 103 ; CIRIACY, *Histoire de l'art militaire chez les anciens*, p. 18 de ma traduction) jusqu'à 40 ans : c'est qu'ils ne donnent que
la durée du service à *l'extérieur*. En général, au-delà de 40 ans, on n'était
plus astreint qu'à la défense du territoire de l'Attique : cette obligati n durait
jusqu'à 60 ans. Ceux qui briguaient les premiers grades prenaient toujours
part aux expéditions.

(3) Chap. 10.

par le peuple : le taxiarque réunissait les fonctions de chef d'état-major et d'intendant (1). On procédait aussi tous les ans à l'élection de deux généraux nommés hipparques et de dix chefs nommés phylarques pour commander la cavalerie (2). Le même citoyen pouvait être réélu plusieurs fois de suite.

Les Spartiates, chez qui les vertus guerrières passaient avant toutes les autres, servaient de vingt à soixante ans, mais à chaque levée la limite supérieure d'âge était fixée. Cette limite une fois proclamée par le héraut, tous les citoyens qui ne l'avaient pas atteinte étaient obligés de se présenter et on les répartissait dans les différentes armes. La république se partageant en cinq tribus, chaque tribu fournissait un corps de milice nommé *mora* (3) ; il y avait en outre le corps des scirites (4), soldats d'élite qui décidaient souvent de la victoire (5). La ville de Sparte ne contenait environ que 9,000 citoyens, mais, en appelant à son aide les

(1) Suivant CARRION-NISAS (*Histoire de l'art militaire*, tome Ier, p. 106), le taxiarque était seulement chef d'état-major, et c'était le polémarque, ou troisième archonte, qui remplissait les fonctions d'intendant et surveillait les détails de la discipline.

(2) BARTHÉLEMY (*Voyage du jeune Anacharsis*) assure en son chap. 40 que les stratéges et taxiarques étaient nommés *par le sort*, tandis que dans la table 3e, intitulée : *Tribunaux et magistrats d'Athènes*, il dit que les stratéges, taxiarques, hipparques et phylarques étaient nommés *par élection*.

(3) Voyez dans le *Voyage du jeune Anacharsis*, par BARTHÉLEMY, la note du chap. 50.

(4) CARRION NISAS (*Histoire de l'art militaire*, tome Ier, p. 99) désigne le corps des scirites comme « la plus forte et presque la seule cavalerie spartiate, » contrairement à BARTHÉLEMY (chap. 50) et à MAIZEROY (*Tactique*, tome Ier, p. 48). Voyez THUCYDIDE, v, 67, 68.

(5) Le lecteur, curieux de s'arrêter plus en détail sur l'organisation militaire de Sparte, fera bien de lire une excellente note de M. CONNOP-THIRWALL, qui se trouve dans l'Appendice du tome Ier de son *Histoire de la Grèce ancienne*, traduit en 1852 en français, par M. Ad. JOANNE, p. 571 à 574 de la traduction. Les pages 239 à 241 du même volume renferment aussi sur ce sujet des renseignements utiles.

citoyens de la Laconie, elle pouvait entretenir 30,000 hommes d'infanterie pesante et 1,500 cavaliers. Dans les cas pressants on enrôlait les esclaves. Quant aux ilotes, qui tenaient le milieu entre les esclaves et les hommes libres, il y en avait toujours dans les armées. Chaque hoplite spartiate marchait accompagné d'un certain nombre d'ilotes ; à la bataille de Platée, ce nombre fut de sept (1). — Les deux rois dirigeaient seuls les opérations militaires : aussi préféraient-ils la guerre, qui leur permettait de se soustraire à l'autorité des éphores, magistrats municipaux dont le pouvoir était immense en temps de paix. — Des lois défendaient aux Spartiates de monter à l'assaut et de se mettre en marche avant la pleine lune (2). Lycurgue leur avait encore dit : « Ne faites pas souvent la guerre aux mêmes ennemis, de peur, ajoutent les commentateurs (3), de les rendre trop habiles à vos dépens ; ne tuez pas les ennemis qui fuient, de peur qu'ils n'apprennent qu'il est plus avantageux de demeurer que de prendre la fuite (4). » — Les Spartiates aimaient la guerre ; comparée à la rude uniformité de leur vie habituelle, ce n'était pour eux qu'un temps de fêtes ; alors seulement les lois leur permettaient de se parfumer, de se parer, de prendre une nourriture plus abondante ; alors seulement, après les exercices du matin, les intervalles de la journée étaient un

(1) Les ilotes, en récompense d'importants services ou d'exploits signalés, pouvaient monter au rang de citoyen. Gylippe, qui parvint à faire lever aux Athéniens le siége de Syracuse et à exterminer leur armée, sortait de la classe des ilotes.

(2) Reportez-vous au § 22 de ce chapitre.

(3) Suivant d'autres commentateurs, cette défense de Lycurgue aurait eu sans doute pour but de brider l'ardeur belliqueuse de ses concitoyens.

(4) POLYEN, livre 1er, chap. 16. — Un auteur moderne semble croire qu'il existait au fond de cette maxime un motif d'humanité.

temps de repos uniquement employé à divers amusements ou à des chants en l'honneur des dieux (1).

§ 2. DES GÉNÉRAUX.

Nous venons de voir que les Athéniens avaient dix généraux nommés stratéges et les Spartiates deux généraux nommés rois : les stratéges étaient élus, les rois étaient héréditaires. La multiplicité des généraux semblait aux Grecs, au moins aux Athéniens, une chose nécessaire, et ils redoutaient peu les conflits d'autorité, qui leur furent cependant bien nuisibles. Les Athéniens n'auraient peut-être pas remporté la victoire de Marathon si les stratéges n'avaient, d'une voix unanime, cédé le commandement à Miltiade ; et encore Miltiade eut-il soin d'attendre son jour de commandement pour livrer bataille, car, si la fortune s'était montrée contraire, les stratéges ses collègues eussent été condamnés par le peuple pour n'avoir pas commandé à leur tour. On dirait en effet que les Grecs, et surtout les Athéniens, cherchaient à dégoûter leurs généraux du commandement, tant ils y mettaient d'entraves, tant ils étaient injustes envers eux. Sans cesse des voix jalouses s'élevaient contre eux dans l'assemblée du peuple ; on critiquait leurs marches, leurs évolutions, leurs approvisionnements ; on les accusait de s'être enrichis tandis que le soldat vivait de privations. Xénophon, qui avait rendu tant de services aux *Dix mille*, ne se vit-il pas, en Thrace, sur le point d'être lapidé par ceux qu'il venait de sauver, parce qu'on le croyait

(1) PLUTARQUE, *Vie de Lycurgus.*

riche ; et il était si pauvre que, pour regagner son pays, il fut obligé de se défaire à Lampsaque, pour 50 dariques, de son cheval qu'il aimait beaucoup ! Des condamnations suivaient souvent l'accusation : Miltiade fut condamné à l'amende, Thémistocle au bannissement, Alcibiade, victime de sa gloire, à mort, Pachès, le vainqueur de Lesbos, se tua pour ne pas être déclaré coupable. On vit même des généraux vainqueurs condamnés et exécutés sous prétexte qu'ils n'avaient pas profité de la victoire ! A Thèbes, le général qui conservait le commandement au delà de l'époque fixée (1) était condamné à mort ; mais l'on n'osa pas appliquer la loi à Épaminondas, après la bataille de Leuctres. Les Spartiates, qui avaient moins de généraux que les autres Grecs, et qui restaient plus modérés à leur égard, employèrent, pour punir leur roi Agis dont ils étaient mécontents, le singulier moyen de lui donner « dix Spartiates pour conseil, sans l'aveu desquels il ne pouvait faire sortir l'armée hors de la ville (2). »

Cette excessive sévérité à l'égard des généraux, toute injuste qu'elle était souvent, produisit un grand bien, celui de les maintenir constamment dans le devoir, et le grand nombre d'élections, si nuisible qu'il fût en principe, excitait une salutaire émulation, chaque citoyen doué de talent pouvant espérer de parvenir au généralat.

Les Grecs sentirent du reste eux-mêmes, en plusieurs occasions, que le commandement d'un seul était préférable au commandement de plusieurs (3). Chez les Spartiates, une

(1) Un an.

(2) Thucydide, livre v. chap. 63.

(3) Consultez Xénophon, *Retraite des Dix mille*, livres II et VI, et Thucydide, livre VI, chap. 72.

discussion arrivée entre Cléomène et Demarate donna naissance à une loi qui ordonnait qu'un seul des deux rois commanderait en temps de guerre. Mais l'esprit républicain était trop défiant pour admettre, comme principe, qu'une armée n'aurait jamais qu'un général en chef. Cependant les Athéniens finirent pas laisser un seul stratége à la tête de leurs armées : les autres restaient à Athènes où leurs fonctions se réduisaient à former, probablement avec ceux des taxiarques qui ne suivaient pas l'armée, un conseil d'administration militaire, et à figurer dans les cérémonies. A l'étranger, ce peuple laissait agir ses généraux sans restrictions et sans instructions.

Tout bon orateur étant en Grèce un personnage influent, les généraux devaient savoir manier la parole. Ce fut son éloquence qui fit connaître Xénophon aux Dix mille : ce fut par une brillante harangue qu'Alcibiade prit la ville de Catane (1). Alexandre le Grand « s'empara par son éloquence, aussi bien que par ses triomphes, de l'imagination des Grecs et des Barbares (2). » Il ne faut pourtant pas se représenter les généraux grecs haranguant, en face de l'ennemi, leurs troupes rangées en bataille, comme les historiens et les poëtes se sont plu à nous les montrer, sans doute pour se conformer au goût de leur époque. « Cela devait être beau, dit un célèbre publiciste ; je suis loin de le nier, mais cela était tout simplement impossible... Polybe, Thucydide, Salluste, Plutarque habillent les héros grecs et romains des livrées de leur style... *leurs harangues laborieuses sentent toutes l'huile...* ce qui ajoute encore à l'invraisemblance

____

(1) THUCYDIDE, livre VI, chap. 54, et POLYEN livre 1er, chap. 40. — FRONTIN, livre III, chap. 2, raconte la même anecdote sur Agrigente.

(2) *Le Livre des orateurs*, par TIMON (M. de Cormenin), 13e édit., p. 255.

de ces harangues, ce qui la démontre, c'est leur improvisation même (1). » Voici comment a pu venir l'usage de placer, avant le combat, de pompeux discours dans la bouche de chaque chef d'armée. Souvent, lorsque l'armée se trouvait rangée en bataille, le roi ou général en chef parcourait le front et adressait, à chaque corps en particulier, quelques paroles flatteuses et encourageantes, pour l'exciter à faire convenablement son devoir. Ce sont ces paroles que les historiens ont, pour la plupart, transformées en harangues. Il faut en excepter Arrien, le judicieux historien des *Expéditions d'Alexandre*, qui ne fait ordinairement parler son héros qu'à l'assemblée des chefs. Ce ne sont pas d'ailleurs les harangues qui donnent de la bravoure : « le geste d'un général aimé, estimé de ses troupes, vaut autant que la plus belle harangue (2). »

Les armées de mercenaires grecs, qui se mettaient à la solde des princes étrangers, nommaient elles-mêmes leurs généraux, et nous terminerons ce paragraphe par un fait curieux qui s'y rapporte et qui est caractéristique. Cyratade le Thébain, *que le désir de commander une armée faisait voyager*, et qui allait offrir ses services à toutes les villes, à toutes les nations qui pouvaient avoir besoin d'un général, proposa aux Dix mille de les mener dans la Thrace, où ils devaient trouver un butin abondant et précieux, et, pour obtenir le commandement, promit de leur fournir des vivres à discrétion jusqu'à ce qu'ils fussent arrivés (3).

(1) *Le Livre des orateurs*, par TIMON (M. de Cormenin), 13e édit., p. 181 et suivantes.

(2) *Mémoires de Napoléon Ier*, dix-septième note sur l'ouvrage intitulé : *Considérations sur l'art de la guerre* (du général Rogniat).

(3) XÉNOPHON, *Retraite des Dix mille*, livre VII.

§ 3. PHALANGE.

La phalange était un corps d'infanterie rangé en ligne pleine avec de très-petits intervalles entre ses principales divisions. D'un front étendu et d'une grande épaisseur, elle agissait en masse et tombait sur l'ennemi comme un bloc, les premiers rangs frappant de leurs piques, les derniers augmentant par leur poids l'impulsion des premiers. Le moindre obstacle, le moindre pli de terrain rompant l'uniformité du sol, forçait la phalange à s'ouvrir et lui enlevait tous ses avantages : la phalange n'était donc réellement redoutable que sur un terrain non accidenté.

Nous ne voulons point entrer dans la composition des diverses espèces de phalanges, car chaque nation ordonnait sa phalange à sa manière et manœuvrait relativement à sa composition; nous indiquerons seulement avec précision le mécanisme de la phalange modèle, mécanisme qui repose sur les puissances du nombre 2.

TÉTRARCHIE.

p p p p
p p p p
p p p p
p p p p
p p p p
p p p p
p p p p
p p p p
p p p p
p p p p
p p p p
p p p p
p p p p
p p p p
p p p p
p p p p

Quatre hommes, dont 2 protostates (hommes de rang impair) et 2 épistates (hommes de rang pair), formaient l'énomotie; quatre énomoties formaient la file; deux files formaient la dilochie; deux dilochies formaient la tétrarchie; deux tétrarchies formaient la taxiarchie, et deux taxiarchies ou quatre tétrarchies formaient le syntagme, bataillon carré de 16 hommes de côté. Chaque syntagme avait cinq surnuméraires, qui n'entraient pas dans les rangs, savoir : un trompette, un porte-enseigne, un adjudant pour porter aux officiers les ordres du général, un héraut pour faire les commandements, et un serre-file extraordinaire, qui était officier (1). Deux syntagmes formaient la pentacosiarchie; deux pentacosiarchies la chiliarchie; deux chiliarchies la mérarchie, et deux mérarchies la phalangarchie. La phalangarchie était donc un corps de 4,096 hommes, divisés en 256 files de 16 soldats chacune; autrement dit, la phalangarchie comprenait 16 syntagmes, le syntagme étant de 16 files, et la file de 16 hommes. La phalangarchie doublée s'appelait diphalangarchie, aile ou corne (2); les deux cornes, séparées par un intervalle nommé le *nombril* ou la *bouche de la phalange*, formaient la tétraphalangarchie, corps de 16,384 hommes, nombre fixé par les tacticiens pour les pesamment armés ou *hoplites*. Ils y joignaient un tiers d'armés à la légère ou *psiles*, savoir: 8,192, et la moitié de ceux-ci pour la cavalerie, 4,096, divisés en 64 *îles* ou compagnies.

Les armés à la légère combattaient, lorsqu'ils étaient en nombre suffisant, sur 8 de hauteur, et s'employaient à toutes les opérations qui demandaient de la légèreté et de la promptitude. Ils se mettaient, dans l'origine, derrière la phalange et jetaient leurs traits (3) par dessus les hoplites; plus tard, on les plaça sur le front, pour commencer le combat par les armes de jet, ou sur les flancs, pour suppléer à la cavalerie. Cette méthode était préférable.

Les hoplites combattaient en corps; eux seuls formaient la phalange, dont la profondeur montait ordinairement à

---

(1) *Tactique* d'ARRIEN.

(2) Ce terme de *corne* signifie constamment, dans les auteurs grecs, la droite ou la gauche de la phalange.

(3) Les Acarnan'ens possédaient le talent de bien lancer ces traits. Les frondeurs d'Ægium, de Patras et de Dyme, exercés dès l'enfance, dépassaient en habileté les frondeurs des îles Baléares. Voyez TITE-LIVE, XXXVIII, 29.

16 hommes, mais qui se doublait facilement, ce qui portait cette profondeur à 32, ou se dédoublait, ce qui la réduisait à 8. Les chefs de file devaient être non-seulement les plus grands et les plus forts, mais encore les plus braves et les mieux exercés. Mêmes conditions pour les serre-files.

Dans l'ordre de marche, à rangs et à files ouverts, l'hoplite occupait en tous sens 4 coudées (1^{m}80); à rangs et à files serrés, 2 coudées (0^{m}90), et à rangs très-serrés, 1 coudée (0^{m}45). On chargeait à rangs et à files serrés; on soutenait le choc à rangs très-serrés. Dans cette dernière disposition, nommée *synapisme*, c'est-à-dire union des boucliers, les boucliers du premier rang couvraient le front de la phalange, et les boucliers des autres rangs formaient un toit sur la tête des soldats. On employait également cette disposition dans les siéges, pour se garantir des projectiles. — La principale arme de l'hoplite était la sarisse, pique de 14 coudées (6^{m}30) de long, que les cinq premiers rangs tenaient horizontale. L'intervalle compris depuis les mains du soldat jusqu'au bout qui passait derrière lui, montant à 4 coudées (1^{m}80) (1), la sarisse du chef de file dépassait le front de la phalange de 10 coudées (4^{m}50); et, comme nous avons vu

(1) Nous suivons ici Arrien et Polybe (fragment du livre XVIII). L'*Encyclopédie méthodique* ne compte, d'après Élien sans doute, cet intervalle que pour 2 coudées. La *Bibliothèque historique et militaire* (tome Ier, p. 29), a copié l'*Encyclopédie méthodique*, dont elle a reproduit la faute d'impression, en disant que la sarisse du premier rang dépassait le front de *onze* coudées : dans cette hypothèse, il faut lire de douze. M. le colonel ARMANDI (*Histoire militaire des éléphants*, p. 484) ne se prononce pas; il assure que les cinq ou six premiers rangs tenaient la sarisse horizontale. ROGNIAT (*Considérations sur l'art de la guerre*, 1816, p. 26) adopte la sarisse de 24 pieds, et dit « que chaque homme du premier rang était défendu par six ou huit pointes de sarisse. » CIRIACY (*Histoire de l'art militaire chez les anciens*, p. 103 de ma trad.) adopte aussi la sarisse de 24 pieds, et fait dépasser le front de 18 pieds par la sarisse de l'homme du premier rang, et de 3 pieds par la sarisse de l'homme du sixième rang. — Suivant POLYBE (fragment cité), la sarisse de 14 coudées se trouvait déjà raccourcie, car elle mesurait primitivement 16 coudées.

ci-dessus chaque rang occuper, à rangs serrés, 2 coudées (0^{m}90), il s'ensuit que dans cette disposition le front de la phalange se trouvait dépassé de 8 coudées (3^{m}60) par la sarisse de l'homme du second rang, de 6 coudées (2^{m}70) par la sarisse de l'homme du troisième rang, de 4 coudées (1^{m}80) par la sarisse de l'homme du quatrième rang, et de 2 coudées (0^{m}90) par la sarisse de l'homme du cinquième rang. A partir du sixième rang, la pique horizontale ne pouvait plus dépasser le front et n'aurait fait que gêner : on la tenait appuyée sur les épaules du rang précédent, la pointe en haut.

Les auteurs qui ont écrit sur l'art militaire des Grecs ne sont pas d'accord sur la supputation de la longueur exacte du front de la phalange, parce qu'ils admettent des nombres différents pour les distances qui séparent les phalangarchies et diphalangarchies, distances sur lesquelles les auteurs anciens ne s'expliquent pas nettement. Aussi, pour ne pas augmenter le nombre des opinions diverses émises sur un sujet aussi peu important, je me contenterai de dire que les divisions de la phalange ne laissaient entre elles aucun intervalle bien marqué, en ayant soin, toutefois, d'ajouter que ces intervalles devaient exister en petit nombre, car la propriété fondamentale de la phalange consistait à former la ligne pleine (1).

(1) L'*Encyclopédie méthodique* néglige à tort, dans son texte, les intervalles qui séparaient les divisions de la phalange. Ainsi, à rangs ouverts, elle calcule à raison de 4 coudées par file, ce qui donne 4,096 coudées (1,843m20) pour le front de la tétraphalangarchie, qui avait 1,024 files. Dans cette manière de compter, la longueur du front à rangs ouverts est le *double* de ce qu'elle est à rangs serrés, et le *quadruple* de ce qu'elle est à rangs très-serrés. — D'Ecrammeville, dans son *Essai historique et militaire de l'art de la guerre* (ouvrage anonyme, tome 1er, 1789, note de la p. 48), tombe dans l'excès opposé. Il admet des intervalles entre toutes les divisions de la phalange, à partir du syntagme, et il arrive ainsi au nombre de 632

Les *chalcaspistes* (1), communément appelés *peltastes* (2), sorte d'infanterie qui tenait le milieu entre les hoplites et les armés à la légère, étaient souvent tout ce que les confédérés pouvaient fournir. Il fallait un État puissant pour équiper, avec une tétraphalangarchie d'hoplites, la proportion d'armés à la légère et de cavaliers demandée par les tacticiens. Les États puissants eux-mêmes, dans la composition de leurs armées, ne suivaient guère cette proportion de la théorie (3). Du reste, il n'était nullement nécessaire, comme le remarque judicieusement Barthélemy (4), d'arriver à un nombre fixe pour qu'il y eût *phalange*. Les troupes se trouvaient rangées en phalange, lorsque, en partant de l'élément de la file, les divisions se formaient toujours en doublant, quel que fût le terme supérieur où l'on s'arrêta. Les historiens d'Alexandre donnent souvent le nom de phalange à la mérarchie et à la phalangarchie, ce qui fait dire au P. Daniel (5) que le corps qui avait 256 files, chacune de 16 hommes, « c'était ce qu'on appelait proprement phalange. »

§ 4. OFFICIERS.

Chaque division de la phalange avait un chef. Ainsi, outre les chefs de files, il y avait des dilochites, des tétrarques, des taxiarques, des syntagmarques, des pentacosiarques, des

toises (1.231ᵐ77) pour la longueur (à rangs serrés) du front de la tétraphalangarchie.

(1) Ainsi nommés parce qu'ils portaient des boucliers d'acier.

(2) Du mot πελτη (petit bouclier rond).

(3) *Cours de tactique*, par JOLY DE MAIZEROY, tome Iᵉʳ, p. 55

(4) *Voyage d'Anacharsis*, chap. 10.

(5) *Histoire de la milice française*, tome II, p. 597.

chiliarques, des mérarques et des phalangarques. Ces officiers se plaçaient, suivant l'ordre de bravoure, aux postes d'encadrement réputés les plus périlleux. Dans la tétrarchie, le chef de file le plus brave se plaçait à la tête de la première file ; le second plus brave à la tête de la quatrième file ; le troisième à la tête de la deuxième, et le quatrième à la tête de la troisième. Les tétrarques, dans le syntagme, les syntagmarques, dans la chiliarchie, et les chiliarques, dans chaque phalangarchie, suivaient le même ordre.

Le général marchait ordinairement à la tête de sa phalange. Philopœmen trouvait cette habitude mauvaise : « Il estimait qu'il devait se mettre tantôt à la queue, tantôt au centre, et caracoler souvent de côté et d'autre, pour observer si tout était dans l'ordre et redresser ce qui n'y était pas (1). »

Chez les Athéniens, chaque général était constamment accompagné d'un officier subalterne, nommé *écuyer*, qui gardait son bouclier et le suivait dans la mêlée.

Les Spartiates confiaient la surveillance des troupes à un grand nombre d'officiers ou agents. Dans leurs armées, presque tous leurs soldats, pour nous servir de l'expression de Thucydide, étaient « commandants de commandants. » Les ordres des rois, se communiquant de chef en chef, arrivaient ainsi « en un clin d'œil (2). »

§ 5. ACCESSOIRES.

L'hoplite et le cavalier ne portaient que leurs armes ; en

______

(1) POLYEN, livre VI, chap. 4.
(2) Consultez THUCYDIDE, livre V, chap. 66.

sus des bêtes de somme, ils avaient des valets ou esclaves pour traîner leurs munitions, qui étaient souvent considérables. L'emploi de ces valets, ordinairement à la charge de l'hoplite, présentait de graves inconvénients : ils désertaient dans les revers, et leur fuite, obligeant les soldats à porter eux-mêmes leurs munitions, leur imposait un surcroît de fatigue dont ils n'avaient pas l'habitude, juste au moment critique, lorsqu'on se trouvait serré de près par l'ennemi ; les Athéniens ne s'en aperçurent que trop lors des désastres qu'ils éprouvèrent à la fin de leur expédition contre Syracuse ; mais, malgré la leçon, ils ne proscrivirent pas les valets de leurs armées. Cette importante réforme eût été d'ailleurs fort difficile à introduire, car le soldat grec n'aimait pas à se charger, il pliait sous le fardeau ; on lui faisait rarement porter de ces pieux « qui rendirent tant de services aux Romains (1). » — Outre la tourbe des valets, les armées grecques étaient encore encombrées d'une foule de prêtres ou devins, de marchands, de femmes et de poëtes (2). Des médecins accompagnaient aussi les troupes.

§ 6. PROFONDEUR.

Les peuples d'Asie, avons-nous déjà vu dans notre chapitre Ier, avaient adopté un ordre très-profond. Les Grecs diminuèrent cet ordre, puisque la profondeur indiquée par la théorie pour la phalange montait à 16 rangs, et qu'elle se pouvait facilement dédoubler. A Marathon, les Grecs étaient, suivant le terrain, sur 8 ou 12 de profondeur. —

____

(1) POLYBE, livre XVIII, fragment 1.

(2) PLUTARQUE, _Vie de Cléomène._

Les Lacédémoniens ne se rangeaient jamais sur plus de 12, et la phalange instituée par Lycurgue n'avait que 8 rangs. On y observait si bien la discipline que cette profondeur suffisait, et que cette phalange restait supérieure à celles des autres peuples voisins (1). Au-dessous de 8 rangs, les Grecs considéraient l'ordre de bataille comme peu susceptible de résistance (2). — Les Thébains préférèrent, de tout temps, l'ordre profond. A la bataille de Coronée (393 avant J.-C.), ils ne voulurent pas se mettre, comme les autres combattants, sur 16 de profondeur; cette profondeur leur paraissait insuffisante; à celle de Délie, ils se mirent sur 25 rangs, tandis que les Athéniens n'étaient que sur 8. Épaminondas, dont le génie sut les porter si rapidement à un haut degré de puissance, avait rendu, par des manœuvres habiles, l'ordre profond très-mobile; à la bataille de Leuctres (372 avant J.-C.), il porta jusqu'à 50 rangs la hauteur des files de son aile gauche par laquelle il attaqua (3); ses adversaires, les Lacédémoniens, n'étaient que sur 12 rangs.

§ 7. CAVALERIE.

Dans l'origine, les Grecs entretinrent peu de cavalerie; ils y suppléaient par des armés à la légère; cela se conçoit : la cavalerie est une arme coûteuse, et les Grecs étaient pauvres. D'ailleurs, quelques contrées de la Grèce, l'Attique par exemple, se trouvant dénuées de pâturages, ne se prêtaient guère à l'entretien de la cavalerie. Pourtant, après la

(1) Les Lacédémoniens pouvaient combattre sur un ordre plus mince que les autres Grecs, parce qu'ils valaient plus individuellement.

(2) Reportez-vous à la *Tactique* d'ARRIEN.

(3) Pour nous ce serait attaquer en colonne.

bataille de Platée, les Grecs, très-maltraités, quoique vainqueurs, par la cavalerie perse, décidèrent que leur cavalerie serait le onzième de l'infanterie. Nous avons vu dans le § 3 que l'effectif de la cavalerie demandé par les tacticiens atteignait le sixième de l'infanterie tant pesante que légère ; cette proportion fut rarement suivie, on se décidait suivant la nature du pays où l'on devait combattre. Ce fut néanmoins celle adoptée par Alexandre le Grand, lors de son passage en Asie : sur 35,000 hommes, il avait 5,000 cavaliers.

Les Grecs employèrent trois espèces de cavalerie : la *cataphracte*, cavalerie pesante dont ils firent un faible usage ; la *grecque*, cavalerie moyenne ; et la *tarentine*, cavalerie légère, qui caracolait sur les flancs de l'ennemi et lançait le javelot ; ils utilisèrent aussi des archers à cheval.

La division élémentaire était l'ile (1), compagnie de 64 chevaux ; 4 iles formaient la tarentinarchie, 4 tarentinarchies l'ephipparchie, et 4 ephipparchies l'épigtame de 4,096 chevaux. — L'ile prit d'abord une ordonnance sur 4 rangs ; la cavalerie instituée par Lycurgue se plaçait sur 5 rangs. Plus tard, on porta cette hauteur à 8 rangs, pour la cavalerie pesante comme pour la cavalerie légère, ce qui accusait une faute : une aussi grande hauteur ne pouvant que nuire à la cavalerie légère (2). Les Thessaliens, les meilleurs cavaliers de l'Hellade, adoptèrent cette hauteur, qui donnait à l'ile la forme carrée (3) qu'affectionnaient

---

(1) L'ile se subdivisait quelquefois en pelotons de 32 cavaliers ; Épaminondas le fractionna encore et établit des pelotons de 16 cavaliers, rangés sur 4 de front et 4 de hauteur.

(2) *Essai historique et militaire sur l'art de la guerre*, par D'ÉCHAMMEVILLE. 1789, tome Ier, p. 44.

(3) Quant au *nombre*, c'est-à-dire 8 de front sur 8 de profondeur, et non en *figure* géométrique, puisque le cheval est trois fois plus long que large.

les Grecs; les Lacédémoniens seuls l'augmentèrent, mais ils s'entendirent toujours très-mal à la cavalerie (1).

On laissait entre les escadrons des intervalles presque égaux à leur front; les Thessaliens rangeaient leurs escadrons en losange, comme le montre la figure ci-contre, dans laquelle les chefs sont indiqués par des o; les Thraces en coin, le coin étant la moitié du losange et dirigeant sa pointe vers l'ennemi; les autres Grecs en carré ou plutôt en rectangle. Cette dernière disposition semble préférable, parce que, dans le carré, tous les chefs de file occupant le même rang choquent ensemble; souvent les huit rangs ne chargeaient pas simultanément, les quatre premiers se détachaient pour le choc, puis, en cas de rupture, se retiraient par les intervalles pour se rallier, tandis que les autres chargeaient à leur tour.

LOSANGE THESSALIEN.

```
            o
          c c c
        c c c c c
      c c c c c c c
    c c c c c c c c c
  c c c c c c c c c c c
c c c c c c c c c c c c c
o c c c c c c c c c c c c c o
c c c c c c c c c c c c c
  c c c c c c c c c c c
    c c c c c c c c c
      c c c c c c c
        c c c c c
          c c c
            o
```

La théorie ne fixait pas le poste de la cavalerie, c'était l'assiette du terrain ainsi que la disposition de l'ennemi qui devaient la déterminer (2). La tarentine, à laquelle on mê-

(1) Ainsi qu'à la marine et à l'art des siéges : cela tenait à ce qu'ils négligeaient la culture des sciences et des arts. Voyez l'Introduction du présent chapitre.

(2) *Tactique* d'ARRIEN.

lait avec succès dès pelotons d'armés à la légère, se plaçait en avant de la grecque ou sur les ailes.

Après la cavalerie thessalienne vient, comme cavalerie la plus renommée, celle des Étoliens, qui rendit tant de services aux Romains dans leurs guerres contre la Macédoine au commencement du II⁰ siècle avant J.-C. (an 197). Voici, suivant Polybe (1), en quoi ces deux cavaleries différaient : « La cavalerie thessalienne est invincible lorsqu'elle se bat par escadrons, mais si elle quitte son ordonnance, on n'en peut tirer aucun service ; c'est le contraire avec les Étoliens. »

§ 8. ARMES.

Les armes de l'hoplite comprenaient le casque ouvert, de longues piques, de courtes épées placées généralement à gauche (2) et des bottines ; une cuirasse de mailles de fer ou de lames appliquées sur un cuir ; un bouclier en bois, ovale et échancré vers les flancs. Ce bouclier se tenait par deux anses, dont l'une passait jusqu'au coude, et dont l'autre était empoignée par la main ; garni d'une plaque d'airain ou de fer sur laquelle on gravait ordinairement un emblème, il était dans l'origine assez vaste pour couvrir le corps des pieds au cou (3) ; cette grandeur le rendait gênant pour le maniement de la pique qui devait être tenue à deux mains ; aussi plus tard on lui substitua un bouclier plus léger et as-

(1) Livre IV, chap. 2.

(2) *OEuvres diverses de* J.-J. BARTHÉLEMY. Paris, 1823-1828. *Lettre à un artiste*, tome II, p. 345.

(3) Comme le bouclier romain, qui avait 4 pieds de haut. Voyez notre chap. III, § 7

sez petit pour laisser la main libre quand il était passé au bras gauche. On remplaça également, pour alléger l'hoplite, la cuirasse de métal par une cuirasse de toile (1).

Les officiers portaient les mêmes armes que les soldats, excepté ceux qui se tenaient derrière la ligne, et les généraux placés dans les intervalles des grandes sections. Ils se distinguaient du reste par des ornements fixés sur leurs casques et par quelques autres marques.

Le peltaste avait un bouclier rond, appelé πελτη, d'où il tirait son nom, et une pique moins longue que celle de l'hoplite ; il avait aussi parfois le casque, la cuirasse et les bottines. — Le peltaste thrace était armé d'un poignard (2).

Les armés à la légère n'avaient point d'armes défensives : ils se composaient d'archers, de frondeurs, de dardeurs (3).

Les cavaliers de la cataphracte étaient armés de pied en cap (casque, cuissards et cuirasse), et leurs chevaux bardés. Les chevaux de la grecque restaient sans bardes, et le cavalier portait une cotte de mailles, un casque, des bottines armées d'éperons, un bouclier, une lance dont le bois prenait la figure de deux cônes joints ensemble à leur base, et une épée. Le cavalier tarentin était armé de javelots : il chargeait avec l'épée ou la hache d'armes ; un petit bouclier rond lui servait d'arme défensive.

Les Grecs n'avaient ni selles ni étriers ; ils couvraient leurs chevaux de peaux et de housses, et ignoraient l'usage des fers.

Souvent les peltastes et la cavalerie légère se contentaient de se couvrir d'un corselet en cuir tanné.

---

(1) Cornélius Népos, *Iphicrate*, 1.
(2) Thucydide, vii, 27.
(3) Les dardeurs ou jaculateurs lançaient des traits à la main.

On rencontre chez les Spartiates trace d'un uniforme, leurs troupes étant constamment habillées de rouge (1).

§ 9. COMMANDEMENTS, HÉRAUTS.

Les ordres généraux, relatifs à la conduite des opérations, se transmettaient par émissaires ou par des moyens secrets. Citons parmi ces derniers la lettre *scytale*, en usage chez les Spartiates, écrite sur un papier roulé autour d'un bâton et qu'on ne pouvait lire qu'en la roulant, dès qu'on l'avait reçue, sur un bâton absolument semblable (2).

Les commandements d'exécution étaient clairs et précis. Le nom qui caractérisait le mouvement se mettait le premier; ainsi l'on commandait : — *Vers le bouclier, tournez* (3); — *Lacédémonienne, contre-marche.* — Lorsque la voix ne pouvait se faire entendre, on y suppléait par des signaux; lorsque ceux-ci ne se pouvaient voir, on y suppléait par le son de la trompette. Enfin, lorsque la trompette ne se pouvait entendre, des officiers couraient de rang en rang pour communiquer le commandement. — On exerçait les troupes à se mouvoir aux commandements faits par signaux, principalement au moyen d'un mouvement des *enseignes* (4).

Voici les fonctions des hérauts : ils dénonçaient la guerre, proposaient la paix ou les trèves, publiaient les ordres du

---

(1) *De l'Origine des lois*, etc., par GOGUET, IIIe époque, livre v, chap. 2, art. 2.

(2) PLUTARQUE, *Vie de Lysandre.*

(3) C'était le commandement pour faire faire an à-gauche; l'à-droite s'exécutait au commandement de *Vers la pique, tournez*, parce que la pique se tenait dans la main droite.

(4) Ces enseignes portaient les images des dieux et demi-dieux.

chef de l'armée, prononçaient les commandements ou les transmettaient aux porteurs des enseignes, convoquaient les troupes, annonçaient l'instant du départ et le but vers lequel on se dirigeait, fixaient pour combien de jours on devait prendre des vivres. Leur personne était sacrée.

§ 10. EXERCICES.

Les Grecs entretenaient leur force et leur agilité par de nombreux exercices gymnastiques, dont ils avaient contracté l'habitude dès l'enfance. Il faut mentionner, parmi ces exercices, la danse guerrière dite *pyrrhique* : elle consistait à marcher d'une certaine manière au son d'un air gai et militaire, et à imiter tous les gestes et toutes les attitudes des combattants. Quant à la lutte et au pugilat, c'étaient des exercices d'ostentation auxquels se livraient seuls les athlètes de profession : ils auraient été plus nuisibles qu'utiles aux soldats. On les exerçait plutôt à courir, sauter, lancer des traits, franchir des fossés, grimper sur des hauteurs; on leur faisait exécuter toutes sortes d'évolutions dans lesquelles on mélangeait à dessein l'infanterie et la cavalerie. Dans les simulacres de guerre on se servait de piques sans fer, et on remplaçait les traits par des mottes de terre.

On habituait les soldats à se mettre en mouvement d'un pas mesuré et à hausser le pas à l'approche de l'ennemi. Savoir marcher en avant sur un grand front et aller à la charge sans flottement constituait pour les anciens un mérite que leur grande profondeur rendait plus facile à acquérir. Dans une bataille, la contenance des troupes en marchant faisait pressentir aux généraux l'issue de la charge.

On apprenait aux cavaliers à monter et à descendre de

cheval ; ils s'exerçaient à la voltige sur des chevaux de bois, point important, les anciens manquant d'étriers.

Les Grecs étaient parvenus, à force d'études et d'exercices, à obtenir dans leurs évolutions une précision parfaite, favorisée d'ailleurs par la forme et la disposition invariable de la phalange, dont chaque partie, quel que fût son effectif, offrait partout les mêmes rapports : cette précision mathématique est un des traits principaux qui séparent l'art militaire ancien de l'art militaire moderne.

§ 11. CRIS DE COMBAT ET MUSIQUE.

Une partie des Grecs, tels que les Argiens, les Mantinéens et les Macédoniens, chargeait, comme les peuples barbares, avec de grands cris mêlés au bruit des instruments de guerre. Une autre partie ne criait point en chargeant, mais entonnait, dès que les entrailles des victimes avaient été déclarées favorables, un air très-vif adapté à de petits vers : c'était l'hymne du combat qui portait le nom de *péan*. Il y en avait deux sortes : le premier se chantait avant la bataille en l'honneur de Mars ; le second après la victoire, en l'honneur d'Apollon. Toutes les femmes de l'armée y joignaient leurs voix (1).

Les Grecs aimaient la musique, et, reconnaissant sa grande influence sur les mœurs (2), en faisaient une partie de l'éducation. Ils avaient aussi constaté qu'elle exaltait le courage et l'employaient à la tête de leurs armées. Les La-

---

(1) XÉNOPHON, *Dix mille*, livre IV.

(2) POLYBE (livre IV, chap. 5) attribue la férocité des Cynéthéens à ce qu'ils avaient négligé la musique, et les mœurs douces et hospitalières des Arcadiens à « l'exercice de la belle musique. »

cédémoniens observaient constamment les pas mesurés et cadencés; ils avaient adopté les flûtes pour les précéder au combat; quelquefois ils y joignaient les lyres. Les Argiens et les Grecs d'Asie employaient aussi la trompette. Le son de ces instruments « réglait le pas des soldats et les empêchait de rompre leurs rangs (1), » ce qui semble une condition essentielle pour un corps aussi étendu en front que la phalange.

§ 12. SOLDE, BUTIN.

Il n'y avait que trois classes de traitement. Le stratége recevait 144 fr. par mois; le taxiarque, premier officier hors rang, 72 fr.; l'hoplite, seul combattant qui portât le nom de soldat, 36 fr. Les officiers dans le rang étaient payés comme l'hoplite. La solde du cavalier montait, en temps de guerre, au double ou au triple de celle du fantassin; en temps de paix, on lui allouait environ 14 fr. par mois.

La république de Sparte ne soudoyait pas ses troupes.

On faisait trois parts du butin : la première, assignée au général; la deuxième à l'État; la troisième, destinée à récompenser la valeur, distribuée quelquefois par le général, quelquefois aussi remplacée, pour les plus braves, par des couronnes, des statues (2), des inscriptions, des éloges publics. Outre sa part, le général pouvait recevoir des présents individuels en échange de sa protection ou des services qu'il avait rendus (3).

(1) THUCYDIDE, livre v, chap. 70.

(2) Voyez le § 14 de ce chapitre.

(3) *OEuvres diverses de* J.-J. BARTHÉLEMY, tome II, *Du butin chez les anciens,* p. 41.

§ 13. DISCIPLINE.

De tous les Grecs, les Spartiates furent ceux qui suivirent la discipline la plus sévère. Les lois de Lycurgue, en les rendant sobres et austères, en firent des soldats robustes et intrépides; elles élevèrent le courage personnel à un diapason admirable; mais, par le mépris qu'elles inspirèrent pour les sciences et les arts, ainsi que par l'éternelle pauvreté à laquelle elles condamnèrent l'État en lui interdisant tout commerce (1), elles furent cause que Sparte ne figura jamais qu'en seconde ligne parmi les puissances grecques pour la cavalerie, l'art des siéges et la marine.

Voici quelques-unes des peines disciplinaires communes à tous les Hellènes. — Le général agissant sans ordres était puni, et quelquefois condamné à mort. — Les transfuges et les traîtres subissaient la peine de mort. — Pour combattre contre sa patrie, on était lapidé. — Pour quitter son rang sans fuir, on restait quelque temps debout, appuyé sur son bouclier, afin que chaque passant pût vous adresser un reproche. — Le fuyard était voué à l'infamie. — Si on périssait en tournant le dos, on restait privé de sépulture. — Pour excès et violences, on était chassé ignominieusement du camp. — La perte du bouclier (2) entraînait aussi l'infamie, tandis que celle du casque, de la cuirasse ou d'une arme

---

(1) Les lois de Lycurgue ôtèrent à Sparte « toutes les ressources, les arts, le commerce, l'argent, les murailles; on y avait de l'ambition sans espérance d'être mieux; on y avait les sentiments naturels, et on n'y était *ni enfant, ni mari, ni père*; la pudeur même était ôtée à la chasteté. » (MONTESQUIEU, *Esprit des lois*, livre IV, chap. 6.)

(2) Épaminondas mourant, après la victoire de Mantinée, redemanda son bouclier, qu'il croyait perdu, et fit éclater sa joie lorsqu'on le lui rapporta.

offensive, n'était point punie ; on avait établi cette différence pour enseigner au combattant que la guerre doit être plutôt un état de défense que d'attaque (1), et surtout parce que le port du bouclier intéressait l'armée tout entière, tandis que le port de toute autre arme n'intéressait que l'hoplite qui s'en trouvait muni (2).

Il existait, en outre, des peines particulières à chaque peuple.

A Athènes, on était puni pour passer sans permission de l'infanterie dans la cavalerie. — Les chefs frappaient, pendant les exercices, les soldats indociles ou négligents. — En temps de paix comme en temps de guerre, les généraux rendaient compte de leur conduite : s'ils étaient trouvés coupables, on les condamnait à une amende dont leurs fils étaient responsables, ou on les exilait.

A Sparte, la loi défendait non-seulement de poursuivre l'ennemi, mais encore de le dépouiller sans en avoir reçu l'ordre, afin, sans doute, qu'on restât plus attentif à la victoire qu'au butin (3). — Celui qui, chargé de défendre une forteresse, la rendait, ayant espoir d'être secouru, était puni de mort.

En général, les règles de discipline bannissaient le luxe des camps. Peu à peu on se relâcha à cet égard, et les armées, déjà suivies d'une bande de valets, furent infectées

(1) Les Romains, qui aspirèrent toujours à la domination universelle, avaient adopté le principe contraire : « il ne fallait pas que le soldat romain fît plus de cas de son bouclier que de son épée. » (FRONTIN, livre IV, chap. 1.) « Le génie de la tactique grecque, a dit CARRION-NISAS (*Histoire de l'art militaire*, tome Ier, p. 64), était *la résistance* ; celui de la tactique romaine était au contraire *l'attaque*. »

(2) PLUTARQUE, *Apophthegmes des Lacédémoniens*, Démarate. — Voyez aussi les *Apophthegmes des Lacédémoniennes* dont les noms ne sont pas connus.

(3) *Voyage d'Anacharsis*, par BARTHÉLEMY, chap. 50.

d'une bande de femmes et d'enfants quelquefois tellement nombreuse que chaque soldat avait sa maîtresse.

Dans les villes, le luxe progressait bien autrement : il finit par paralyser à Athènes la constitution militaire. Les riches se firent remplacer, et on rencontra si peu de gens du peuple à enrôler qu'on fut obligé d'avoir recours aux mercenaires. Les officiers ne vinrent sous le drapeau que dans l'espoir de piller. « L'auteur excellent fut plus applaudi que le plus habile général; le courage n'attira plus les regards, et le vainqueur rentra dans sa patrie, indifférente à ses succès (1). » Le plus souvent même, on dépensait, pour les représentations théâtrales, les fonds destinés aux besoins de la guerre, tandis qu'une loi punissait de mort celui qui proposait de consacrer à l'entretien des armées l'argent destiné pour les théâtres (2). C'est ainsi que les Grecs préparaient leur asservissement !

§ 14. RÉCOMPENSES [3].

Voici les principales récompenses : — des éloges publics; — une portion du butin; — un grade supérieur; — une couronne; — des chevaux, des armes; — une pension alimentaire pour les blessés (4), et des honneurs funèbres pour les morts, dont l'État élevait les enfants à ses frais.

(1) TURPIN, *Histoire du gouvernement des anciennes républiques*, p. 156 et 164.

(2) MONTESQUIEU, *Esprit des lois*, livre III, note du chap. 3.

(3) L'esprit républicain rendait fort rare de la part du peuple l'aveu d'une récompense méritée. On se rappelle le fameux mot prononcé devant Miltiade en lui refusant une couronne : « Quand tu vaincras seul, tu triompheras. »

(4) PLUTARQUE, *Vie de Solon*.

Plus tard, lorsque l'esprit républicain commença à se perdre, on éleva des statues aux généraux vainqueurs, et on leur permit de construire à leurs frais des temples, monuments durables sur lesquels on gravait des inscriptions qui perpétuaient leur renommée. Les chefs d'armée donnaient en outre des gratifications, moyen dont Alexandre le Grand se servit avec une profusion que les nombreuses richesses de l'empire perse, restées entièrement à sa disposition, peuvent seules expliquer.

§ 15. ARMÉES.

Les armées grecques ne devinrent jamais très-nombreuses. A la bataille de Marathon les Athéniens ne mirent en ligne que 10,000 hoplites. A la bataille de Leuctres, les Thébains opposèrent 14,500 hommes aux 26,000 soldats du Péloponèse. L'armée qu'Athènes envoya contre Syracuse était de 5,100 hoplites, 480 archers, 700 frondeurs, quelques troupes légères et 30 cavaliers. A la bataille de Chéronée, vulgairement (1) appelée le tombeau de la liberté grecque (338 avant J.-C.), 30,000 Athéniens et Thébains combattirent les 32,000 Macédoniens de Philippe. A la bataille de Mégalopolis, où Antipater battit les Grecs qui s'étaient révoltés en l'absence d'Alexandre, les Péloponésiens avaient 31,000 hommes et Antipater 40,000. Alexandre passa en Asie avec 35,000 hommes, dont 5,000 cavaliers (2). La plus

---

(1) Philippe et Alexandre laissèrent aux républiques grecques leur liberté intérieure, et se contentèrent d'être les chefs de toutes les forces de la Grèce. Voyez l'Introduction à la 3e édition du *Précis d'histoire ancienne* de MM. Poisson et Cayx, et le § 2 du chap. 32 du même *Précis*.

(2) Voyez Gibbon, *Décadence de l'empire romain*, édition du *Panthéon littéraire*, tome III, p. 638.

forte armée grecque fut celle qui combattit à Platée : formée des divers contingents fournis par les confédérés, elle comptait 110,000 hommes. Voici sa composition d'après Hérodote (1) :

Pesamment armés.	Spartiates	5,000	
	Habitants de la Laconie	5,000	
	Athéniens	8,000	
	Corinthiens	5,000	
	Sicyoniens	3,000	
	Mégariens	3,000	
	Thespiens	1,800	
	Tégéates	1,500	
	Trézéniens	1,000	
	Philasiens	1,000	
	Épidauriens	800	40,500
	Leucadiens et Anactoriens	800	
	Arcadiens	600	
	Érétriens et Styriens	600	
	Platéens	600	
	Ampraciates	500	
	Éginètes	500	
	Chalcidiens	400	
	Mycénéens et Tyrinthiens	400	
	Potidéates	300	
	Hermioniens	300	
	Lépréates	200	
	Paléens de Céphallénie	200	
Armés à la légère.	Ilotes	35,000	69,500
	Autres Grecs	34,500	
	TOTAL		110,000

En prenant le nombre des hoplites pour représenter le contingent de chaque peuple, ce qui peut d'autant mieux se faire que le nombre des armés à la légère variait ordinairement dans la même proportion, sauf pour les Spartiates, ce

(1) Livre IX, § 27.

tableau donne une idée des forces respectives de tous les peuples grecs qui combattirent à Platée : c'est pour cette raison que nous l'avons inséré ici.

§ 16. STRATÉGIE ET TACTIQUE.

Le mérite militaire des Grecs a toujours résidé dans la tactique; sauf les expéditions d'Alexandre, ils ont eu peu d'occasions de se livrer à de grandes opérations stratégiques. En effet, l'expédition des Athéniens en Sicile ne fut qu'une *diversion* sans but réel, et l'invasion du Péloponèse par Épaminondas qu'une *pointe* hasardée et sans influence durable. Quant à l'expédition d'Agésilas en Asie, ce fut un essai stratégique, dénué d'idée bien arrêtée de conquête.

« En général, écrit Laverne (1), les Grecs se sont appliqués aux manœuvres qui donnent à une troupe de la solidité et de la consistance, et il était de l'essence de leur système de travailler à obtenir la même unité dans le mouvement d'une armée entière que dans celui d'un bataillon. Par cette raison d'abord, et par une suite de la perfection de leur organisation physique, les Grecs ont été, de tous les peuples militaires, le plus manœuvrier. » Un auteur compare la phalange, à cause du peu de dérangement que lui causaient ses manœuvres, à une machine *pneumatique* (2), ce qui me paraît assez hasardé.

Parmi les mouvements et évolutions des Grecs nous citerons : — le *clisis* ou l'à-droite; — le double-clisis,

(1) *L'Art militaire comparé chez les nations les plus célèbres,* par DE LAVERNE. Paris, 1805, p. 108.

(2) *Histoire de la guerre,* par BENETON DE MORANGE. Paris, 1741, in-12, p. 165. Consultez p. 158 à 165.

nommé aussi métabole, ou le demi-tour; — l'*épistrophe* ou quart de conversion (1); — plusieurs manières de faire la contre-marche, « manœuvre préférée par les Grecs, parce que toute la force de la phalange consistait dans les premiers rangs (2); » — la *macédonienne* pour se porter en avant, le premier rang ne bougeant pas; — la *laconique* pour se porter en arrière, le dernier rang ne bougeant pas: — des doublements et des dédoublements de front.

L'*épagogue* était le mouvement de la phalange se transportant en avant perpendiculairement à la ligne de bataille, soit qu'elle fût entière, soit qu'elle fût en colonnes par divisions, — le *paragogue*, le mouvement de la phalange par le flanc, lorsqu'elle avait fait un à-droite ou un à-gauche. Le paragogue constituait la méthode la plus simple et la plus ordinaire aux anciens pour faire marcher une troupe. Souvent on accollait dans le paragogue deux ou trois phalanges; le front de la colonne comptait alors 32 ou 48 hommes, et la phalange était dite doublée ou triplée. Alexandre s'avança vers le Granique, son infanterie en colonne formée par la phalange doublée (3).

La phalange *antistôme* avait deux fronts opposés, les rangs du milieu se trouvant dos à dos; elle formait un

(1) MAUVILLON (*Influence de la poudre à canon*, p. 209) déclare qu'on ignore si les Grecs se *serraient* avant d'exécuter les conversions. Élien nous dit cependant que la conversion se faisait à rangs et à files serrés, la phalange occupant alors (Voyez ci-dessus le § 3 de ce chapitre) la *moitié* seulement de son front de parade.

(2) *Mémoires militaires sur les Grecs et les Romains*, par GUISCHARDT, édit. de Lyon, 1760, tome II, p. 188.

(3) *Mémoires critiques et historiques sur plusieurs points d'antiquités militaires*, par GUISCHARDT, tome Ier, p. 148. « Cette manière de marcher, y dit-il, appartenait aux Grecs et était conforme à l'esprit de leur ordonnance, selon lequel leurs armées étaient plutôt des corps flexibles que des corps divisibles. »

carré long excellent pour résister à une cavalerie supérieure en nombre.

Comme ordre de bataille, on employait l'*ordre en croissant* pour envelopper l'ennemi qui s'engageait dans la courbure, les ailes l'attaquant, le centre résistant ; l'*ordre convexe*, pour tromper l'ennemi en lui cachant des forces supérieures. L'*ordre oblique*, dont Épaminondas fit usage à la bataille de Mantinée, était une disposition habile qui servait à attaquer l'ennemi avec une partie de sa ligne renforcée. L'*ordre parallèle* paraît le plus habituel, comme nous le verrons à propos des batailles.

L'*embolon*, dit aussi *coin* ou *tête de porc*, était un corps de troupes de forme triangulaire, ou plutôt une colonne rectangulaire. Le coin et le plœsion, ou carré vide, servaient avec succès contre la cavalerie.

Cette dernière combattit d'abord en escarmouchant, puis en rhombe ou coin, l'ilarque se plaçant à la tête du triangle, usage introduit par Philippe, roi de Macédoine.

Pour l'ordre de marche, de jour, la nature du pays décidait du genre de troupes placées à la tête de la colonne ; tantôt c'était de l'infanterie, tantôt de la cavalerie ; mais, la nuit, la règle voulait que les troupes les plus pesantes passassent en avant. Par ce moyen, rarement l'armée se séparait, et l'on n'était guère exposé à se trouver loin les uns des autres sans le savoir (1).

Les bagages se plaçaient à la tête de la phalange pour sortir du pays ennemi, à la queue pour y entrer, sur le côté si l'on redoutait une attaque de flanc, au centre dans le cas où l'on se préparait à faire front de tous côtés.

(1) XÉNOPHON, *Dix mille*, livre VII.

§ 17. ÉTUDE DE L'ART DE LA GUERRE.

Les Spartiates cultivèrent peu la science militaire ; ils ne durent leurs succès qu'à des exercices bien entendus, à une discipline sévère et à un invincible courage. Ce peuple comptait tellement sur la valeur de ses troupes que la victoire n'y excitait ni joie ni surprise.

Les autres peuples au contraire, principalement les Athéniens et les Macédoniens, firent une étude particulière de la guerre. On démontrait dans leurs écoles la forme, la composition, l'arrangement et les mouvements des troupes ; on insistait spécialement sur les qualités constitutives de la phalange, la théorie des distances et le temps nécessaire à chaque évolution, points importants pour la précision des manœuvres. Certains *tacticiens* touchaient des appointements considérables, et pourtant ils ne perfectionnaient pas la science ; ils enseignaient la *tactique* sans la soumettre à un examen critique qui en aurait pu faire voir les défauts ; ils restaient dans leur routine, ou, poussés par leur manie de tout réduire au calcul, n'introduisaient que d'inutiles raffinements. Mais aussi l'on n'exigeait pas des élèves une imitation complète des leçons qu'on leur donnait ; ils y puisaient seulement les éléments et les principes d'un art que l'expérience et la pratique leur permettaient plus tard d'approfondir.

Outre la tactique proprement dite, les tacticiens enseignaient avec beaucoup d'apparat la *stratégie* et la connaissance de toutes les hautes parties de l'art de la guerre ; cette seconde science n'avait point été soumise au calcul comme la tactique, et son enseignement ne consistait qu'en maximes

déduites d'exemples et de faits amassés et comparés avec
soin (1).

Athènes restait ouverte à tous les peuples : aucune loi n'y
écartait les étrangers des leçons ou spectacles qui pouvaient
dévoiler les secrets de la force militaire.

§ 18. BATAILLES.

Les ailes, considérées comme les parties les plus exposées
de la ligne de bataille, constituaient un poste d'honneur. A
la bataille de Platée, sur un terrain choisi conformément à
l'oracle, les Lacédémoniens occupèrent l'aile droite et les
Athéniens l'aile gauche (2). — Dès que le général donnait le
signal du combat, il était mille fois répété et l'on entonnait
le péan ; ces cris et le cliquetis des armes étouffaient le son des
trompettes et autres instruments de guerre. L'armée atta-
quante arrivait ordinairement au pas redoublé, la pique sur
l'épaule droite. Les armés à la légère commençaient le combat par les armes de jet, puis se retiraient sur les flancs ou
derrière la phalange. Celle-ci s'avançait alors les piques
baissées et les rangs serrés (3) ; hérissée de fer et compacte,
elle présentait l'aspect redoutable d'une *bête monstrueuse* (4) ;

(1) GUISCHARDT, Préface de sa traduction de la *Tactique* d'ARRIEN. —
XÉNOPHON (*Cyropédie*, livre 1er, chap. 6) met dans la bouche de Cambyse une
critique des maîtres de tactique.

(2) « Les Thébains, à la bataille de Leuctres, prétend PLUTARQUE, ayant
commencé par la gauche à mettre en fuite les ennemis, laissèrent depuis à la
gauche l'honneur de l'attaque. » (*Questions romaines*, n° 78.)

(3) Suivant CORNÉLIUS NÉPOS (*Chabrias*, 4), l'Athénien Chabrias fut le
premier qui enseigna à la phalange à attendre de pied ferme le choc de
l'ennemi.

(4) PLUTARQUE, *Vie de Flaminius*.

son choc était terrible. — Souvent les hoplites faisaient résonner leurs boucliers en les choquant avec la pique, afin d'effrayer les chevaux, et ne frappaient l'ennemi qu'au visage (1). Dans la mêlée, au combat à l'épée, le courage grec se montrait dans tout son jour. — La phalange ne résistait pas aux chars armés de faulx qui se précipitaient sur elle pour la rompre; elle s'ouvrait afin de leur livrer passage. — La cavalerie, placée sur les côtés, harcelait les flancs de l'ennemi et s'élançait au milieu des trouées qui se formaient pendant la lutte dans la ligne ennemie.

Après le combat, les armés à la légère poursuivaient les vaincus pour faire des prisonniers, et l'on élevait un trophée. L'usage défendit pendant longtemps d'établir ces trophées d'une manière durable.

En général les Grecs se contentaient d'une ligne de bataille; ils avaient adopté surtout *l'ordre parallèle*. L'attaque se dirigeait presque toujours sur les ailes comme sur les parties les plus faibles de la ligne; on cherchait aussi quelquefois par l'extension du front à entourer l'armée ennemie, débordement auquel on remédiait par une réserve ou en adossant l'aile à un obstacle naturel. Épaminondas et Alexandre le Grand durent leurs succès à l'emploi de l'ordre oblique ou en échelons, qui tomba presque en oubli après eux.

On doit peu compter sur les évaluations des effectifs d'armée et des morts dans les batailles, le vainqueur et le vaincu ayant également intérêt à tromper ou à être trompés. Aussi est-ce à simple titre d'indication que nous donnons le tableau suivant, où nous avons consigné les évaluations les plus vraisemblables.

(1) XÉNOPHON, *Dix mille*, livre 1er.

EFFECTIFS ET PERTES DES ARMÉES GRECQUES DANS LES PRINCIPALES BATAILLES [1].

DÉSIGNATION.	DATE av. J. C.	ORDRE DE BATAILLE.	EFFECTIFS.	PERTES.
Marathon......	29 sept. 490.	Grecs. — Ordre double oblique.....	11,000 fantassins...............	Vainqueurs. — 192 morts.
		Perses. — Ordre parallèle..........	100,000 fantassins, 10,000 cavaliers.	Vaincus. — 6,400 morts.
Platée........	17-19 sept. 479.	Grecs...............	110,000 hommes........	Vainqueurs. — Environ 160 morts.
		Perses.............	350,000 hommes.........	Vaincus. — Environ 258,000 morts.
Lenctres......	371.	Thébains. — Ordre oblique : attaque sur l'aile droite en colonne.	12,000 fantassins, 1,500 cavaliers.......	Vainqueurs. — 400 morts.
		Péloponésiens. — Ordre parallèle....	24,000 fantassins, 1,600 cavaliers........	Vaincus. — Environ 4,000 morts.
Arbelles	2 octob. 331.	Macédoniens. — Ordre oblique......	40,000 fantassins, 7,000 cavaliers..........	Vainqueurs.— 100 morts et 1,000 chev. tués.
		Perses. — Ordre parallèle........ ...	600,000 fantassins, 145,000 cavaliers........	Vaincus. — 300,000 morts (d'apr. Arrien).
Mégalopolis....	330.	Macédoniens...........	40,000 hommes....	Vainqueurs.— 3,500 m. } D'après Diodore,
		Péloponésiens...........	20,000 fantassins et 11,000 cavaliers......	Vaincus.—5,300 morts. } de Sicile.
Hydaspes......	327.	Macédoniens. — Ordre parallèle....	15 à 18,000 hommes...............	Vainqueurs. — 1,000 morts.
		Indiens. — Ordre parallèle........	30,000 fant., 4,000 chev., 300 chars, 200 éléph.	Vaincus.—12,000 m., 9,000 pris., 80 éléph. pr.
Gabiène........	316.	Eumène. — Ordre parallèle. Les éléphants en croissant convexo.	35,000 fant., 6,100 chevaux, 125 éléphants,	Bataille indécise. { 1,500 morts ou blessés.
		Antigone. — Idem, idem....	30,000 fant., env. 9,000 chev., 63 éléphants	{ 8,000 morts ou blessés.
Raphia	217.	Égyptiens. — Ordre parallèle : sur les ailes la caval. protég. p^r les éléph.	70,000 fantassins., 5,000 chev., 73 éléphants d'Afrique.	Vainqueurs. — 2,000 morts, 16 éléph. tués, 57 éléphants pris.
		Syriens. — Idem, idem....	71,000 fant., 6,000 chev., 102 éléph. d'Asie.	Vaincus.—15,000 morts ou pris., 5 éléph.tués

(1) Consulter, sur les batailles des anciens, l'*Atlas des plus mémorables batailles, combats et sièges*, du major (aujourd'hui général) wurtembergeois DE KAUSLER, in-f°, 1831-1837, avec légendes en allemand et en français.

§ 19. CASTRAMÉTATION.

Les Grecs ne poussèrent pas la science du campement aussi loin que les autres parties de l'art militaire. Les lignes suivantes de Polybe (1) pourront expliquer ce fait. « Quand il s'agit de camper, le lieu le plus fort par sa situation est toujours celui qu'ils choisissent, tant pour s'épargner la peine de creuser un fossé autour du camp, que parce qu'ils se persuadent que les fortifications faites par la nature sont beaucoup plus sûres que celles de l'art. De là vient la nécessité où ils sont de donner à leur camp, selon la nature des lieux, toutes sortes de formes, et d'en varier les différentes parties ; ce qui cause une sorte de confusion qui ne permet pas au soldat de savoir au juste ni son quartier, ni celui de son corps. »

Les camps grecs étaient irréguliers et quelquefois entourés d'un bon fossé derrière lequel se trouvait un parapet garni de palissades. On avait soin d'assurer leur position par des postes avancés. Les gardes de nuit étaient surveillées par des officiers qui se faisaient reconnaître dans leurs rondes au moyen d'une sonnette, au son de laquelle les sentinelles devaient déclarer le mot d'ordre.

Les Spartiates donnaient à leurs camps la forme ronde ou ovale, à moins qu'ils ne fussent couverts par une rivière, une montagne ou une ville. Ils s'y livraient le matin à des exercices gymnastiques, et n'y faisaient pas d'appel, parce qu'il n'y avait jamais de déserteurs. Tous dormaient armés ; les sentinelles montaient la garde sans bouclier, afin qu'elles restassent plus intéressées à la surveillance du camp.

(1) Livre VI, fragment 5.

Suivant Mauvillon, les Grecs cantonnaient et même bivouaquaient plus souvent qu'ils ne campaient (1).

§ 20. MODIFICATIONS MACÉDONIENNES.

Je comprends sous ce titre les modifications apportées à l'art militaire grec par les rois de Macédoine Philippe et Alexandre, « nés d'une maison, dit Polybe (2), qui s'était toujours flattée de parvenir à l'empire universel. »

Philippe n'inventa pas la phalange. « Il ne fit que suivre les principes des Grecs et leur système de tactique, qu'il s'appliqua à perfectionner; il y réussit par la sévérité des lois et l'éclat des récompenses qu'il établit, par la pratique constante des exercices et la bonté des armes qu'il leur fournit (3). » La phalange macédonienne ne contenait dans l'origine que 6,000 hommes; elle fut *permanente*, principale cause de la supériorité des troupes macédoniennes sur les troupes grecques. Philippe proscrivit la mollesse et la débauche (4), diminua le nombre des valets et des chariots de transport, accoutuma ses soldats à faire de longues marches chargés de lourds fardeaux : il leur faisait porter pour trente jours de farine par les plus grandes chaleurs (5). Il créa le corps des *camarades*, composé de jeunes gens nobles, qui vivaient de sa table et le suivaient à la guerre et à la chasse; ce corps de cavalerie d'élite devint une pépinière de bons généraux.

(1) *Influence de la poudre à canon*, p. 371 et 372.

(2) Livre v, chap. 20.

(3) MAIZEROY, *Cours de tactique*, tome Ier, p. 49.

(4) POLYEN, livre iv, chap. 2.

(5) FRONTIN, livre iv, chap. Ier.

Alexandre, si l'on en croit Polyen (1) et Plutarque (2), commença « par faire raser la barbe aux Macédoniens afin d'ôter cette prise aux ennemis, » ou plutôt sans doute pour les habituer à l'obéissance, même dans les moindres choses, à l'imitation des éphores spartiates qui, à leur entrée en charge, donnaient l'ordre à leurs concitoyens de se couper les moustaches (3). — Sous ce prince, les peltastes acquirent une réputation égale à celle des hoplites, et parmi eux il faut surtout citer les argyraspides, ainsi nommés parce que leurs boucliers étaient argentés; les argyraspides montaient la garde à l'entrée de la tente d'Alexandre. Les armés à la légère furent dès lors employés plus au loin qu'ils ne l'avaient encore été; ils servirent à éclaircir les masses, à éloigner la cavalerie, à s'emparer des hauteurs. Jamais Alexandre ne les plaça derrière sa phalange.

Contrairement à son père, Alexandre adopta la forme rectangulaire plus ou moins profonde, comme ordre de bataille de sa cavalerie, qu'il soumit, après la bataille d'Arbelles, à une discipline uniforme, sans avoir égard à la différence des nations qui la composaient.

Il posséda des éléphants, mais n'en fit point usage dans ses batailles, et se servit en rase campagne de machines de guerre pour chasser l'ennemi des défilés et des rives des fleuves.

Son ordre de bataille était ordinairement l'ordre oblique; il rangeait son armée sur plusieurs lignes, partagées souvent en sections pour les rendre plus propres aux évolutions, et plaçait sa cavalerie à l'aile d'attaque.

(1) Livre IV, chap. 3.

(2) *Vie de Thésée* et *Apophthegmes d'Alexandre.*

(3) PLUTARQUE, *Vie d'Agis et de Cléomène.*

« La guerre d'Alexandre, a dit Napoléon, fut méthodique ;
elle est digne des plus grands éloges ; aucun de ses convois
ne fut intercepté ; ses armées allèrent toujours en s'augmentant (1). » Ajoutons pourtant que si Alexandre, fidèle à son
système d'assurer ses derrières et ses communications, eut
raison d'assiéger Tyr, il semble avoir eu tort d'entreprendre
son expédition d'Égypte ; ce fut en effet une pointe hasardée
qui pouvait lui devenir funeste, si les forces de la Perse
eussent été conduites avec cette *unité* et cette concentration
que son génie et son ascendant avaient imprimées à l'armée
macédonienne ; et, d'ailleurs, était-il nécessaire de conquérir l'Égypte pour se la rendre favorable ?

Le grand mérite de ce conquérant fut la rapidité (2) ; il
traversait presque à la course des pays inaccessibles, et
tombait à l'improviste sur ses ennemis. Il combattait person-
nellement avec un grand courage et une folle témérité, car
il s'exposait plus qu'un chef d'armée ne doit le faire. On le
reconnaissait facilement à l'éclat de ses armes et à l'empres-
sement respectueux de sa suite.

§ 21. MODIFICATIONS DES SUCCESSEURS D'ALEXANDRE.

Les successeurs d'Alexandre, commandant à des armées
composées en grande partie d'Asiatiques, furent obligés de
recourir à l'emploi des éléphants, et même quelquefois à
celui des chars auxquels leurs troupes étaient accoutumées.
L'art militaire grec, porté à son apogée par Alexandre, ne

---

(1) *Mémoires de Napoléon.* — 7ᵉ note sur l'ouvrage intitulé : *Considérations sur l'art de la guerre.*

(2) ARRIEN, livre III, chap. 6.

survécut pas en Orient à ce grand homme : en Grèce même il n'avait pas deux siècles à vivre (1).

En Asie, « on abandonna peu à peu la simplicité de l'ancienne tactique, et les armées des rois de Syrie et des Ptolémées ressemblèrent aussi peu à celles de Philippe et d'Alexandre que, plus tard, les légions de Théodose et de Stilicon à celles de Marius et de César (2). »

Les successeurs d'Alexandre organisèrent les éléphants en phalange. Une phalange était de 64 éléphants rangés sur 8 de front et 8 de profondeur ; cette phalange se subdivisait en divisions ou groupes de 32, 16, 8, 4 et 2. Le groupe de 8, ou le rang, se nommait *ilarchie*.

En bataille, les éléphants se plaçaient ordinairement devant le front de l'armée par ilarchies, c'est-à-dire sur une seule ligne que l'on arrondissait souvent en un demi-cercle dont la convexité regardait l'ennemi. On les écartait autant que possible à 100 pieds de distance l'un de l'autre, et à 200 pieds environ de la ligne, pour avoir le temps et l'espace de les rallier.

Les successeurs d'Alexandre employèrent aussi, à l'exemple de leur maître, les machines de guerre en rase campagne.

§ 22. SUPERSTITION.

Les Grecs se montraient tellement superstitieux que les sensations les plus minimes, telles que l'éternuement, le tintement des oreilles et le mouvement convulsif des pau-

(1) Alexandre mourut en 324 ; la Grèce fut asservie aux Romains en 146 : différence, 178 ans.

(2) ARMANDI, *Histoire militaire des éléphants*, p. 63.

pières étaient pour eux des présages heureux ou sinistres.

Les lois elles-mêmes se ressentaient de cette superstition, témoin celle qui défendait aux Spartiates de se mettre en marche avant la pleine lune, ce qui leur fit manquer la bataille de Marathon (1), où les seuls Athéniens obtinrent la victoire sur quarante-six nations (2).

Les chefs et les généraux étaient obligés de respecter les croyances populaires et la foi des masses dans le pouvoir des dieux ; quant à eux-mêmes, ils y croyaient peu. Et en effet, comment y croire, lorsque l'on connaissait les nombreux stratagèmes par lesquels les hommes les plus respectables se rendaient les dieux propices, et que l'on savait comment l'esprit divin inspirait la Pythie de Delphes (3); « *pauvre fille imbécile,* » exploitée par des prêtres avides, entre les mains desquels elle n'était qu'un instrument (4) ? On pouvait à prix d'argent corrompre ces prêtres et faire parler l'oracle en sa faveur (5) ; d'ailleurs les réponses de la Pythie restaient toujours à double entente (6).

Avant de commencer une entreprise quelconque, on immolait des victimes et on consultait leurs entrailles pour savoir si les dieux se montraient ou non favorables ; si les entrailles étaient défavorables, on ajournait l'expédition. Les devins y voyaient à peu près ce qu'ils voulaient ; les chefs habiles connaissaient assez l'art divinatoire pour rester indépendants des devins et tirer parti de la superstition de

(1) Hérodote, livre vi, § 105. Reportez-vous au § 1ᵉʳ du présent chapitre.

(2) Hérodote, livre ix, § 27.

(3) Voltaire s'amuse à ce sujet. Voyez son Introduction à l'*Essai sur les mœurs*, § des Oracles.

(4) *Voyage d'Anacharsis*, chap. 22.

(5) Hérodote, livre vi, § 56.

(6) Hérodote, livre 1ᵉʳ, § 91.

leur armée pour la réussite de leurs projets (1). En voici un exemple : — « Alexandre, rapporte Frontin (2), sur le point de sacrifier, imprima quelques caractères favorables sur l'endroit de la main du prêtre qui touchait les entrailles des victimes, et, exposant ensuite aux yeux de tous ces caractères marqués sur le foie, redoubla le courage des soldats qui croyaient y voir un gage certain de la victoire. »

<h2 align="center">§ 23. RUSES DE GUERRE.</h2>

Les Grecs employaient assez fréquemment les *stratagèmes* et les *ruses de guerre*, dont Frontin et Polyen nous ont laissé dans leurs traités de nombreux exemples. Souvent ces ruses étaient innocentes et de la nature de celles qui sont permises. Ainsi Iphicrate établissait dans son camp tantôt deux lits par homme, tantôt un lit pour deux hommes, puis le quittait brusquement, afin que l'ennemi, venant à compter les lits, fût induit en erreur (3). Ainsi Cléomènes, voyant que les ennemis le suivaient en tous lieux et l'imitaient en toutes choses, faisait donner le signal du dîner : l'ennemi se mettait à dîner ; Cléomènes, au contraire, ayant fait armer ses troupes, fondait sur lui et le défaisait complétement (4).

Mais, souvent aussi, ces ruses se révélaient cruelles et indignes ; elles auraient dû être proscrites par la Grèce entière. On peut détourner un cours d'eau, mais on ne doit pas l'empoisonner comme firent les confédérés dans la

----

(1) XÉNOPHON, *Cyropédie*, livre 1er, chap. 6.

(2) Livre 1er, chap. 11.

(3) POLYEN, livre III, chap. 9.

(4) POLYEN, livre 1er, chap. 14.

guerre sacrée contre les Crisséens ; on ne doit pas même le corrompre avec de l'ellébore, comme firent Clisthènes de Sycione (1) et les Amphyctions (2), afin de donner un flux de ventre aux habitants des villes qu'ils assiégeaient et les empêcher de défendre leurs remparts.

« Les ruses d'adresse et de finesse sont permises et non la friponnerie (3), » la mauvaise foi et la trahison. N'est-ce pas par trahison que le général athénien Mélanthe tua Xanthe, roi des Thébains ? et cependant les Athéniens établirent une fête en l'honneur de cette rencontre (4) ! N'est-ce pas de la mauvaise foi que de dire à ses ennemis vaincus, comme le firent les Campaniens (5) : « Vous nous donnerez la moitié de vos armes, » puis de couper ces armes par la moitié pour exécuter le traité comme on l'entend ?

« Il est des ruses, a dit Joly de Maizeroy, qu'il ne faut apprendre que pour s'en garantir et user de précautions contre ceux qui sont assez lâches pour s'en servir. L'homme de guerre fait autant profession de franchise et de droiture que de courage et de prévoyance ; et, s'il emploie les ressources de son génie pour vaincre, il déteste en même temps la perfidie et tout ce qui porte atteinte à la parole donnée ou à la foi publique (6). » Ce ne sont pas d'ailleurs les plus rusés qui sont les plus braves. « Rien, rapporte Polybe (7), n'approche des Crétois, soit sur mer, soit sur terre, quand il s'agit d'embuscade, de pillage, d'attaques nocturnes, partout,

(1) FRONTIN, livre III, chap. 7.

(2) POLYEN, livre VI, chap. 13.

(3) MAIZEROY, *Cours de tactique*, tome IV, p. 439.

(4) FRONTIN, livre II, chap. 5, et POLYEN, livre 1er, chap. 19.

(5) POLYEN, livre VI, chap. 15.

(6) *Cours de tactique*, tome IV, p. 427.

(7) Livre IV, chap. 2.

en un mot, où il faut déployer la ruse et l'adresse ; et lorsque les Crétois sont en ordre de bataille devant l'ennemi, c'est la lâcheté même ; tandis que les Achéens et les Macédoniens ne peuvent combattre qu'ainsi rangés. »

§ 24. FORTIFICATION.

Les enceintes grecques ne consistaient qu'en longues murailles polygonales, surmontées de créneaux et garnies de tours carrées ou rondes. Quelquefois, l'enceinte se trouvait précédée d'un fossé, dont la contrescarpe, généralement non revêtue, avait un talus assez doux (1), et dont les murs portaient des machicoulis. Les Grecs perfectionnèrent donc très-peu la fortification asiatique, et leurs places fortes ne différèrent de celles des anciens peuples d'Asie que par une moindre étendue.

Les principales villes de la Grèce s'élevaient fortifiées avec un grand soin, suivant le système que nous venons de rappeler, à l'exception de Sparte, que Lycurgue avait défendu d'entourer de remparts, afin qu'elle fût garantie d'une invasion par le seul courage de ses habitants ; la pauvreté des Spartiates explique en outre que le pillage de leur capitale offrait trop peu d'attraits pour engager à attaquer cette ville.

Athènes était bien fortifiée : son enceinte joignait celle du Pirée par deux *longs murs* rectilignes ; des tours garnissaient et ces deux murs et les deux enceintes. L'acropole ou citadelle, bâtie sur un rocher (2), au centre de la ville, affectait

(1) JOLY DE MAIZEROY, *Traité sur l'art des siéges et les machines des anciens*, 1778, p. 343. — *Histoire de la fortification permanente*, par A. DE ZASTROW, tome Ier de ma traduction, p. 8 et 9.

(2) Ce rocher n'a plus aujourd'hui le titre de citadelle et a été dégarni

la forme d'un hexagone oblong et renfermait le temple de Minerve. — Le développement de l'enceinte de la ville, comme celui de l'enceinte du Pirée, montait à 60 stades (7,999^{m}98), et le développement des deux murs de jonction à 80 stades (10,666^{m}40), ce qui donnait, pour le développement total de l'enceinte de la ville d'Athènes, une longueur de 200 stades (26,666^{m}66) environ (1). — Le Pirée se trouvait situé dans une position favorable ; il offrait trois ports creusés par la nature : celui du Pirée proprement dit, et ceux de Munychie et de Phalère. Les parois intérieures des murs n'avaient ni mortier de chaux ni mortier de terre ; ces murs étaient formés de grandes pierres étroitement jointes ensemble, taillées carrément et liées en dehors avec du fer et du plomb (2). Ses remparts offraient assez de largeur pour que deux chars pussent y passer de front, et avaient 40 coudées (18^m) de haut (3). Il contenait aussi une citadelle, qui se trouvait près du point où venait aboutir le grand mur austral de jonction.

Thèbes, défendue par des murs garnis de tours, dont le circuit mesurait 43 stades (5,733^{m}32), possédait aussi une citadelle placée sur une éminence.

Les autres villes grecques étaient fortifiées de la même manière qu'Athènes et Thèbes ; la description de leurs enceintes n'apprendrait rien d'essentiel.

des masures turques qui l'encombraient. Déblayés, en partie restaurés, l'acropole et ses monuments reprennent figure. — Reportez-vous aux *Antiquités helléniques* de M. Rizo Rangabé, Athènes, 1842-1855.

(1) *Voyage d'Anacharsis*, chap. 6.

(2) Thucydide, *Guerre du Péloponèse*, livre 1er, chap. 93, traduction Gail.

(3) Thémistocle aurait désiré une hauteur double. Voyez *Manuel d'archéologie*, par Muller, traduit par Nicard (Collection Roret), tome Ier, 1844, p. 106.

Mais si les Grecs apportèrent peu de modifications (1) aux enceintes asiatiques, il est juste d'ajouter qu'ils comprirent les avantages des ouvrages extérieurs (2) et des forteresses isolées. Ils profitaient de ces dernières, soit pour augmenter la force défensive des places comme à Syracuse, soit pour garantir leurs frontières de l'invasion, comme firent les habitants de l'Attique. Après avoir choisi, pour l'emplacement de leurs forts, des points importants à défendre, tels que des passages étroits situés au milieu des montagnes, les Athéniens y construisaient de fortes murailles et des tours élevées ; ils laissaient dans ces forts des garnisons composées en grande partie de jeunes gens de 18 à 20 ans (voyez le § 1er de ce chapitre), et recommandaient aux gens de la campagne d'y chercher un refuge en cas d'invasion.

On employait aussi ces forts ou châteaux pour défendre des points isolés, et quelques-uns embrassaient peu d'étendue. Ainsi le château de Tichos (3), qui appartenait aux Dyméens (Elide), n'avait pas plus d'un stade et demi (200^m) de circuit, ce qui ne l'empêchait pas d'être solidement fortifié : ses murailles atteignaient 30 coudées (13^{m}50) de haut (4).

Je termine ce paragraphe par une observation. Les anciens peuples et les Grecs découpaient la partie supérieure de leurs

---

(1) Nous ne pouvons, dans un travail abrégé comme celui-ci, entrer dans le détail de ces modifications : elles ne seraient convenablement placées que dans une *Histoire complète de la fortification*, ouvrage qui manque pour l'antiquité. En ouvrages récents nous possédons, pour le moyen âge, l'*Essai sur l'architecture militaire au moyen âge* de M. VIOLLET-LE-DUC (Paris, 1856, avec des figures très-curieuses), et pour les temps modernes, l'*Histoire de la fortification permanente* de M. le général DE ZASTROW, dont j'ai publié la traduction (3e édit., 1856, 2 vol. in-8° avec 20 planches).

(2) POLYBE, livre IV, chap. 13.

(3) Τεῖχος, château.

(4) POLYBE, livre IV, chap. 18.

murailles en créneaux, mais ils avaient rarement de ces créneaux situés dans les murs, à des hauteurs variables, et désignés par le nom de *meurtrières*. Archimède s'en servit pourtant lors du fameux siége que Syracuse soutint contre les Romains. Il fit, en effet, percer, à hauteur d'homme et dans la muraille, des trous nombreux et de la largeur de la main, derrière lesquels on postait des archers et des arbalétriers qui tiraient sur la flotte (1).

Quant à la fortification de campagne, les Grecs utilisèrent peu les retranchements, en vue d'accroître les avantages du terrain : garder des points essentiels, défendre des passages, voilà chez eux leur destination. Telles furent les fortifications des Thermopyles et de l'Isthme. On peut y ajouter les ouvrages défensifs improvisés, pendant la guerre du Péloponèse, à Pylos par les Athéniens, et dans l'île de Sphactérie par les Spartiates, et ceux élevés par Périclès dans la Chersonèse (2).

§ 25. MACHINES DE GUERRE.

« Si l'on recherche vainement chez les Grecs l'origine des machines, il est du moins certain qu'on ne peut leur refuser de les avoir presque toutes perfectionnées (3). » Ils les

---

(1) TITE-LIVE, XXIV, 34. — POLYBE, livre VIII, fragment 3. — Voyez aussi GUISCHARDT, *Mémoires critiques*, tome IV, p. 81 et 95.

(2) PLUTARQUE, *Vie de Périclès*. — Quelques-uns des retranchements grecs étaient construits en pierres brutes et en bois (THUCYDIDE, VI, 65, 68) : « Les anciens, dit à ce sujet M. MAURICE DE SELLON (*Recherches historiques sur la fortification passagère*, Paris, 1848, p. 41), les anciens, qui n'avaient pas à redouter les éclats de pierre produits par le boulet et l'obus, pouvaient se permettre ce genre de retranchements. »

(3) JOLY DE MAIZEROY, *Art des siéges*, p. 29. Nous avons extrait de cet ouvrage la plus grande partie de ce paragraphe. — PLUTARQUE, dans la *Vie*

poussèrent même, sous les successeurs d'Alexandre, à des proportions tellement exagérées qu'elles perdirent beaucoup de leur utilité, tout en attestant l'extrême habileté des constructeurs.

Énumérons les principales machines en usage chez les Grecs :

Machines de siége. — Le *bélier*, grande poutre dont l'extrémité, garnie d'une armure de métal, servait à battre en brèche ; on le mettait ordinairement en mouvement à bras d'hommes, mais il ne pouvait être transporté que par de nombreux attelages de bœufs ou de chevaux.

La *tarière*, fer pointu et armé de dents, que l'on introduisait entre les pierres des murs pour les disjoindre et les faire tomber.

Le *corbeau* à griffes ou démolisseur. C'était une perche dont l'extrémité, garnie de pinces, était portée en avant pour saisir les objets qu'elle arrachait en reculant.

Le *mantelet*, qui servait à couvrir les travailleurs par le devant. On employait également à cet usage des *rideaux* de peaux fraîches ou de câbles tressés, montés sur des cadres de bois.

La *tortue*, appentis mobile qui couvrait les travailleurs par le haut, son toit restant à l'épreuve des traits et du feu. On distinguait les *tortues d'approche* ou *vignes*, les tortues de comblement, qui s'utilisaient pour combler le fossé ou pour aplanir le terrain des approches, et les *tortues bélières*, qui renfermaient un bélier.

<hr>

de *Périclès*, attribue l'invention des machines de guerre au mécanicien Artémon ; dans la *Vie de Marcellus*, il pose cette remarque : « La mécanique, longtemps méprisée par la philosophie, fut séparée de la géométrie et devint un des arts militaires. »

Les grues, les échelles (1), les ponts portatifs. La grue, montée sur un pivot à base garnie de roues, offrait une machine simple, susceptible de nombreuses applications; la principale était le *tollenon*, grue au cou de laquelle on suspendait un coffre rempli de soldats qui jetaient des traits ou des feux.

La *sambuque*, machine destinée à dresser une échelle à la hauteur des créneaux. Dans la sambuque de mer, l'échelle était posée sur la proue de deux galères accolées, et se dressait à volonté au moyen de cordages; elle portait à sa partie supérieure une plate-forme sur laquelle se plaçaient les assiégeants. Dans la sambuque de terre, l'échelle s'appuyait sur un chapiteau qui reposait lui-même sur un train de charpente; un cric, ajouté au chapiteau, permettait de donner à l'échelle l'inclinaison nécessaire.

Les *tours* carrées, nommées aussi *hélépoles* (c'est-à-dire preneuses de villes), dont la hauteur mesurait 45^m pour les plus grandes, et 25^m moyennement pour les plus petites. Ces tours, montées sur des roues fort larges et mues de l'intérieur, avaient plusieurs étages. On y plaçait, aux étages supérieurs, des archers et des frondeurs, et des ponts à charnière ou à coulisse pour abattre sur les brèches élevées, aux étages intermédiaires des machines de jet, et à l'étage inférieur des béliers; de là le nom de *tours bélières* qu'on donnait quelquefois à ces immenses maisons mobiles qui contenaient jusqu'à de l'eau pour les cas d'incendie. Les tours

(1) « Il y en avait de cuir dont on soufflait les montants comme des outres, on les appelait *coriacæ*, d'autres *reticulatæ*, qui étaient de corde avec de gros hameçons au bout pour les accrocher aux créneaux. Héron en inventa qui se soutenaient sur des pivots : Il y avait en haut un mantelet qui couvrait un soldat qu'on y faisait monter pour observer. » (MAIZEROY, traduction des *Institutions militaires* de l'empereur Léon, 1770, tome Ier, note de la p. 64.) Comparez cette note avec ce que nous disons ci-après des échelles employées au moyen âge (§ 14 de notre chap. VI).

bien faites se démontaient et se remontaient aisément, ce qui facilitait beaucoup leur transport.

Les *machines incendiaires*. Celle dont parle Thucydide (1) consistait en une chaudière remplie d'un mélange de charbon, de bitume et de soufre, dans laquelle un long tube amenait un fort courant d'air produit par de grands corps de soufflets adaptés à l'une de ses extrémités.

Machines de jet. — Les machines de jet peuvent se diviser en deux classes distinctes : celles qui ne lançaient que des pierres, et celles qui lançaient des pierres ou des traits, ou l'un et l'autre ensemble.

La première classe comprend les *oxibèles*, les *doriboles*, les *scorpions*, les *catapultes*, machines toutes à deux bras en forme d'arc brisé.

La seconde classe se divise en machines à un bras ou *monancones*, et en machines à deux bras. Dans les monancones, nommées aussi *onagres* ou *fundibales*, le bras était armé à son extrémité d'un cuilleron, où l'on mettait la pierre, le boulet de fer ou la balle de plomb ; ce bras, en frappant sur un auget, pouvait également faire partir une flèche. Les machines à deux bras ou *balistes* jetaient des pierres ou des flèches, et surtout les traits enflammés appelés *falariques*. Il y avait aussi des balistes monancones.

Comme on appropriait souvent les machines de la première classe à jeter des pierres, de tous les noms cités ci-dessus aucun n'appartient en propre à une espèce, et la seule véritable distinction qu'on puisse établir entre les machines de jet des anciens gît dans le nombre de bras.

Le principe général de ces machines reposait sur l'action

____

(1) Livre IV, chap. 100.

du ressort d'une corde de nerfs qui, se débandant, après
avoir été tendue au moyen d'un treuil, laissait échapper le

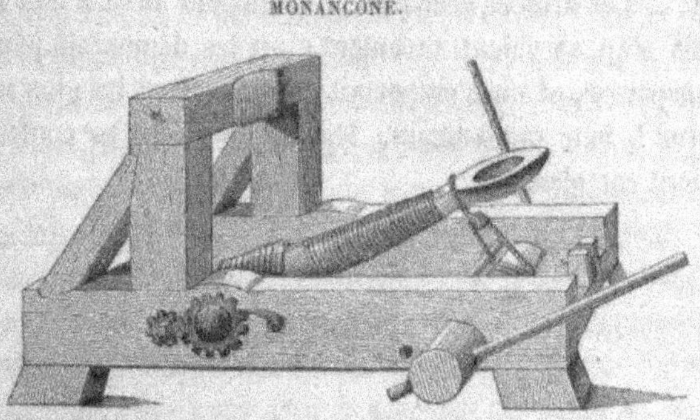

bras dans les monancones, et agissait comme dans l'arbalète pour les machines à deux bras, de telle sorte que dans
les monancones les projectiles partaient suivant une ligne
parabolique, tandis que le tir des machines à deux bras s'ef-
fectuait presque horizontalement. On était parvenu à donner
à ce tir une assez grande justesse (1).

La plus grande portée de ces machines montait à 5 stades
(environ 1,040ᵐ) et le poids des projectiles lancés par les
plus fortes allait à 750 livres. — Elles servaient aux assiégeants pour inquiéter l'ennemi et tâcher de le chasser du

(1) FOLARD et MAIZEROY (*Art des siéges*, p. 384) prétendent « que le tir
de ces machines était beaucoup plus juste que celui de nos bouches à feu. »
Depuis eux la justesse du tir de l'artillerie a fait d'immenses progrès, et qui-
conque a manié un canon sait que l'on atteint actuellement, surtout quand
on se sert de pièces de siége, avec une incroyable précision. Pourtant le colonel ARMANDI (*Histoire militaire des éléphants*, p. 497 et suivantes) développe
des preuves qui établissent, à son avis, que la justesse du tir des machines des
anciens « ne le cédait en rien à celle de nos armes à feu. » — Consultez, sur
les ouvrages relatifs aux machines de jet des anciens, la note que j'ai insérée
aux p. 220 et 223 de ma traduction (1854) de l'*Histoire de l'art militaire chez
les anciens* du major prussien F. DE CIRIACY.

rempart, et à l'assiégé pour chicaner les approches et retarder les travaux de l'attaque. Elles lançaient, outre les pierres, les flèches et les poutres, des boulets rouges, des pots à feu... Les armées grecques en traînaient aussi à leur suite, mais s'en servaient rarement; on les démontait pour les transporter, et on n'emportait que les pièces les plus nécessaires à leur mouvement; les autres pièces se confectionnaient sur place.

§ 26. ATTAQUE DES PLACES.

Les Grecs ignoraient l'usage des tranchées (1), et outre les blocus, les surprises et les assauts brusqués, employaient pour assiéger les places deux méthodes régulières distinctes. Après avoir formé une ligne de contrevallation et quelquefois une ligne de circonvallation, — afin de mettre l'armée assiégeante à l'abri de toute insulte imprévue, soit du côté de la place, soit du côté de la campagne, — ils faisaient ordinairement plusieurs attaques simultanées, mais nous n'en supposerons qu'une dans la description des deux méthodes que nous venons d'indiquer.

Méthode sans terrasse. — Après avoir aplani le terrain, on établissait des batteries de catapultes et balistes à des distances proportionnées à l'étendue du jeu de ces machines,

(1) Dans des tranchées à ciel ouvert, les assiégeants n'eussent pas été si bien à couvert des traits tirés du haut des murs et des pierres des balistes que sous ces galeries couvertes de toute espèce qu'on avait imaginées : et d'ailleurs un terrain coupé par des tranchées eût singulièrement embarrassé les approches de ces énormes tours mobiles, à large base. Voyez GUISCHARDT, *Mémoires critiques*, tome IV, p. 40 et 61.

chaque batterie ayant ses rideaux séparés (1); puis, sous la protection des projectiles lancés par ces machines, on avançait les tortues et les galeries de communication pas à pas vers la contrescarpe. On essayait alors de miner sous les murailles et de combler le fossé jusqu'à peu de distance de l'escarpe; le fossé comblé, on achevait d'approcher les tortues et les tours bélières et l'on commençait à battre en brèche. A défaut de tortues bélières, on n'employait qu'une simple tortue sous laquelle on coupait la muraille par le pied. On communiquait des tortues aux tours au moyen de galeries de communication formées de tortues d'approche juxtaposées. Dans cette méthode, on restait obligé de creuser des boyaux de communication pour aller à couvert du camp au point d'attaque.

Méthode avec terrasse. — Dans cette méthode, on construisait d'abord une terrasse, grande levée de terre en rampe que l'on commençait assez loin pour que sa pente fût douce, et que l'on consolidait par des pièces de charpente, et quelquefois en entrelaçant la terre de ceps de vigne (2). La terrasse était ordinairement assez large pour embrasser plusieurs tours de l'enceinte avec les courtines qui les reliaient. Le travail de la terrasse se faisait toujours en allant en avant; on charriait sur la rampe les matériaux nécessaires et on les jetait de haut en bas; la construction était protégée de ce côté, soit par des lignes de vignes d'approches, soit (3) par des rideaux de peaux fraîches ou de câbles entrelacés et tressés en forme de nattes, et en outre par des batteries éta-

---

(1) Ces rideaux suffisaient pour mettre les troupes qui étaient derrière à couvert des coups horizontaux et plongeants : on n'avait à redouter que l'effet des balistes et des pierriers qui tiraient en élévation.

(2) THUCYDIDE, livre IV, chap. 90.

(3) Probablement quand la hauteur de la terrasse dépassait celle des vignes.

blies à distance comme dans l'autre méthode. On avait soin de revêtir les talus latéraux de la terrasse, afin qu'elle eût moins de largeur. « La face qui faisait front à la ville était la partie essentielle de la terrasse; aussi apportait-on le plus de diligence et de soin à l'affermir; en lui accordant moins de talus qu'aux flancs, on lui donnait un meilleur fascinage, et même on y joignait de la charpente pour empêcher qu'une partie ne s'éboulât dans le fossé » (1). Lorsque la terrasse se trouvait achevée, on y transportait toutes les pièces qui entraient dans la composition des tours, et l'on montait ces dernières sur place; puis on comblait le fossé, s'il y en avait un, et, après avoir placé à côté de la terrasse des tortues bélières, l'on commençait à battre en brèche comme dans l'autre méthode. Les tortues bélières battaient plus près que les tours. On avait soin de ne pas placer ces dernières sur la partie comblée du fossé, où leur grand poids pouvait les faire enfoncer; les tours avaient d'ailleurs besoin, pour la facilité du jeu des balistes et des catapultes qu'elles contenaient, de rester à plus grande distance de la muraille que les tortues bélières. — L'établissement de la terrasse demandait un travail considérable et une armée de siége nombreuse; mais il présentait deux grands avantages : le premier était de permettre l'emploi de tours beaucoup moins élevées que dans l'autre cas; et le second, de servir pour aller à couvert du camp au point d'attaque.

Les Grecs employaient de préférence la première méthode, plus appropriée à leurs faibles ressources; ils ne virent point, en effet, avant Philippe et Alexandre, de grands appareils de siége (2).

____

(1) GUISCHARDT, *Mémoires militaires*, tome II, p. 9.

(2) Philippe avait dans son arsenal 150 catapultes et 25 balistes.

Souvent les deux méthodes furent employées simultanément.

Quelleque fût du reste la méthode adoptée, il fallait ou faire crouler la muraille par la mine ou la brèche, ou escalader le rempart. Pour escalader, on possédait les sambuques et les échelles proprement dites; les tours elles-mêmes pouvaient servir dans ce but, car, toujours assez hautes pour dominer l'assiégé, elles portaient dans leur partie supérieure des ponts qui s'abattaient sur la muraille, là où l'on n'avait pas fait brèche. On employait aussi pour l'escalade le toit de boucliers ou le *synapisme* dont nous avons parlé précédemment (1) : les troupes donnant l'assaut montaient sur ce toit qui était assez solide pour les supporter.

Lors du siége d'une place maritime, on agissait du côté des terres comme il vient d'être dit, et du côté de la mer en plaçant les tours et les machines de jet sur des bâtiments; dans ce cas, on essayait souvent de barrer le port par une digue assez large pour disposer les machines, comme fit Alexandre au siége de Tyr. C'était une ligne de contrevallation maritime.

Les Lacédémoniens n'entendaient rien à l'art des siéges; ils répugnaient même à se battre contre des murailles (2). Les Athéniens, au contraire, s'y montraient fort habiles et, dans le long siége d'Ithome, ils furent appelés à leur aide par les Lacédémoniens (3). Alexandre fit plusieurs siéges remarquables, entre autres ceux de Tyr et d'Halicarnasse. Parmi ses successeurs, dont les sanglants débats firent éclore un grand nombre de siéges, il faut citer Démétrius

(1) Au § 3 du présent chapitre.
(2) PLUTARQUE, *Comparaison de Lysandre et de Sylla.*
(3) THUCYDIDE, livre 1er, chap. 102.

Poliorcète, auquel Rhodes résista pendant un an, malgré sa fameuse hélépole de 99 coudées (44^m 55) de haut (1).

§ 27. DÉFENSE DES PLACES.

Les assiégés préparaient à l'avance des fosses recouvertes à l'emplacement présumé des machines, et contrariaient l'ennemi dans ses travaux d'approche par un grand nombre de projectiles lancés par les balistes et les catapultes placées sur le rempart. Pendant tout le travail de la terrasse, ils cherchaient à la contreminer afin d'en retirer les matériaux ou d'y mettre le feu, et pendant toute la durée du siége ils faisaient de fréquentes sorties de nuit pour culbuter et incendier les machines de l'assiégeant ; ils cherchaient également à incendier ces machines au moyen de traits enflammés, nommés *falariques*, de boulets rouges et de pots à feu jetés du haut des remparts par des machines monancones dont le cuilleron était garni de tôle. Pour s'opposer à l'effet destructeur du bélier, on essayait, tantôt de diminuer l'intensité de son choc en suspendant, à l'endroit où l'on battait en brèche, des matelas et autres masques amortissants ; tantôt de soulever sa tête en la prenant dans un anneau suspendu au bout d'une corde ; tantôt, au contraire, de briser cette tête, en la frappant au moyen d'une lourde poutre horizontale attachée, par ses deux extrémités, à la volée d'une grue qui permettait de la laisser tomber ou de la relever à volonté.

Pour annuler l'effet des brèches, on construisait intérieurement un second mur contre lequel l'assiégeant se trouvait

____

(1) PLUTARQUE, *Vie de Demétrius*.

obligé de recommencer la même série de travaux; pour rendre les tours inutiles, on exhaussait la muraille là où elles étaient placées; pour se garantir de l'effet des mines, on allait par contremines à la recherche du mineur assiégeant.

Une précaution indispensable consistait à réunir des balistes et catapultes de toutes sortes de portées, afin d'inquiéter l'assiégeant aussi bien de près que de loin, car on ne pouvait, dans les machines de jet des anciens, modifier les portées sur-le-champ comme nous le faisons avec nos canons et mortiers; mais, cette précaution ne se trouvant pas toujours remplie, il arrivait que l'assiégeant avait précisément plus de liberté d'action au moment où il aurait justement fallu ne lui en laisser aucune.

Dans la plupart des républiques de la Grèce, la capitale, étant l'État tout entier, renfermait, non une garnison, mais un peuple; aussi voyons-nous les Grecs défendre leurs places avec une grande énergie; cette énergie et la lenteur des moyens d'attaque, qui exigeaient des travaux immenses de terrassement et de charpente, sont les principales causes de la longue durée des siéges. Dès que les tortues bélières prenaient leur emplacement, la ville était aux abois, et « si elle avait attendu jusqu'à ce que le bélier eût touché le mur, elle n'était plus reçue à capituler que sous des conditions dures, à moins qu'elle n'eût construit, pendant le siége, un autre mur en rentrant derrière celui qui était battu (1). »

§ 28. MINES.

Les mines visaient à deux buts principaux : — arriver

(1) GUISCHARDT, *Mémoires militaires*, tome II, p. 6.

sous les fondations des murailles pour les couper ou les soutenir par des arcs-boutants auxquels on mettait ensuite le feu (1), — et déboucher à l'intérieur de la place pour s'en emparer par surprise. Dans le premier cas on ne se contentait pas d'un seul souterrain, on en faisait plusieurs afin de mieux couper la fondation, et souvent on les réunissait, près de la muraille, par une galérie parallèle à la fondation, ce qui facilitait beaucoup le travail de la sape. Il était bon de répandre sur le sol les terres provenant de l'excavation de ces souterrains, car souvent la vue d'un amas de terre indiquait à l'assiégé que l'on travaillait à une mine (2).

Les assiégés se garantissaient des mines, soit au moyen de contre-mines, soit en creusant au-devant du rempart une grande tranchée destinée à couper le chemin au mineur assiégeant s'il parvenait jusque là. Lorsque le mineur et le contre-mineur se rencontraient, il se livrait un combat, ce qui indique combien les galeries étaient vastes et hautes. On dirigeait également des contre-mines sous la terrasse, afin d'en soutirer les matériaux ou d'en étayer les terres avec des bois auxquels on communiquait le feu. — On cherchait la direction du mineur assiégeant, soit en prétant l'oreille, soit au moyen des vibrations produites par des plaques d'airain posées contre terre, ou par des vases d'airain suspendus dans des contre-mines ; dès qu'on la connaissait, on creusait au-dessous des puits par lesquels on y projetait de la fumée, de l'eau, des matières fécales, de l'huile bouillante, du sable rougi, des abeilles, des animaux venimeux, . . . tout ce qui

(1) Ce moyen fut employé par Philippe III , au siége de Palée (218 avant J.-C.). Voyez POLYBE, livre v, chap. 2.

(2) Philippe se fit ouvrir les portes de Prinasse, en effrayant les habitants par un grand amas de terres apportées à dessein, amas qui semblait indiquer que les murailles étaient minées sous une grande longueur. Consultez POLYBE, fragment du livre XVI.

était propre en un mot à en chasser l'ennemi. — Si, dans
ses cheminements souterrains, le contre-mineur rencontrait
le conduit du mineur, il tâchait aussi, après l'en avoir chassé,
d'y rendre tout retour impossible, et le meilleur moyen
consistait à l'infecter.

Quand la contre-mine sous le terrain réussissait, elle
culbutait tous les travaux de l'assiégeant, qui était obligé
de recommencer, après avoir perdu beaucoup de monde et
d'immenses matériaux ; quand, au contraire, c'était l'assiégeant qui arrivait à bonne fin, une partie de l'enceinte crou-
lait avec grand fracas et forçait le plus souvent la ville à se
rendre. « La guerre souterraine était chez les anciens, comme
elle est à présent chez les modernes, la voie la plus sûre
pour réussir dans l'attaque et la défense des places (1). »
Aussi certaines places possédaient-elles des systèmes de
contre-mines construits à l'avance.

(1) MAIZEROY, *Art des siéges*, p. 222

CHAPITRE III.

—

ROMAINS.

« La guerre était pour eux une méditation,
la paix un exercice. »

JOSÈPHE.

———

INTRODUCTION.

Rome dut sa puissance à son organisation toute guerrière :
chez elle la nation était dans l'armée, et la légion reprodui-
sait l'image de la cité : organisation qui ne varia point pour
le fonds et fut modifiée seulement suivant les circonstances,
encore sans oublier certains principes nationaux. Ces principes, d'après lesquels agirent toujours les Romains, et qui
contribuèrent à les élever si haut, se réduisent à cinq : —
1° l'abandon de leurs usages dès qu'ils en eurent trouvé de
meilleurs (1) ; — 2° la politique de paraître dans la mauvaise
fortune hauts et fiers, dans la bonne doux et modestes (2) ;
— 3° la tolérance religieuse qui permettait au vaincu d'ado-

———

(1) POLYBE, livre VI, fragment 5. « Les Romains adoptèrent déjà les
armes des Samnites. » (SALLUSTE, *Catilina*, chap. 51.)

(2) POLYBE, livre XXVII, fragment 1er.

rer ses dieux dans l'enceinte même de Rome ; — 4° le sacrifice de l'orgueil à l'ambition, sacrifice qui leur fit adopter comme citoyen, contrairement aux républiques grecques, l'homme de mérite partout où ils le rencontrèrent, chez leurs esclaves comme chez leurs ennemis ; — 5° le soin de propager la langue et la civilisation romaines dans les pays conquis, qu'ils sillonnèrent de grandes routes afin de les rendre en tous sens accessibles à leur autorité (1).

Sans ces principes préservateurs, c'en était fait de Rome que rongeait intérieurement une aristocratie d'argent, sans industrie qui pût la contrebalancer. Pour s'enrichir, il fallait spolier ses concitoyens par l'usure, piller les vaincus, ou prendre à ferme les revenus publics. Les traitants furent « un grand vice du gouvernement de Rome (2) » : ils poussaient si loin leurs exactions qu'en Asie les habitants, pour satisfaire à la contribution dont Sylla les avait frappés, « vendaient leurs femmes, vendaient leurs filles vierges, et finissaient par être vendus eux-mêmes (3). » A Rome aussi tout se vendait, le peuple vendait ses suffrages, les sénateurs vendaient leur protection, et l'on se rappelle le mot de Jugurtha sortant de Rome : « *Ville à vendre ! Il ne lui manque plus qu'un acheteur.* »

Dans Rome, tout le monde désirait la guerre : le sénat pour distraire et occuper le peuple, les consuls pour obtenir le triomphe, le peuple pour s'enrichir de butin et avoir en partage, à titre de redevance envers l'État, une partie des terres des vaincus. « Rome était donc dans une guerre éternelle et toujours violente ; or, une nation toujours en guerre, et par

---

(1) GIBBON, *Décadence de l'empire romain*, édition du *Panthéon littéraire*, tome Ier, p. 17, 20, 22 et 31.

(2) MONTESQUIEU, *Esprit des lois*, livre XIII, chap. 19.

(3) MICHELET, *Histoire romaine*, République (1831), tome II, p. 193.

principe de gouvernement, devait nécessairement périr ou venir à bout de toutes les autres, qui, tantôt en guerre, tantôt en paix, n'étaient jamais si propres à attaquer ni si préparées à se défendre (1). » Une autre raison encore contribua à mettre les peuples sous la domination romaine : choisis avec soin et répartis suivant leurs forces et leur bravoure dans les différents corps de la légion, rendus souples et robustes par de bons exercices, habitués à une discipline inflexible, rompus à exécuter promptement d'immenses travaux quoique médiocrement nourris, les Romains faisaient la guerre dans tous les climats; partout leur vigueur et leur santé se soutenaient.

Rome, « dont la passion était de commander, dont l'ambition était de tout soumettre (2), » poussait la guerre avec un incroyable acharnement. Chacun sait qu'avant la troisième guerre punique Caton, à son retour d'Afrique, terminait tous ses discours par ces mots : « *Et de plus, je pense qu'il faut détruire Carthage !* » Carthage faisait ombre à la puissance romaine, il fallut absolument qu'elle disparût du monde. Rome arriva ainsi à la domination universelle, châtiant ou rasant ses rivales avec une cruelle persévérance, manquant de foi quand cela était nécessaire, engraissant les champs étrangers du sang de ses plébéiens qu'elle remplaçait par des affranchis, se montrant grande et noble dans les revers, attentive et prévoyante dans les succès.

Tout légionnaire pouvait, par sa valeur, s'élever aux premiers grades et aux premières magistratures : Caton était un Italien, Marius un homme du peuple, Pompée un simple chevalier. Ces exemples, et l'éclat des récompenses accor-

(1) MONTESQUIEU, *Grandeur et décadence*, chap. 1er.
(2) MONTESQUIEU, *Esprit des lois*, livre XI, chap. 17.

dées aux actes de bravoure, entretenaient dans les légions une noble émulation.

Les Romains, rudes et grossiers, affectaient un mépris tout militaire pour les ouvrages d'art, témoin la destruction de Corinthe (1), et, chose singulière, Rome fut ensuite tellement envahie et subjuguée par les arts et les idées de la Grèce (2) que ce sont les descendants des Romains qui ont propagé jusqu'à nous, en les perfectionnant, les arts aimables des Grecs, la peinture, la sculpture, la musique.

La république romaine conquit si rapidement le monde qu'il faut, outre la supériorité de ses lois et de ses principes, outre son énergie morale, que l'art militaire romain ait été supérieur à celui de tous les autres peuples; il est donc intéressant d'étudier cet art en détail, afin de voir en quoi il différait de l'art militaire des premiers peuples et de l'art militaire des Grecs. C'est ce que nous allons essayer de faire. Remarquons auparavant que, tant que cet art se maintint dans sa pureté, la république fut grande et victorieuse; dès qu'il s'altéra, la puissance de Rome déchut rapidement, car, de toutes les vertus romaines, la vertu guerrière fut celle qui s'évanouit la dernière.

§ 1ᵉʳ. CONSTITUTION MILITAIRE (3).

Ce fut d'abord le sénat qui décida exclusivement la paix

(1) « Les Romains, destructeurs pour ne pas paraître conquérants, ruinèrent Carthage et Corinthe; et, par une telle pratique, ils se seraient peut-être perdus, s'ils n'avaient pas conquis toute la terre. » (*Esprit des lois*, livre XXI, chap. 13.)

(2) Cette réflexion, quoique devenue commune, n'en n'est pas moins juste. (GIBBON, *Décadence*, édition du *Panthéon littéraire*, tome Iᵉʳ, p. 23.)

(3) Nous ne nous occuperons en général de l'art militaire romain que sous

ou la guerre ; le peuple s'attribua ensuite le droit de ratifier les décisions du sénat.

Les forces romaines, commandées par les consuls, magistrats élus pour un an, se composaient de troupes nationales et de troupes auxiliaires fournies par les alliés.

Les troupes nationales étaient divisées en plusieurs grands corps égaux en nombre et contenant chacun, suivant la même proportion, trois espèces d'infanterie pesante, des armés à la légère et de la cavalerie. Ces corps portaient le nom de légions. Les tribuns, chefs des légions, étaient nommés les uns par les consuls, les autres par le peuple ; ils étaient annuels et choisissaient les centurions ; ces derniers choisissaient à leur tour les officiers sous leurs ordres.

Nul ne pouvait être légionnaire s'il n'était citoyen romain et possesseur de 400 drachmes (1) (10,000 fr. environ). Tout légionnaire entrait au service à 17 ans et en sortait de droit à 46. Sur ces vingt-neuf années, il devait en passer seize sous les drapeaux. Les chevaliers n'étaient astreints qu'à dix ans de service, temps exigé pour être apte aux charges de magistrature. La république récompensait les vétérans en leur distribuant des terres conquises.

Les citoyens qui possédaient moins de 400 drachmes étaient enrôlés parmi les marins et les armés à la légère.

Toutes ces règles subirent des exceptions dans les circonstances critiques où se trouvèrent les Romains, l'intérêt de la république étant toujours le premier mobile de leurs actions. Alors on enrôlait des vieillards, des citoyens ne possédant pas 400 drachmes, des affranchis, des esclaves, voire

la république : cette observation est faite une fois pour toutes. Nous réunirons ensuite dans un même paragraphe, sous le titre de *Modifications impériales*, les divers changements qui eurent lieu sous les empereurs.

(1) POLYBE, livre vi, fragment 5.

7

même des gladiateurs et des brigands; on prenait les jeunes soldats avant 17 ans, on portait la durée du service effectif à 20 ans, on ne donnait le congé qu'à 50 ans.

Étaient exempts du service militaire : les magistrats en charge et la plupart des anciens magistrats, les sénateurs, les prêtres, les augures, les myopes, les sourds et généralement tous les infirmes et valétudinaires. Les personnes exemptes pouvaient s'enrôler volontairement, et dans les circonstances graves le sénat suspendait les exemptions.

Il y avait deux sortes de levées : la levée ordinaire et la levée extraordinaire.

Dans la levée ordinaire, on levait quatre légions à la fois, et on s'attachait à les égaliser, sous le rapport de la force, au moyen d'un système périodique de choix qui autorisait successivement les tribuns de chaque légion à prendre, sur un groupe de 4 citoyens désignés, celui qui leur paraissait le plus robuste. Dès qu'on avait fait prêter serment aux levées, on leur indiquait, *hors de Rome*, un lieu de rendez-vous. Dans ce lieu, après l'incorporation dans les légions, la distribution des armes et le déploiement des enseignes, le général purifiait son armée, cérémonie religieuse nommée *lustration*, et sans laquelle on ne se mettait jamais en marche. Les légions ainsi levées « se disciplinaient sur-le-champ par la force du génie militaire, qui était la base du gouvernement et qui formait le caractère des citoyens (1). » À la fin de la guerre, elles étaient licenciées et chacun retournait dans ses foyers; car la république n'entretenait point de forces permanentes.

Dans la levée extraordinaire, l'enrôlement était volontaire, et chaque enrôlé choisissait l'arme dans laquelle il voulait

(1) *Tactique* de MAIZEROY, tome III, p. 53.

servir : l'infanterie ou la cavalerie. Parmi ces volontaires, il y avait souvent de vieux soldats qui, ayant fait leur temps, revenaient de leur plein gré; on les nommait *evocati*. Ils étaient exempts de travaux militaires et considérés comme gens d'élite.

Les levées demandaient beaucoup de temps : car il fallait faire les sacrifices voulus, prendre les auspices, consulter les livres sacrés, faire prêter le serment militaire (1); en un mot, remplir minutieusement toutes les cérémonies religieuses. Mais, dans les cas pressants, on usait de diligence, et l'on vit des légions levées le matin se mettre en marche le soir même.

§ 2. DES GÉNÉRAUX.

Les armées romaines étaient commandées par les consuls, qui en temps de guerre avaient pleine puissance : ils nommaient les tribuns des légions et probablement les autres officiers. Ou chaque consul commandait une armée distincte, ou les deux consuls commandaient la même armée. Dans ce dernier cas, il y avait partage du commandement, et c'était un des graves inconvénients de la constitution militaire de Rome. — La bataille de Cannes fut perdue le jour de commandement du consul Varron, qui combattit malgré son collègue Paul-Émile, et l'on ne peut dire que Paul-Émile ne fit pas tous ses efforts pour assurer le gain de la bataille; sa conduite fut plus digne que celle de Varron : il rallia plusieurs fois les troupes, se battit avec bravoure et finit par être tué.

(1) Ce serment consistait à jurer obéissance au chef, à promettre de le suivre, à s'engager à ne jamais abandonner l'enseigne. — Le citoyen qui ne l'avait pas prêté ne pouvait tuer un ennemi dans le camp. (PLUTARQUE, *Questions romaines*, n° 39.)

— Les Romains comprenaient si bien cet inconvénient qu'ils y remédiaient, lors d'un danger pressant, par la nomination d'un dictateur. Le dictateur se choisissait un lieutenant qui portait le nom de général de la cavalerie (1).

La briéveté du consulat était aussi un inconvénient. Le consul qui commandait une armée loin de Rome, obligé d'accourir à l'expiration de sa magistrature pour présider au choix d'un successeur, quittait le commandement lorsqu'il commençait à bien connaître son ennemi, et souvent précipitait le temps d'une bataille, « exposant sa patrie, dans l'espoir d'y rentrer avec gloire. » Cet inconvénient ne subsista plus, lorsque le grand nombre des guerres lointaines fit donner les commandements d'armées à des préteurs ou proconsuls. Dans les guerres importantes, ces derniers avaient des lieutenants, qu'ils choisissaient presque toujours : Pompée en avait 25 dans la guerre contre les pirates, parce que cette guerre s'étendait sur toute la Méditerranée. Quant au questeur, il « était chargé de toutes les fonctions attribuées à ceux que nous appelons maintenant intendants et trésoriers (2). »

On censurait avec amertume, à Rome, les généraux malheureux, et Paul-Émile s'en plaignit avant son départ pour combattre Persée (3) ; mais les Romains n'agissaient pas envers eux avec la même injustice et la même cruauté que les Grecs. Un général inhabile ou malheureux était, il est vrai, en butte aux récriminations publiques et perdait toute chance à venir pour être nommé aux charges de magistrature ; mais on ne prononçait contre lui aucun châtiment. Après la défaite de Cannes, le sénat, sacrifiant son orgueil à l'intérêt

(1) Ces magistratures extraordinaires ne duraient que six mois.

(2) *Tactique* de MAIZEROY, tome Ier, p. 91.

(3) TITE-LIVE, XLIV, 22, 34.

politique, remercia même à son retour le consul plébéien
Varron de ce qu'il n'avait pas désespéré du salut de la république. Cette démarche, qu'on a trouvée admirable (1),
fut surtout utile : elle attira au sénat la confiance du peuple,
qui n'avait élu Varron que pour mortifier la noblesse.

« Le général des armées romaines pouvait, sans enfreindre en aucune manière les principes de la constitution,
recevoir et exercer une autorité presque despotique sur les
soldats, sur les ennemis et sur les sujets de la république.
Rome, si jalouse de sa liberté dans les premiers siècles, la
sacrifiait à l'espoir des conquêtes et à une connaissance profonde de la discipline militaire... Le général avait droit de
vie et de mort dans son camp. Son autorité n'était soumise
à aucune forme légale; il jugeait en dernier ressort, et
l'exécution suivait de près la sentence. L'autorité législative
désignait l'ennemi que la république avait à combattre;
... mais, dans les régions situées à une grande distance de
l'Italie, les généraux n'attendaient pas d'ordre supérieur
pour déclarer la guerre à une nation : ils agissaient de la
manière qui leur paraissait la plus avantageuse au bien public. — Ce n'était point sur la justice de leurs entreprises
qu'ils s'appuyaient pour demander l'honneur du triomphe;
le succès était leur seul titre. Ils usaient de la victoire en
despotes, et ils exerçaient une autorité sans bornes, principalement lorsqu'ils n'étaient plus retenus par la présence des
commissaires du sénat. Pompée, dans son gouvernement de
l'Asie, récompensa les légions et les alliés de l'État, détrôna
des princes, démembra des royaumes, fonda des colonies et
distribua les trésors de Mithridate. — A son retour à Rome,
il obtint, par un seul acte du sénat et du peuple, la ratifica-

(1) Du Rozoir, *Précis d'histoire romaine*, République, 5ᵉ édition, p. 77.

tion de tout ce qu'il avait fait. — Les généraux étaient en même temps gouverneurs des provinces conquises ; ils réunissaient l'autorité civile et militaire, administraient la justice, étaient chargés de la direction des finances et exerçaient la puissance exécutive et législative de l'État (1). »

Habitués aux agitations du Forum, les Romains voulaient qu'on leur parlât. Aussi l'éloquence était-elle une des qualités du général, auquel elle donnait sur l'armée la même puissance qu'aux tribuns (2) du peuple sur les assemblées populaires. Pour haranguer, le chef d'armée, « revêtu de sa robe de pourpre, montait sur son tribunal... Quand la harangue se faisait dans le camp, il pouvait parler tant qu'il voulait ; mais lorsque l'armée était sous les armes, prête à combattre, parcourant la ligne, il disait aux troupes, en passant, quelques mots propres à les encourager (3). » C'est à ces quelques mots qu'il faut réduire la plupart des brillantes allocutions dont les historiens romains sont remplis. (Voyez à cet égard, chap. II, § 2, ce que nous avons dit en parlant des généraux grecs.)

Un des plus grands stimulants pour les généraux était l'espoir d'obtenir le triomphe. Le triomphateur entrait dans Rome à la tête des légions victorieuses, monté sur un char et couronné de lauriers ou d'or ; il était salué de mille acclamations et étalait aux yeux du peuple les prisonniers et le butin fait sur l'ennemi. Sous la république, nul ne pouvait triompher, s'il n'était dictateur, consul ou préteur ; s'il n'était autorisé à prendre les auspices au nom du peuple ; s'il n'avait vaincu avec sa propre armée.

(1) GIBBON, *Décadence*, tome Ier, p. 37, édition du *Panthéon littéraire.*

(2) Il s'agit ici des tribuns du peuple, qu'il ne faut pas confondre avec les tribuns chefs de légion, ou tribuns militaires.

(3) *Tactique* de MAIZEROY, tome III, note de la page 145.

Chez les anciens, où l'on suivait exactement les principes de l'art militaire, toutes les manœuvres, toutes les évolutions pouvaient se calculer avec justesse; la victoire était au plus habile. « *C'étaient*, a dit Guischardt(1), *les généraux qui décidaient du sort des guerres* (2). » Les Romains, pour arriver à subjuguer le monde, durent donc être dirigés par des généraux instruits, vaillants, expérimentés. Leur histoire présente, en effet, une longue suite de puissants hommes de guerre, parmi lesquels priment trois grands noms : Scipion l'Émilien, Marius, César. — Scipion, « homme de manières élégantes et polies, tacticien habile et général impitoyable (3), » fut l'exécuteur des vengeances de Rome : il détruisit Carthage et Numance. — Marius, homme du peuple, extermina les Cimbres et les Teutons, et fut appelé le troisième fondateur de Rome. — César, l'un de ces hommes que l'humanité met des siècles à produire (4), et dont le nom personnifie la gloire romaine, était délicat et épileptique : lorsqu'il partit à 41 ans (58 avant J.-C.) pour sa première campagne de Gaule, on aurait dit, à voir passer « cette blanche et pâle figure, fanée avant l'âge par les dé-

(1) *Mémoires militaires*, tome Ier, p. 64.

(2) Cette maxime est de tous les temps : ajoutons avec NAPOLÉON (*Mémoires*, édition de la *Bibliothèque historique et militaire*, p. 363) que l'influence du général est plus efficace sur le résultat des batailles chez les modernes que chez les anciens. — Voyez aussi GUISCHARDT (*Mémoires critiques et historiques sur plusieurs points d'antiquité militaire*, édition de 1774, tome Ier, p. 112) et CHAMBRAY (*Philosophie de la guerre*, 2e édition, p. 93 et 95). D'après CORNÉLIUS NÉPOS (*Thrasybule*, 1) c'est la fortune qui décide principalement des succès à la guerre.

(3) MICHELET, *Histoire romaine*, République, tome II, p. 105.

(4) L'humanité a enfanté quatre génies colossaux : Alexandre, César, Charlemagne, Napoléon. Alexandre disparut de la scène du monde en 324 (avant J.-C.), César en 44 (avant J.-C.), Charlemagne en 814 (après J.-C.), Napoléon en 1814 (après J.-C.); César près de trois siècles après Alexandre, Charlemagne près de neuf siècles après César, Napoléon dix siècles après Charlemagne.

bauches de Rome (1), » qu'il n'avait que le souffle ; mais ce souffle était celui du génie, et il dompta le monde !

§ 3. LÉGION.

La légion fut d'abord rangée en ligne pleine comme la phalange ; on la rangea ensuite sur deux lignes : la première, composée des hommes les plus vigoureux, nommés princes, c'est-à-dire premiers, et la seconde, composée d'anciens soldats, nommés *pilani*. Les armés à la légère étaient alors désignés sous les noms d'hastaires et de roraires. — Plus tard, après le siége de Veies, l'an de Rome 347 (406 avant J.-C.), on voulut avoir trois lignes, et on adopta l'ordre en échiquier. On divisa chacun des trois corps ci-dessus, savoir : le corps des princes, le corps des hastaires et le corps des pilani, en dix parties nommées manipules, chaque manipule comprenant deux centuries (2) ; puis l'on plaça : — à la première ligne les dix manipules de hastaires, l'intervalle entre deux manipules étant *au moins* égal au front d'un manipule ; — à la deuxième ligne les princes, qui, malgré ce déplacement, conservèrent leur nom, et dont les manipules furent placés vis-à-vis les intervalles des hastaires ; — à la troisième ligne les pilani, qui prirent le nom de triaires.

Les armés à la légère, recrutés parmi les plus jeunes et

(1) MICHELET, *Histoire romaine*, République, tome, II, p. 234.

(2) L'*Encyclopédie méthodique*, Art militaire, tome II, p. 264, dit que le manipule des triaires, n'étant jamais que de 60 hommes, ne se divisait pas en deux centuries : mais POLYBE (livre VI, fragment 5) n'excepte nullement les triaires lorsqu'il dit que chaque manipule était commandé par deux centurions. Voyez à cet égard la *Tactique* de MAIZEROY, tome Ier, p. 80, et tome III, p. 69. — GUISCHARDT, dans ses *Mémoires critiques et historiques*, tome Ier, p 313, compte aussi 60 centuries par légion.

les plus pauvres Romains, reçurent le nom de vélites et furent aussi divisés en dix manipules.

La légion était donc un corps de troupes dont les différentes divisions, basées sur le nombre 10, étaient rangées sur plusieurs lignes à intervalles (1).

Les hastaires, les princes, les triaires étaient les seuls soldats légionnaires. Le simple légionnaire n'eut pas voulu passer décurion dans les vélites. Une action d'éclat donnait entrée au vélite dans la classe des légionnaires (2).

Le chiffre numérique de la légion fut successivement de 4,000 fantassins et 200 cavaliers, 4,200 fantassins et 300 cavaliers, 5,000 fantassins et 300 cavaliers, 6,000 fantassins et 300 cavaliers. La légion du temps des Scipions était celle de 4,200 fantassins; on y comptait 1,200 vélites, 1,200 hastaires, 1,200 princes et 600 triaires; chaque manipule de vélites, d'hastaires et de princes y était de 120 hommes; chaque manipule de triaires de 60 hommes. Dans les autres légions, ces nombres variaient suivant la même proportion, sauf pour les triaires, dont le chiffre restait toujours fixé à 600; à l'égard de ce corps, la qualité des soldats y rachetait l'infériorité du nombre.

Voici les fonctions attribuées à chaque ligne :

Les vélites, postés devant les hastaires pour masquer les dispositions du général, commençaient le combat, se battaient sans ordre, se répandaient de tous côtés, puis se retiraient par les flancs et les intervalles des hastaires, ou s'emparaient de hauteurs d'où ils pouvaient incommoder l'ennemi.

____

(1) L'ordre de bataille de la légion ne nous a pas été transmis par les historiens romains : celui que nous venons de rapporter est le plus généralement admis par les commentateurs, comme cadrant bien avec les diverses relations de combats qui nous sont parvenues. (Voyez CHAMBRAY, *Philosophie de la guerre*, 2ᵉ édition, p. 29 et note 5.)

(2) CARRION-NISAS, *Histoire de l'art militaire*, tome 1ᵉʳ, p. 173.

En marche, ils allaient à la découverte, harcelaient l'ennemi, le poursuivaient s'il était battu. Souvent aussi on les mêlait à la cavalerie, lorsque cette dernière était peu nombreuse. César sut tirer de ce mélange un parti tel que 1,000 de ses cavaliers, soutenus de fantassins agiles, ne craignaient pas 7,000 cavaliers ennemis (1).

Les hastaires et les princes chargeaient à la course avec le pilum et, le pilum une fois lancé, avec l'épée. Quand les hastaires étaient fatigués, ils se retiraient par les intervalles de la seconde ligne, et les princes les remplaçaient; quelquefois, cependant, les princes venaient renforcer la première ligne en enchâssant leurs manipules dans les intervalles qui séparaient les manipules des hastaires.

Les triaires étaient armés d'une pique. Soldats expérimentés, ils étaient ordinairement placés en troisième ligne, afin de garantir les flancs et les derrières de la légion; mais ce poste ne leur était pas rigoureusement fixé : leur fonction spéciale, comme corps de réserve, était d'agir avec vigueur aux endroits faibles et de ramener la victoire. De là le proverbe : « *Ad triarium ventum est* (2), » pour exprimer les derniers efforts. Tant que durait le combat des hastaires et des princes, « les triaires, le genou droit en terre, le bouclier appuyé contre l'épaule, le talon de la pique fixé en terre et la pointe présentée comme celles des pieux d'un retranchement, restaient immobiles (3); » quand les hastaires et les princes se retiraient, les triaires se mettaient en mouvement et chargeaient en formant la ligne pleine. — Souvent aussi les triaires étaient préposés à la garde du camp.

(1) *Commentaires* de CÉSAR, *Guerre civile*, livre III, chap. 84.

(2) Les historiens disaient : « *Res ad triarios pervenit.* » — On lit dans TITE-LIVE (VIII, 8) : « *Rem ad triarios redisse.* »

(3) *Encyclopédie méthodique*, Art militaire, tome III, p. 679.

Les trois lignes se plaçaient sur dix hommes de profondeur (1), ce qui donnait 12 hommes de front aux manipules des hastaires et des princes, et 6 hommes de front aux manipules des triaires (2). Si donc l'on admet, avec Guischardt et Lebeau, que dans l'ordre de bataille l'intervalle qui sépare deux fantassins, pris en tous sens, est de 6 pieds (3), et que l'on compte 1 pied pour l'épaisseur et 1 pied 1/2 pour la largeur d'un homme, le front d'un manipule d'hastaires ou de princes sera de 84 pieds et sa profondeur de 64 pieds. Le front total de la légion, en supposant l'intervalle des manipules juste égal au front d'un manipule, sera donc égal à vingt fois le front d'un manipule ou à 1,680 pieds (495^m 60). Quant à la profondeur totale de la légion, elle sera de cinq fois la profondeur d'un manipule ou 320 pieds (94^m 40), si l'on suppose les intervalles des lignes égaux à

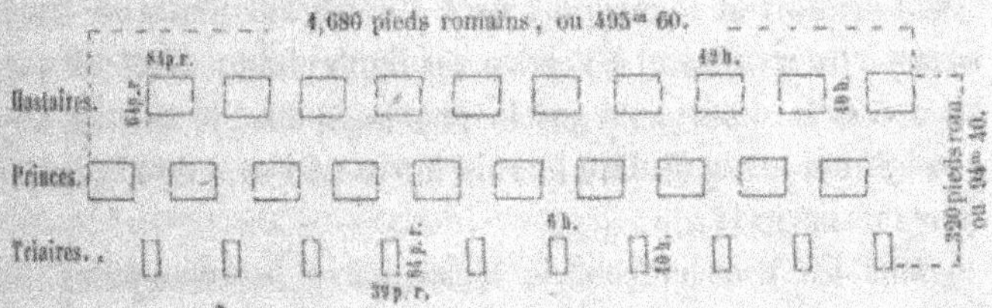

LÉGION MANIPULAIRE.

la profondeur d'un manipule ; cette profondeur totale variait

<hr>

(1) Cette profondeur variait suivant les circonstances. D'après GUISCHARDT (*Mémoires critiques*, tome IV, p. 208), aucun auteur ne dit positivement que les Romains se rangeassent sur huit ou dix rangs.

(2) Suivant MAIZEROY (*Cours de tactique*, tome Ier, p. 68), les triaires se plaçaient aussi quelquefois sur cinq rangs seulement ; leurs manipules avaient alors le même front que ceux des hastaires et des princes.

(3) Il s'agit dans tout ceci du pied romain, qui vaut 0^m 295.

en raison de l'étendue que l'on donnait aux intervalles des lignes (1).

Si l'on ne compte, au contraire, comme le font quelques auteurs (2), que 3 pieds pour l'intervalle qui sépare en tous sens 2 fantassins, la profondeur d'un manipule d'hastaires ne sera plus que de 37 pieds, le front de ce manipule de 51 pieds, et le front total de la légion de 1,020 pieds (301ᵐ).

Toutes ces supputations peuvent se varier à l'infini, suivant les nombres que l'on adoptera pour les intervalles des hommes et des lignes (3). Il faut seulement remarquer que les intervalles des hommes devaient toujours être assez ouverts pour permettre le jet du pilum et l'usage du bouclier, qui exigeaient une grande liberté de mouvement.

L'ordonnance romaine ne souffrait pas l'ordre serré : son caractère est la mobilité. Composée de petits corps égaux entre eux, la légion se pliait à tous les terrains, à toutes les évolutions, aussi bien à l'ordre en échiquier sur trois lignes, ordre primitif et théorique, qu'à l'ordre sur deux ou trois lignes à intervalles et à l'ordre en ligne pleine. C'est ce qui lui donna la supériorité sur la phalange, dont le succès dépendait uniquement d'un terrain horizontal et « de la pesanteur des corps (4). »

Dans les trois classes de légionnaires les manipules se

---

(1) Voyez D'ÉCREMMEVILLE, *Essai historique sur l'art de la guerre*, tome Iᵉʳ, p. 54, note.

(2) Entre autres FRANÇAIS, cahier lithographié en 1832 du *Cours d'art militaire* de l'École d'application de l'artillerie et du génie, p. 9.

(3) MAIZEROY (*Tactique*, tome III. p. 80) évalue, dans un calcul approuvé par GUISCHARDT (*Mémoires critiques*, tome II, p. 285), à 37 toises (72ᵐ 11) la distance d'une ligne à l'autre.

(4) GUISCHARDT, *Mémoires militaires*, tome Iᵉʳ, p. 60. — « La phalange était l'ordre qui rendait difficile d'en prendre un autre : la légion était l'ordre qui se prêtait avec le plus de facilité à tous les changements et à tous les

correspondaient de manière que le premier des hastaires, le premier des princes et le premier des triaires composaient ce qu'on appelait le *premier ordre*, les deuxièmes le second ordre, les troisièmes le troisième ordre, et ainsi de suite jusqu'au dixième. Chaque ordre formait une *cohorte*, en y comprenant, outre un manipule d'hastaires, un de princes et un de triaires, un manipule de vélites. La division de la légion par cohortes avait pour but de simplifier le service et de faciliter l'administration. On envoyait en détachement une ou plusieurs cohortes ; chaque détachement renfermait ainsi de chaque classe de soldats. On y joignait, lorsque cela était nécessaire, une ou plusieurs turmes de cavalerie.

§ 4. OFFICIERS.

Chaque légion était commandée par 6 tribuns, dont 2 au moins devaient avoir servi dix ans et les autres cinq ans. Les tribuns commandaient tour à tour pendant deux mois ; « leurs principales fonctions étaient de rendre la justice, de faire prêter le serment aux soldats, de veiller à la police et à la sûreté du camp, de régler les gardes de nuit et les rondes, d'assister aux travaux du camp et aux exercices, d'avoir soin des malades, et surtout d'assister au conseil de guerre (1). » Ceux qui n'étaient pas de service étaient placés à la tête des détachements, des reconnaissances ou des fourrages, ou chargés de missions particulières. On pouvait

mouvements. » (CARRION-NISAS, *Histoire de l'art militaire*, tome Iᵉʳ, p. 579.) Voyez, sur la comparaison de la phalange et de la légion, POLYBE, liv. XVIII, fragment 1ᵉʳ ; *Histoire militaire des éléphants*, Appendice 24 ; et *Encyclopédie moderne*, édition Didot, article *Bataille* du général LAMARQUE, p. 598 et 627.

(1) Ils se relevaient de six en six mois, suivant GUISCHARDT. (*Mémoires critiques*, tome II, p. 223.)

être élevé au tribunat sans avoir passé par les grades inférieurs. « La plupart des fameux généraux que Rome a eus ont fait leur apprentissage de cette manière... On croyait apparemment à Rome qu'il était très-bon à un général d'armée de savoir tout le détail du service militaire, mais qu'il n'était pas nécessaire pour l'apprendre de passer la plus grande partie de sa vie dans les grades subalternes, et que pour acquérir la science de commander les armées, il fallait s'occuper d'autres objets que du seul maniement des armes et du soin pénible de dresser les soldats (1). »

Au-dessous des tribuns se trouvaient les centurions ; il y en avait un par centurie, deux par manipule, vingt par ligne, soixante par légion. « Dans le choix de ces chefs, dit Polybe (2), on ne cherche pas tant qu'ils soient audacieux et entreprenants qu'habiles dans l'art de commander, persévérants et de bon conseil. On ne demande pas non plus qu'ils soient prompts à en venir aux mains et à commencer le combat ; mais qu'ils résistent constamment lorsqu'on les presse, et qu'ils meurent plutôt que d'abandonner leur poste. » Le centurion de la centurie de droite avait dans chaque manipule la priorité sur le centurion de la centurie de gauche. Dans chaque ordre, les centurions des triaires prenaient la priorité sur ceux des princes, et ceux des princes sur ceux des hastaires. Dans la légion, les centurions du premier ordre avaient la priorité sur les centurions du second ordre, les centurions du second ordre sur ceux du troisième ordre, et ainsi suite. Le centurion qui commandait la centurie de droite du manipule des triaires du premier ordre était donc le premier des centurions ; on le nommait primipile

<hr>

(1) GUISCHARDT, *Mémoires critiques*, tome II, p. 226.

(2) Livre VI, fragment 5.

(primum pilum); il commandait à tous les autres et c'était lui en réalité qui était le chef de la légion. Les principaux centurions étaient appelés au conseil de guerre.

Dans l'ordre des promotions, on suivait la série de priorités que nous venons d'indiquer, c'est-à-dire que l'on devenait successivement et par avancement :

Centurion..	des hastaires.. des princes ... des triaires ...	du dixième ordre.
Centurion..	des hastaires.. des princes ... des triaires ...	du neuvième ordre.
Centurion..	des hastaires.. des princes ... des triaires ...	du huitième ordre.

Etc., etc.

Pourtant, dans des cas rares et comme récompense de brillants faits d'armes, on faisait monter, directement et sans intermédiaires, des derniers ordres aux premiers.

Chaque centurion choisissait un officier pour conduire la queue de la centurie qu'il commandait; c'est cet officier que l'on trouve désigné dans les écrivains de l'empire sous le nom d'*option* (1). Au-dessous de ces serre-files, il y avait encore les décurions ou chefs de dix hommes. Les vélites n'étaient commandés que par des décurions.

§ 5. ACCESSOIRES.

L'habitude du soldat romain de porter, outre ses armes, son bagage et ses vivres, lui rendait inutile l'usage des valets. Il n'y en avait à la suite des légions que pour les per-

(1) Voyez pour exemple TACITE, *Histoire*, I, 25.

sonnes d'un rang distingué. Mais peu à peu leur nombre augmenta, comme celui des bêtes de somme. Dans la guerre d'Afrique, César les interdit à son armée (1). La race des valets était d'ailleurs lâche et insolente (2); elle ne quittait le camp que pour piller, et son service militaire se réduisait à venir, comme à Pydna, au-devant des légionnaires vainqueurs; il lui était défendu de jeter le cri de combat.

« On conduisait à la suite de l'armée quelques bêtes de charge, mais elles étaient en petit nombre. Il y en avait de publiques qui portaient les tentes, les meules et autres ustensiles. Il y en avait aussi qui appartenaient aux personnes considérables. On ne se servait presque point de chariots, parce qu'ils étaient trop embarrassants (3), » ce qui, dans les défaites, forçait à abandonner les blessés sur le champ de bataille, faute de moyens pour les transporter. Le peu de chariots qui suivaient les armées étaient employés au transport des armes de rechange; ces chariots, montés sur deux ou quatre roues aux jantes larges, étaient solidement construits et traînés par des bœufs ou des chevaux (4).

Outre les valets, les armées romaines étaient suivies d'artisans, de vivandiers, de marchands de vin, et, dans les moments où la discipline se relâcha, d'histrions, de sacrificateurs et de courtisanes. En arrivant devant Numance, Scipion chassa de l'armée romaine plus de 2,000 femmes de débauche.

Les armées étaient aussi accompagnées de médecins; il y en avait un par cohorte.

<hr>

(1) HIRTIUS, *Guerre d'Afrique*, chap. 47.

(2) Voyez CÉSAR, *Guerre des Gaules*, livre II, chap. 24, et TACITE, *Histoire*, livre II, chap. 87.

(3) NIEUPOORT, p. 290.

(4) GUISCHARDT, *Mémoires critiques*, tome Ier, p. 359 et 362.

§ 6. CAVALERIE.

La première cavalerie romaine était médiocre et servait à
pied ou à cheval, suivant le besoin ; elle se perfectionna par
le contact des Carthaginois.

La cavalerie faisait partie de la légion, et, d'après les
différents effectifs que nous avons cités, il est facile de voir
que son rapport à l'infanterie varia successivement du
dixième au vingtième ; mais à chaque époque le nombre de
cavaliers attachés à la légion fut presque toujours invariable
et indépendant des circonstances et des lieux. « On est obligé
de blâmer cet aveuglement des consuls... Ils ne firent point
de différence entre les plaines de la Lombardie et les montagnes de la Ligurie. En Espagne, ils avaient tout autant de
cavalerie qu'en Afrique ; et dans les Alpes le même nombre
d'escadrons que dans les plaines du royaume de Naples (1). »

Pour être chevalier romain, il fallait avoir un certain
revenu et une conduite régulière. Les chevaliers portaient
comme signe distinctif un anneau d'or ; leur cheval était
fourni et entretenu par l'État. Les censeurs passaient tous les
ans (2) la revue des chevaliers, dégradaient (3) ceux contre
lesquels on formulait une accusation ou dont le cheval se
trouvait en mauvais état, et donnaient leur congé à ceux qui
avaient déjà dix ans de service.

Les cavaliers de chaque légion étaient divisés en dix
turmes, de 30 à 32 maîtres, rangés sur 3 ou 4 rangs de pro-

____

(1) Guischardt, *Mémoires militaires*, tome Ier, p. 31.

(2) Maizeroy, dans son *Cours de tactique*, tome III, p. 84, dit tous les
cinq ans.

(3) En les forçant à vendre leur cheval.

fondeur. Chaque turme comprenait trois décuries. Le premier décurion, chef de turme, se mettait devant le premier rang au milieu du front ; le deuxième décurion à la droite du premier rang ; le troisième décurion à la gauche du même rang. Il y avait en outre, par turme, trois serre-files ou commandants de la queue (1).

TURME ROMAINE.

```
               o
   o  c c c c c c c c c  o
      c c c c c c c c c
      c c c c c c c c c
   o        o        o
```

Dans l'ordre de bataille, la place habituelle de la cavalerie était sur les ailes ; on la postait aussi quelquefois en avant de la première ligne, ou en réserve derrière la troisième ligne.

Peu à peu le cheval public devint une distinction et le corps des chevaliers un ordre de l'État, qu'enrichit promptement l'administration des revenus de la république. Dès lors les chevaliers négligèrent le service de la cavalerie, et lorsque Marius eut admis le menu peuple dans la légion, la cavalerie, uniquement composée de levées faites dans les pays conquis, conserva le nom de *mercenaire* qu'avaient primitivement ces levées. La cavalerie fournie par les nations alliées ou tributaires prit alors le nom de cavalerie auxiliaire.

§ 7. ARMES, HABILLEMENT.

Le vélite, coiffé d'un casque sans crinière, était armé d'une épée qui lui permettait de combattre après avoir lancé ses traits, de 7 javelots à la pointe effilée qui se faussait en tombant, et d'une panne, espèce de bouclier assez fort et assez grand pour mettre un homme à couvert (2).

(1) Dans la figure ci-dessus les o indiquent les décurions et les serre-files.
(2) POLYBE, livre VI, fragment 5.

Les hastaires et les princes avaient pour armes défensives un casque ouvert surmonté d'un panache, un plastron d'airain dit garde-cœur ou pectoral, affermi par des attaches sur le dos et sur les épaules, et un bouclier convexe, haut de 4 pieds romains (1ᵐ 18), large de 2 1/2 (0ᵐ 74), et assez épais pour ne pas être transpercé (1). Ils avaient pour armes offensives « 2 épieux appelés *piles*, dont l'un était beaucoup plus long et plus fort que l'autre : sa hampe avait 5 pieds 1/2 (1ᵐ 62) de longueur sur environ 2 pouces de diamètre (0ᵐ 048) : le fer, qui était triangulaire, rond ou carré, avec un hameçon à l'extrémité, avait 9 pouces (0ᵐ 22) de saillant ; le reste garnissait la hampe jusqu'à son milieu. Cette arme redoutable servait au jet et à la main ; nul bouclier, nulle cuirasse ne lui résistait ; l'autre était un javelot long de 4 pieds (1ᵐ 18), y compris le fer qui avait 5 pouces (0ᵐ 123) (2). » Ils portaient en outre 2 javelots et une épée espagnole placée, du temps de Polybe, sur la cuisse droite (3). Cette épée, large et à deux tranchants, avait environ 22 pouces (0ᵐ 54) de long, et une largeur moyenne de 10 lignes 1/2 (0ᵐ 02) ; elle frappait de taille et d'estoc ; aucun corselet, casque ou bouclier ne lui résistait ; elle valait une hache au bras de l'homme vigoureux.

Les triaires portaient une sorte de pertuisane d'environ 10 pieds romains (2ᵐ 95) de long ; ils attendaient le choc de pied ferme avec cette pique, qu'ils n'abandonnaient que pour se servir de l'épée, « l'arme de confiance des Romains ; »

(1) TITE-LIVE, XXXI, 39.

(2) *Tactique* de MAIZEROY, tome Iᵉʳ, p. 69.

(3) POLYBE, livre VI, fragment 5. Voyez à cet égard la note de la p. 174 du tome Iᵉʳ de l'*Histoire de l'art militaire* de CARRION-NISAS, et dans les *OEuvres diverses* de J.-J. BARTHÉLEMY, Paris, 1828, édition Firmin Didot, tome II, p. 342, la *Lettre à un artiste*.

quelquefois pourtant ils lançaient cette pique comme le pilum.

Les officiers, jusqu'aux tribuns (1), portaient les mêmes armes que les légionnaires ; la marque distinctive des tribuns était une espèce de poignard ou de couteau de chasse. Au lieu du simple pectoral, les officiers adoptaient la cuirasse entière ou cotte de mailles (2).

Le légionnaire avait une tunique de laine descendant au milieu de la cuisse, et serrée par une ceinture. On plaçait sur la tunique la cuirasse et le baudrier, auquel pendait l'épée. Le soldat avait en outre une espèce de manteau nommé *sagum* « qui tombait un peu au-dessous du genou et s'attachait sous le menton avec une agrafe. » Sous les consuls l'habit militaire était rouge (3). Le sagum des généraux était écarlate, pourpre ou blanc, et fut orné postérieurement d'une frange ou broderie d'or. — On voit, dans les *Commentaires* de César (4), ses soldats, inquiétés par les traits des archers et frondeurs de Pompée, se fabriquer pour s'en garantir des tuniques de cuir ou de pièces de diverses étoffes.

La chaussure était un brodequin ou demi-bottine garnie d'une lame d'airain (5) à la jambe droite. Il paraît qu'on ne portait plus la bottine sous les empereurs, mais seulement une sandale attachée par des courroies.

(1) GUISCHARDT, *Mémoires militaires*, tome II, p. 169, note.

(2) GUISCHARDT, *Mémoires critiques*, tome II, p. 214.

(3) Il est vraisemblable qu'il était blanc comme celui des autres citoyens ou comme le vêtement du soldat grec. (GUISCHARDT, *Mémoires critiques*, tome II, p. 209.)

(4) *Guerre civile*, livre III, chap. 44.

(5) POLYBE, ARRIEN, JULES L'AFRICAIN parlent de cette lame. Il n'est pas moins singulier, dit GUISCHARDT (*Mémoires critiques*, tome III, p. 293), qu'on ne la découvre dans aucun monument de l'antiquité.

« Ce fut la force de l'habitude qui plia les Romains à avoir
« les bras et les pieds presque nus sans en être incommodés,
« et qui les mit en état de se passer de culottes, en ne se
« couvrant depuis les reins jusqu'aux genoux que des pans
« de leurs habits, comme le font encore les Écossais monta-
« gnards. Il est vrai que, vivant sous un beau ciel et portant
« la plupart du temps leurs armes dans des pays chauds,
« ils ne souffraient que rarement des rigueurs des saisons;
« mais on sait aussi qu'ils furent employés à des expéditions
« d'hiver et qu'ils firent des campagnes dans des pays froids
« comme dans des pays chauds (1). »

Le froid de la Germanie introduisit, sous Auguste, l'usage
des *hauts de chausses*, qui ne devinrent communs qu'à la
décadence de l'empire (2).

Dans les premiers temps, les cavaliers romains revêtaient
une espèce de veste, afin de monter plus facilement à cheval; ils n'avaient ni étriers, ni selle, mais seulement une
couverture pour remplacer cette dernière; ils portaient également des piques très-légères et un bouclier de cuir; plus
tard, ils empruntèrent les armes des Grecs et portèrent le
casque, la cuirasse, le bouclier oblong, les bottines, le javelot et la double lance avec fer aux deux bouts; la poignée
de cette lance était à peu près au tiers de sa longueur, afin
que si le grand côté se rompait l'autre pût servir; ils garni-
rent le cheval de deux couvertures assujetties par une sangle,
un poitrail et une croupière. — Les Romains ne connurent

(1) GUISCHARDT, *Mémoires critiques et historiques*, tome II, p. 248.

(2) BENETON, dans son *Traité des marques nationales*, p. 75, attribue à
l'usage des Romains de ne pas porter de hauts de chausses le manque d'am-
phithéâtres dans le nord de la Gaule (dans la Gaule *braccata*), où les habitants
avaient l'habitude d'en porter, « parce que, dit-il, ces Gaulois ne goûtaient
guère de plaisir aux spectacles qui s'y donnaient, trouvant de l'indécence
d'y voir les Romains, sans culotte, montés sur des gradins, »

la selle que vers la fin du IVe siècle de notre ère, et les
étriers qu'au VIe siècle. Les pieds des chevaux étaient probablement armés d'un sabot attaché au-dessus de la corne.
— Le manteau des cavaliers romains était blanc.

§ 8. MODIFICATIONS DE MARIUS.

Marius admit dans la légion et dans la cavalerie la dernière classe du peuple (1), où l'on ne recrutait avant lui
que les armés à la légère et les marins. Ce fut une grave
atteinte à la constitution militaire de Rome, et par cette
mesure, a dit un écrivain célèbre, « la république fut perdue (2). » Je ne suis pas de cet avis. Ce qui précipita surtout Rome vers sa ruine, ce fut le luxe, destructeur de
toute discipline militaire, et, plus tard, la faiblesse d'admettre des étrangers dans l'armée, dans le sénat et dans
toutes les dignités de l'empire. Quant à la mesure prise par
Marius, elle fut assurément un grand acte politique du chef
du parti populaire, mais cet acte était réclamé par la situation (3), et le vainqueur des Cimbres ne fit qu'y donner son
nom. La plupart des familles plébéiennes avaient déjà semé
leurs os dans les pays conquis, la race des propriétaires
était éteinte, le peuple romain ne se composait plus que de

(1) SALLUSTE, *Jugurtha*, chap. 84.

(2) MONTESQUIEU, *Esprit des lois*, livre XI, chap. 18. CARRION-NISAS
développe avec force ces paroles de Montesquieu : il considère aussi, au point
de vue militaire, l'ordonnance par cohortes comme bien inférieure à l'ordonnance par manipules (Voyez son *Histoire de l'art militaire*, tome Ier, p. 257
à 267); mais il ne fait pas assez abstraction, dans son raisonnement, de la
qualité du soldat, évidemment moins bonne dans la dernière de ces ordonnances. Voyez à cet égard CHAMBRAY, *Philos.*, 2e édition, p. 45, 63, et 188.

(3) « Examinez les Romains, vous ne les trouvez jamais si supérieurs que
dans le choix des circonstances dans lesquelles ils firent les biens et les maux. »
(*Esprit des lois*, livre XXII, chap. 13.)

fils d'affranchis (1). Il fallait donc enrôler dans les légions des soldats pauvres ne laissant dans la patrie aucun gage de fidélité, ou abandonner inutilement sur le pavé de Rome des hommes qui n'eussent cessé de fomenter des séditions.

D'ailleurs, la cause qui avait fait, à l'origine de Rome, exclure des légions la dernière classe du peuple, cette cause n'existait plus. On doit, en effet, attribuer cette exclusion plutôt au manque de solde, qui rendait cette classe incapable de subvenir pendant la guerre à ses besoins, qu'à la volonté bien arrêtée du législateur de n'introduire dans les armées que des *soldats propriétaires*.

Marius, qui reconnaissait les inconvénients de la ligne à intervalles (2), modifia aussi l'ordonnance de la légion. Il adopta définitivement (3) la division administrative en dix cohortes; mais au lieu de laisser dans chaque cohorte les manipules distincts, il mêla ensemble hastaires, princes et triaires (4), et les arma tous du pilum, qui devint dès lors l'arme caractéristique de l'infanterie pesante. Le nombre de rangs, les intervalles entre les rangs et les files, et les noms des divers officiers restèrent les mêmes que dans l'organisation par manipules. Dès ce moment, on réserva exclusivement l'emploi d'armés à la légère à des peuples étrangers réputés pour la légèreté de leur course.

La force de la cohorte variait de 400 à 600 hommes, tou-

---

(1) Voyez Michelet, *Histoire romaine*, République, tome II, p. 112.

(2) Lisez Rocquancourt, *Cours d'art et d'histoire militaires*, tome Ier, p. 114.

(3) Cet adverbe est indispensable : avant Marius on s'écartait déjà de la méthode primitive et on rangeait très-souvent les troupes en bataille de la même manière qu'on le fit de son temps et de celui de César. (Voyez Guischardt, *Mémoires critiques et historiques*, tome Ier, p. 166.)

(4) Maizeroy, *Tactique*, tome III, p. 56, pense que Marius porta les princes aux premiers rangs de la cohorte.

jours divisés en 6 centuries (1). La première cohorte, considérée comme corps d'élite, avait la garde de l'aigle. Les légions firent toujours le fonds principal des armées, mais on eut aussi des *cohortes détachées* soit romaines, soit étrangères, que les généraux levaient dans les pays où ils commandaient. Chaque cohorte était commandée par son premier centurion.

Marius plaçait la légion sur deux lignes : chaque ligne se composait de cinq cohortes séparées par de petits intervalles. César la rangeait sur trois lignes : la première de quatre cohortes, chacune des deux autres de trois cohortes ;

ORDONNANCE PAR COHORTES DE LA LÉGION SOUS CÉSAR.

	4e coh.	3e coh.	2e coh.	1re coh.
1re ligne sur 10 rangs.	☐	☐	☐	☐
	7e coh.	6e coh.	5e coh.	
2e ligne sur 10 rangs.	☐	☐	☐	
	10e coh.	9e coh.	8e coh.	
3e ligne sur 10 rangs.	☐	☐	☐	

la troisième ligne formait réserve. Dans cette nouvelle ordonnance, les lignes étant pleines, la première ligne, lorsqu'elle faiblissait, ne pouvait plus, comme dans l'ordonnance par manipules, se retirer à travers les intervalles de la seconde ligne destinée à la remplacer. La seconde ligne seule pouvait avancer et venir s'enchâsser dans la première, les files fraîches se glissant au milieu des intervalles des files

(1) L'*Encyclopédie méthodique*, à l'endroit déjà cité, tome II, p. 264, ne donne, comme VÉGÈCE, livre II, chap. 8, que cinq centuries à la cohorte : c'est une conséquence de ce qu'elle n'admet qu'une centurie pour le manipule des triaires. Voyez à cet égard, au § 3 de ce chapitre, la note 2 de la p. 104 ci-dessus, et la *Tactique* de MAIZEROY, tome III, p. 69.

fatiguées, de telle sorte que le front de la légion doublait en nombre sans changer d'étendue.

La possibilité d'une semblable manœuvre constituait un des principaux avantages de l'ouverture des rangs et des files qui caractérisait l'ordonnance romaine, dans laquelle chaque homme occupait en tous sens 6 pieds romains (1ᵐ 77) ; la difficulté était d'habituer le légionnaire à conserver exactement ses distances en rang comme en file, et c'est à quoi tendaient toutes les instructions, tous les exercices.

L'ordonnance par manipules avait pour avantage la mobilité, l'ordonnance par cohortes la solidité jointe à une suffisante mobilité. Toutes deux firent de grandes choses : l'une ruina Carthage, l'autre soumit la Gaule et abattit Pompée.

Marius est aussi l'auteur d'un ingénieux changement fait au pilum et au javelot : « Jusqu'à lui le fer et la hampe étaient cloués ensemble par deux chevilles de fer ; il n'en laissa qu'une et, à la place de l'autre, en mit une de bois beaucoup plus aisée à rompre ; changement bien imaginé, afin que la pique en s'attachant au bouclier de l'ennemi n'y restât pas droite, mais que la cheville de bois en se rompant fît plier la hampe à l'endroit du fer, et que, tenant encore au bouclier, elle se traînât à terre et embarrassât l'ennemi (1). »

Ce fut encore « au temps de Marius, lorsqu'on fut revenu des anciens usages, que les généraux romains, chargés de conduire de grandes guerres, eurent une attention particulière à entretenir, dans leurs armées, des corps considérables de cavalerie étrangère (2). » Cette observation de

____

(1) PLUTARQUE, *Vie de Marius*. Voyez aussi *Tactique* de MAIZEROY, tome III, p. 69, et CARRION-NISAS, chapitre préliminaire du tome II de son *Histoire de l'art militaire*, p. 9.

(2) GUISCHARDT, *Mémoires militaires*, tome Iᵉʳ, p. 97. Cette attention

Guischardt se rattache à une modification apportée à la composition des armées romaines vers la fin de la guerre sociale, modification que nous pouvons placer dans ce paragraphe, puisque Marius fut un des acteurs de cette guerre mémorable. Le véritable motif de la cessation des hostilités dans cette guerre ayant été l'obtention du droit de cité successivement accordé aux peuples d'Italie, tous les Italiens devinrent légionnaires, et il n'y eut plus dès lors, dans les armées de la république, de légions *d'alliés;* elles furent remplacées par des légions *d'auxiliaires.*

§ 9. ENSEIGNES.

Les enseignes étaient sacrées; on sacrifiait devant elles; il y allait de la vie de les perdre ou de les abandonner. Dans la révolte des légions de Germanie, M. Plancus, personnage consulaire, se mit sous la protection des enseignes qu'il saisit et tint embrassées (1).

Dans l'origine, chaque manipule avait une enseigne; ce fut d'abord une botte de foin, puis des représentations d'animaux.

Plus tard, il n'y eut plus que cinq enseignes par légion. L'*aigle*, qui marchait la première, était l'enseigne principale; de la grosseur d'une perdrix, en or ou en argent, elle avait les ailes déployées et relevées. Les quatre autres étaient le loup, le cheval, le sanglier et le minotaure. Le minotaure, ou taureau, pouvait être l'emblème de la force, ou, suivant

était d'une bonne politique; l'Italie manquant de chevaux, les Romains ne pouvaient par eux-mêmes avoir une nombreuse cavalerie.

(1) TACITE, *Annales*, livre 1er, chap. 39.

Végèce (1), une représentation symbolique destinée à rappeler sans cesse au général la nécessité de tenir son secret aussi caché dans son âme que le minotaure l'était au fond du labyrinthe. Chaque manipule avait en outre son vexille, composé d'un morceau d'étoffe attaché à une traverse de bois; chaque turme de cavalerie avait aussi un vexille; ces vexilles portaient des marques et numéros distinctifs. Les vélites n'avaient pas d'autres enseignes que celles de la cohorte dont ils faisaient partie.

Marius fit définitivement abandonner les quatre dernières enseignes, et on ne porta plus que l'aigle confiée au primipile et placée au centre de la cohorte (2). Le nom de la légion, ou un signe qui lui était propre, se gravait sur l'aigle ou au-dessous; une tablette ou médaille portait les quatre lettres armoriales de la république, S. P. Q. R., *Senatus populus que romanus*. Chaque cohorte conserva une enseigne à bannière ou vexille; les centuries eurent des enseignes sans drapeaux. La hampe de l'aigle restait sans ornements; les piques des vexilles et autres enseignes étaient, au contraire, garnies, depuis le haut jusqu'au milieu, d'ornements répandus à profusion. Ces ornements, et ceux de l'étoffe du vexille, s'accordaient souvent comme récompense à une légion et rappelaient un fait d'armes. Les vexilles portaient aussi quelquefois le nom du général (3).

Comme nom général, les enseignes s'appelaient *signifères*;

(1) Livre III, chap. 6.

(2) Voyez GUISCHARDT, *Mémoires militaires*, tome II, note de la p. 284. — En avant de l'aigle, c'est à dire dans les premiers rangs, on plaçait les soldats les plus braves, les mieux exercés et les plus ingambes : certain point d'honneur fut attaché à cette préférence qui revenait assez à celle que l'on donne aujourd'hui à nos grenadiers; on les appelait *antesignani*. Pour une action de vigueur on les réunissait en corps et on les employait séparément. (GUISCHARDT, *Mémoires critiques et historiques*, tome Ier, p. 245.)

(3) Voyez ARMANDI, p. 301, *Encyclopédie méthodique*, tome III, p. 262.

comme noms particuliers, elles s'appelaient, suivant l'espèce, soit *aquilifères*, soit *vexillaires*. Les porte-enseignes se choisissaient parmi les soldats les plus robustes, à cause de la pesanteur des enseignes; parmi les soldats probes, parce qu'on leur confiait la moitié de l'argent accordé comme récompense; parmi les plus valeureux, parce qu'ils tenaient en leurs mains l'honneur, la gloire, les dieux des légions.

Plus sensibles que les peuples modernes à la perte de leurs enseignes, les Romains en poursuivaient la restitution soit à force ouverte, soit par le moyen des traités (1).

§ 10. COMMANDEMENTS, SIGNAUX.

Les généraux étaient accompagnés d'un certain nombre d'officiers, chargés de porter leurs ordres; mais ces ordres se communiquaient aussi par le son des instruments ou par des signaux, que la fumée de la poudre empêche les modernes d'employer. Ainsi, l'étendard de pourpre s'arborait souvent pour le signal du combat. On avait même imaginé un système télégraphique dont parle Polybe dans sa digression sur les signaux (2).

Dans une bataille, le mouvement des enseignes servait aussi de signaux : on les inclinait pour indiquer à l'armée qu'elle commençait à vaincre, on les redressait en les agitant pour lui indiquer qu'elle pliait, on les jetait dans les rangs ennemis pour l'empêcher de fuir.

(1) BENETON, *Commentaires sur les enseignes*, Paris, 1742, p. 9.

(2) Livre x, fragment 7. Voyez TITE-LIVE, collection Nisard, grand in-8°, tome II, p. 780.

§ 11. MARCHES.

On a beaucoup vanté la rapidité des marches romaines; elles n'excédaient point les forces de la nature : de sages exercices avaient seulement habitué le légionnaire à tirer tout le parti possible de ses facultés. L'armée française, dans la première campagne d'Italie (1796-1797), a surpassé la rapidité romaine (1).

Les Romains avaient deux espèces de marches marquées par les instruments : l'une de 120 pas de 2 pieds (0^m 59) par minute, pour les marches de longue haleine; l'autre de 145 des mêmes pas, pour les courses peu longues qui exigeaient une grande célérité (2). Après trois jours de marche venait ordinairement un jour de repos.

Voici l'ordre habituel de marche : à l'avant-garde, les extraordinaires; au corps de colonne, l'aile droite des alliés suivie de son bagage et de celui des extraordinaires, la première légion suivie de son bagage, la deuxième légion suivie de son bagage et de celui de l'arrière-garde; à l'arrière-garde, l'aile gauche des alliés. Dans les occasions périlleuses, l'armée marchait par un de ses flancs en ordre de bataille, les triaires, les princes et les hastaires formant trois lignes parallèles, et chaque manipule ayant devant lui ses bagages.

(1) Quand la division Masséna marcha de Vérone sur le champ de bataille de Rivoli, puis revint combattre à la Favorite (mi-janvier 1797).

(2) Je parle d'après MAIZEROY. MAUVILLON établit un calcul pour prouver que le pas ordinaire des Romains était de 105, et leur pas accéléré de 125 à la minute. (*Essai sur l'influence de la poudre à canon dans l'art de la guerre moderne*, Dessau, 1782, p. 181, 182 et 185.) Le même auteur explique ensuite pourquoi le pas militaire moderne est plus lent. A la p. 190, il avoue ne pas comprendre entièrement comment les anciens et surtout les Romains gardaient l'alignement.

Dans cet ordre de marche, il suffisait d'un à-droite ou d'un à-gauche pour se retrouver en ligne et faire face à l'ennemi.

Pour les corps peu nombreux, la marche en avant, avec la formation ordinaire, ce que nous appelons aujourd'hui la marche en bataille, et que les anciens nommaient *épagoge* (voyez ci-dessus notre chap. II, § 16), était d'un usage plus fréquent chez les Romains que chez les Grecs (1).

§ 12. EXERCICES.

Les batailles de l'antiquité étant « autant de combats singuliers, » il fallait dans les armées anciennes des hommes très-exercés (2). Aussi tous les anciens peuples guerriers, et surtout les Grecs et les Romains, apportèrent-ils la plus scrupuleuse attention à augmenter la force et l'agilité de leurs soldats par de continuels exercices. Mais les Romains gratifièrent en outre leurs légionnaires de deux qualités essentielles qui manquaient à l'hoplite : l'habitude de porter de pesants fardeaux, car, en sus de leurs armes, de leurs bagages, de leurs vivres, ils portaient 3 ou 4 pieux pour le palissadement du camp; et celle de se livrer à toutes sortes de travaux, soit pour élever des retranchements de campagne et faire des siéges, soit pour concourir à l'exécution des travaux publics. La république pouvait compter sur ses armées pour sa défense et son embellissement.

« Le soldat romain était un véritable manœuvre, fossoyeur, maçon, charpentier, bûcheron : il exerçait en temps

---

(1) Mauvillon, *Influence de la poudre à canon*, p. 214.

(2) Voyez Napoléon, *Précis des guerres de César*, écrit par M. Marchand, Paris, 1836, in-8°, p. 152.

de paix tous ces métiers pénibles, et il les regardait comme des parties essentielles de sa profession. Accoutumé à porter de pesants fardeaux, à remuer les machines, à les servir et à les faire jouer, il supportait sans peine et sans murmure des corvées auxquelles nos plus déterminés volontaires se refuseraient (1). » Quelquefois même, on faisait entreprendre aux armées des travaux considérables et inutiles dans le seul but de les occuper : « *On craignait plus l'oisiveté que les ennemis* (2). »

Les exercices auxquels tout Romain commençait à se livrer dès l'adolescence avaient lieu au Champ de Mars, ou dans des endroits couverts destinés à cet usage. Les principaux étaient : le maniement des armes, le port des fardeaux, la course, le saut, la nage ; le jet des flèches et du javelot pour les armés à la légère ; les manœuvres et les marches pour l'infanterie ; diverses évolutions et des charges pour la cavalerie. Dans le maniement des armes, on avait soin d'enseigner à donner toujours des coups de pointe, plus dangereux que les coups de taille, comme découvrant moins celui qui frappe (3). Les armes employées dans ce maniement pesaient deux fois plus que celles dont on se servait dans une action réelle. « Les anciens, dit Végèce (4), étaient si persuadés de l'utilité de l'escrime qu'ils donnaient double ration aux maîtres d'armes. »

Dans les camps, on se livrait aux mêmes exercices et les généraux mettaient le plus grand soin à instruire leurs soldats (5). César, dans sa campagne d'Afrique, forcé de

(1) Guischardt, *Mémoires militaires*, tome Ier, p. 300.
(2) Montesquieu, *Grandeur et décadence*, chap. 2. p. 48.
(3) Végèce, livre Ier, chap. 12.
(4) Livre Ier, chap. 14.
(5) Voyez Polybe, livre X, fragment 2

former ses troupes au genre de tactique nécessaire pour combattre la cavalerie numide qui le harcelait sans cesse, leur montra comment il fallait tantôt avancer, tantôt reculer, tantôt feindre l'attaque et décocher le javelot, ne dédaignant pas de descendre aux plus petits détails, « non comme un général à la tête d'une armée de vieux soldats vainqueurs et illustrés par les plus grands exploits, mais comme un maître d'escrime qui veut dresser des gladiateurs novices (1). »

Tout en reconnaissant, avec Montesquieu (2), que les Romains, par un travail continuel qui augmentait leurs forces et par des exercices qui leur donnaient de l'adresse, se sont rendus plus qu'hommes, il faut se garder de toute exagération, et considérer comme oratoire l'assertion que « dans les plus longs et les plus forts combats, tel que celui contre les Cimbres, pendant les plus brûlantes chaleurs, aucun Romain n'était ni en sueur ni hors d'haleine (3). »

§ 13. CRIS DE COMBAT, MUSIQUE.

Les Romains marchaient au combat avec ordre et silence, et ne jetaient le cri de combat qu'au moment du choc, pour

---

(1) HIRTIUS, *Guerre d'Afrique*, chap. 71. — La marche de César en cette occasion fut très-lente. L'infanterie romaine, lorsqu'elle n'était pas elle-même soutenue par de la cavalerie, ne pouvait écarter la cavalerie ennemie au delà de dix à douze pas, portée du pilum : elle devait donc beaucoup souffrir des attaques réitérées d'une cavalerie telle que la cavalerie numide, ce qui explique toute l'importance attachée par César à l'indication des moyens à employer pour résister à cette cavalerie. — Consultez à ce sujet GUISCHARDT, *Mémoires critiques et historiques*, tome II, p. 156.

(2) MONTESQUIEU, *Grandeur et décadence*, chap. II.

(3) PLUTARQUE, *Vie de Marius*.

épouvanter l'ennemi et s'animer eux-mêmes ; ils voulaient frapper en même temps de l'arme et de la voix (1), dont ils augmentaient l'effet en heurtant un javelot ou l'épée contre le bouclier. On jugeait souvent de l'ardeur des soldats par la vivacité de leurs cris, et on en tirait une conséquence pour le succès de la bataille. Nous ignorons de quelles expressions se composait le cri de combat des Romains.

« Il est certain, a dit Maizeroy (2), que la musique guerrière anime le soldat, l'égaie et lui donne de la vigueur. » Les Romains employaient le cornet, la buccine ou clairon et la trompette. « Les trompettes et les cornets ensemble donnaient pour la charge. Les trompettes seules sonnaient la retraite, pour les gardes, pour les travaux et dans les revues. La buccine assemblait les troupes, sonnait devant le général, et lorsqu'on punissait de mort (3). » — « Les signaux résultaient de la nature, de la qualité, de la force des sons, bien plus que de la modulation d'un air (4). »

§ 14. SOLDE.

A l'occasion du siége de Veies, la république commença à accorder une paie aux légions (5) ; cette paie fut un bien, elle permit d'étendre et de prolonger la guerre ; et d'ailleurs un soldat stipendié est plus dépendant, plus soumis que celui

---

(1) Hannon reconnaît les Romains à leur cri. (TITE-LIVE, XXVI, 40.) A la bataille de Zama, le cri des Romains est uniforme et nourri. (*Id.*, XXX, 34.) Voyez la note (3). p. 142 ci-après.

(2) *Tactique*, tome Ier, p. 144.

(3) *Tactique*, tome Ier, p. 143.

(4) *Journal de l'armée*, 1834, p. 16, article du général BARDIN. — Voyez aussi VÉGÈCE, livre II, chap. 24.

(5) TITE-LIVE, IV, 59 et 60.

qui sert à ses frais. Dès lors l'État fournit les armes, les habits et les vivres, moyennant une retenue. La paie fut fixée à 3 deniers pour dix jours, et elle resta jusqu'à César à ce taux équivalant à 2 fr. 46 c. de notre monnaie ; mais il faut observer que le denier, d'abord de 10 as, ayant été évalué, l'an 536 de Rome, à 16 as, cette fixation varia par jour de 3 à 5 as (1).

« La distance du soldat à l'officier n'était pas, à beaucoup près, aussi grande que dans nos troupes (2), vu qu'ils étaient tirés des mêmes classes de citoyens, et qu'il était très-commun que de simples soldats parvinssent, non-seulement aux charges de centurions, mais même jusqu'aux premières, ce qui était très-puissant pour exciter l'émulation. Aussi, n'y avait-il d'autre différence dans la solde, sinon que celle du centurion était double. Il faut excepter néanmoins ceux des trois premiers ordres, surtout le primipile, dont le traitement devait être proportionné à l'importance de leurs charges (3). »

Le cavalier avait triple paie, tant par distinction que parce qu'il avait au moins un valet ; deux tiers de cette paie étaient destinés l'un pour le maître, et l'autre pour le valet, et le tiers qui restait pour l'entretien du cheval.

« Marius ayant enrôlé des gens qui n'avaient rien, et son exemple ayant été suivi, César fut obligé d'augmenter la paie (4). » Il la porta, au commencement de la guerre des

(1) Voyez *Éclaircissements historiques* (faisant suite aux œuvres de Rollin), par LETRONNE, 1825, in-8o.

(2) « Les centurions ne recevaient que la double paie des soldats : ils portaient les mêmes armes et marchaient à pied comme eux. » (GUISCHARDT, *Mémoires critiques et historiques*, tome Ier, p. 111.)

(3) *Tactique* de MAIZEROY, tome Ier, p. 84. — D'après GUISCHARDT (*Mémoires critiques*, tome Ier, p. 348), le traitement du primipile était élevé.

(4) MONTESQUIEU, *Grandeur et décadence*, chap. 16.

Gaules, à 10 as (environ 0 fr. 50 c.). Guischardt évalue la dépense annuelle pour l'entretien de chaque légion du temps de César à une somme de 300,000 écus environ.

Outre la paie en argent, on délivrait à bas prix au soldat la quantité de blé nécessaire pour sa subsistance; il portait pour le moudre des moulins à bras; à défaut de moulins, il le broyait avec des pierres. La farine, préparée d'abord en bouillie, le fut ensuite en pains cuits sous la cendre ou sur des charbons; le biscuit ne paraît adopté pour les troupes que vers le temps des Antonins. La nourriture du soldat romain consistait en lard et légumes; sa boisson en eau mêlée de vinaigre, dont l'usage lui épargnait bien des maladies. On conservait, pour les distributions en nature, la même proportion que pour la solde : les centurions avaient double part, et les chevaliers triple part, plus de l'orge pour leurs chevaux.

§ 15. DISCIPLINE.

La discipline militaire a fait, suivant l'expression de Cicéron, la célébrité de Rome. Cette discipline était d'une excessive sévérité; elle s'étendait sur l'officier comme sur le soldat, châtiant le premier avec l'épée, le second avec le bâton. Le général avait à l'armée une autorité absolue et le droit de punir de mort. « Ces fiers républicains, si jaloux de leur liberté, devenaient des soldats dociles et soumis sans réserve dès qu'ils avaient prêté le serment militaire (1). » — « Enfreindre la discipline, c'était trahir la patrie (2). »

C'était une loi inviolable de ne fuir jamais et de ne jamais

(1) *Tactique* de MAIZEROY, tome I⁰ʳ, p. 78.

(2) *Encyclopédie méthodique*, Art militaire, tome II, p. 201.

quitter son rang (1). Vaincre même, sans ordres, était une faute grave pour laquelle le dictateur Papirius Cursor voulut faire battre de verges et mettre à mort son général de cavalerie Fabius Maximus Rullianus (2). Des lois défendaient de racheter les prisonniers, afin que les soldats ne comptassent que sur eux-mêmes.

Voici la nomenclature des principaux châtiments :

Les *amendes*.

La *flagellation*, avec des verges ou une tige de vigne, marque de distinction des centurions (3); briser le cep de vigne ou porter la main sur le centurion entraînait la mort.

La *mort*, pour quitter son poste, se révolter, abandonner ses armes ; les licteurs exécutaient ceux que le consul condamnait à perdre la vie.

La *vente*, comme esclaves, pour la mutilation volontaire dans le but d'échapper au service de la république.

L'obligation d'*hiverner* sous des tentes pour une armée vaincue.

La *mutilation* de la main droite, ou la *saignée* (4), à la tête du camp, pour vol.

Le *piquet*, qui consistait, pour les officiers comme pour les soldats, à rester, sans ceinture et la tunique flottante, debout devant le prétoire.

La *privation* de la solde ou d'une partie de la solde pour des légions entières.

La *décimation*.

---

(1) POLYBE, livre III, chap. 17.

(2) TITE-LIVE, VIII, 32.

(3) TACITE (*Annales*, I, 23) parle d'un centurion que les troupes avaient surnommé *Donnez-en une autre*, parce qu'ayant cassé une verge sur le dos d'un soldat, il criait : « Donnez-en une autre et encore une autre. »

(4) Parce que « la force étant la principale qualité du soldat, c'était le dégrader que de l'affaiblir. » (MONTESQUIEU, *Grandeur et décadence*, chap. 2.)

La *lapidation* et le *fustuarium*, ou lapidation et bastonnade, donnée quelquefois jusqu'à ce que mort s'ensuivit, par tous les soldats de la cohorte; cette punition s'infligeait pour faute dans la garde, vol dans le camp, faux témoignage, abus de son corps en se prêtant à quelque infamie (1).

La *casse* publique, pour les officiers que l'on chassait quelquefois de l'armée (2), et pour les cavaliers que l'on faisait servir à pied.

Le *massacre* de toute une légion pour avoir pillé sans ordre.

Le *retrait* de l'enseigne ou de la ration de vivres.

La *ration en orge* au lieu de la ration en blé.

Outre la rigueur des châtiments et l'éclat des récompenses, une des principales causes du maintien de la discipline romaine fut l'égal partage du butin que l'on mettait intégralement en commun, chacun, avant de partir, jurant de ne rien détourner à son profit (3).

Dès que le peuple romain se fut enrichi, la discipline se relâcha, et l'on vit tous les bons généraux, à leur prise de commandement, travailler énergiquement à la rétablir, en bannissant l'oisiveté, la volupté et le luxe. Ainsi firent Scipion devant Numance, Métellus en Numidie, Marius en présence des Cimbres, Sylla dans la guerre contre Mithridate, Paul Émile contre Persée. Dans les guerres civiles, la discipline s'altéra profondément : les généraux rivaux, voulant s'attacher leurs troupes, leur accordèrent toutes leurs demandes, fermèrent les yeux sur toutes leurs fautes, satis-

(1) POLYBE, livre VI, fragment 5.

(2) Voyez GUISCHARDT, *Mémoires militaires*, tome II, p. 335.

(3) POLYBE, livre X, fragment 2.

firent par le pillage à tous leurs besoins. Depuis cette époque, la discipline se releva sous quelques mains fermes, comme celles de César, mais ce ne fut que par moments; et, sous l'empire, malgré les efforts des Corbulon et des Niger, elle ne fit que décliner jusqu'à la chute définitive de la puissance romaine.

§ 16. RÉCOMPENSES.

Les hommes se conduisent autant par l'espoir des récompenses que par la crainte des châtiments. Les Romains l'avaient compris : leurs peines étaient sévères, leurs récompenses magnifiques et nombreuses.

Pour les généraux, il y avait les colonnes commémoratives, les couronnes d'or, le droit de consacrer les dépouilles opimes, les temples votifs, les statues et les bustes, un surnom glorieux, le titre d'*imperator*, l'ovation, le triomphe; l'ovation différait du triomphe en ce que celui qui triomphait ainsi marchait à pied simplement couronné de myrte.

Pour les officiers et les soldats : — l'exemption du service militaire, qui fut accordée rarement; — l'exemption des travaux du camp ou corvées (1); — l'augmentation de ration ou de paie; — les gratifications une fois données de vivres ou d'argent; — l'éloge public, avec don d'un vexille, d'une arme, d'un harnais, d'un bracelet, d'un collier ou d'une coupe; — l'avancement en grade; — la couronne obsidionale pour faire lever le siége d'un camp ou d'une ville; — la couronne civique pour retirer un *citoyen* (2) des mains de l'en-

---

(1) TITE-LIVE, XXV, 7. Cette exemption s'obtenait quelquefois pour de l'argent. (TACITE, *Annales*, I, 17.)

(2) Sauver un auxiliaire, même un roi, n'était pas récompensé. La couronne civique était primitivement en chêne.

nemi, le libéré couronnant son libérateur qu'il considérait dès lors avec le même respect que son père ; — la couronne vallaire pour forcer le premier un retranchement ; — la couronne navale pour sauter le premier, les armes à la main, dans le vaisseau ennemi.

Les légionnaires, ainsi récompensés, pouvaient paraître dans les fêtes et jeux avec un habit distinctif qu'eux seuls possédaient le droit de porter (1).

§ 17. ARMÉES.

Dans les cas ordinaires, les Romains ne levaient que 4 légions ; mais, par suite de guerres nombreuses et importantes, ils en levèrent jusqu'à 23 sous la république et 33 sous les empereurs ; dans les guerres civiles, ces nombres furent dépassés : César eut 39 légions et Octave 45 (2).

On attachait à chaque légion une légion de troupes alliées. L'effectif de cette dernière était le même en infanterie que celui de la légion romaine, et le double en cavalerie. On divisait entre les consuls les forces levées, c'est-à-dire qu'on donnait à chacun d'eux deux légions romaines et deux légions alliées. En prenant pour exemple la légion de 4,200 fantassins et 300 cavaliers, une armée consulaire se composait donc de 8,400 fantassins romains et 600 cavaliers romains, de 8,400 fantassins alliés et 1,200 cavaliers alliés : ce qui donne un effectif total de 16,800 fantassins et 1,800 cavaliers. A la tête d'une pareille armée, chaque consul entre-

(1) POLYBE, livre VI, fragment 5.

(2) GUISCHARDT, *Histoire des légions de César*, dans le tome III de ses *Mémoires critiques et historiques*, p. 105 et 114.

prenait une expédition séparée (1), et les deux armées consulaires se réunissaient rarement.

Les alliés seuls fournissaient la garde du consul, dite *les
extraordinaires*; cette garde se composait du tiers de leur
cavalerie et du cinquième de leur infanterie (2), soit 400 cavaliers et 1,680 fantassins. Le reste des troupes alliées était
partagé en deux parties, placées dans l'ordre de bataille,
l'une à l'aile droite et l'autre à l'aile gauche, le centre de la
ligne étant formé par les deux légions romaines. De leur
place habituelle aux ailes les troupes alliées prirent le nom
d'*alaires*.

A la bataille de Cannes, l'armée romaine était de 80,000 fantassins et 6,000 cavaliers (3); à la bataille de Zama, d'environ 50,000 hommes; à la bataille de Cynocéphales, de
25 à 26,000 hommes; à Pharsale, César, avec 22,000 fantassins et 1,000 cavaliers, mit en déroute les 45,000 fantassins et les 7,000 cavaliers de Pompée (4).

Ce n'était donc pas le grand nombre qui faisait la force
des armées romaines; elles devaient leur puissante énergie
à la continuité des exercices et à l'inflexibilité de la discipline. « Comme ces armées n'étaient pas nombreuses, a dit
Montesquieu (5), il était aisé de pourvoir à leur subsistance;
le chef pouvait mieux les connaître, et voyait plus aisément

(1) POLYBE, livre III, chap. 23. Dans cet endroit, Polybe dit que la légion
alliée contenait trois fois plus de cavalerie que la légion romaine, tandis
qu'au livre VI, fragment 5, il dit seulement deux fois plus, version que nous
avons adoptée dans le texte. La première version provient peut-être d'une
faute d'impression.

(2) POLYBE, livre VI, fragment 5.

(3) POLYBE, livre III, chap. 24.

(4) Les 1,000 cavaliers de César battirent les 7,000 cavaliers de Pompée.
Voyez à cet égard le § 3 de ce chapitre.

(5) *Grandeur et décadence*, chap. 2.

les fautes et les violations de la discipline. » Ces réflexions sont justes; mais voici la principale raison du bon approvisionnement des armées de Rome. « Les généraux romains portaient une grande attention à leurs magasins : on voit dans les *Commentaires* de César, dans plusieurs de ses campagnes, combien ce soin important l'occupe; ils avaient seulement trouvé l'art de n'en pas être esclaves, et de ne pas dépendre de leur munitionnaire ; cet art a été celui de tous les grands capitaines (1). »

§ 18. STRATÉGIE.

Plus facilement approvisionnés que nous, les anciens portaient en quelque sorte leur base d'opérations avec eux et la retrouvaient au besoin dans leur courage ; de même pour leurs lignes de communication, qu'une victoire leur rendait s'ils les perdaient momentanément. Ces remarques s'appliquent aux Grecs comme aux Romains; voici ce qui concerne plus particulièrement ces derniers.

Les Romains entreprenaient des guerres régulières précédées de reconnaissances minutieuses sur l'ennemi, son pays, sa constitution militaire ; ils se renseignaient aussi sur les peuples voisins, cherchant à les attirer dans leur alliance; chez eux la politique et la stratégie se donnaient la main.

En outre, Rome avait soin de ne jamais entreprendre deux grandes guerres à la fois.

La première opération stratégique exécutée par les Romains fut, lors de la première guerre punique, l'expédition de Régulus en Afrique, qui se termina si malheureusement

(1) *Mémoires de Napoléon*, tome VI de la *Biblioth. hist. et milit.*, p. 387.

pour eux : la seconde leur réussit mieux ; ce fut, pendant la défensive à laquelle les forçait le séjour d'Annibal en Italie, *l'offensive accidentelle* de Scipion l'Africain en Espagne, puis sa diversion en Afrique, qui motiva le rappel du général carthaginois (1).

Entre ces deux opérations eut lieu la fameuse marche du consul Néron qui, campé vis-à-vis d'Annibal, fit secrètement, en six jours, 90 lieues pour rejoindre son collègue, combattit et vainquit le septième jour Asdrubal, et revint le treizième jour, de retour dans son camp sans que l'ennemi se fût aperçu de son absence, jeter la tête du vaincu aux avant-postes de son frère. « Ce beau mouvement stratégique, qui donna le coup de mort à la puissance d'Annibal en Italie, peut aller, dit Jomini (2), de pair avec les plus beaux exploits des guerres modernes. »

En général, « les Romains faisaient une *guerre d'invasion,* qu'ils ne pouvaient soutenir qu'à force de victoires, plutôt qu'une guerre méthodique (3). » La rapidité des marches, d'où résultait la surprise des apparitions, se retrouve dans les opérations stratégiques de la plupart de leurs généraux ; c'est par ce moyen que Scipion prit Carthage la Neuve (4), que Marius vainquit Jugurtha (5), que César fit toutes ses victorieuses campagnes. Cette rapidité romaine tant vantée était le résultat d'une activité continuelle et du talent d'agir à propos ; aussi tout dans les guerres des Romains porte-t-il le caractère instantané, les marches, les

<hr>

(1) ROCQUANCOURT, *Cours d'art et d'histoire militaires,* tome Ier, p. 494.

(2) JOMINI, *Précis de l'art de la guerre,* 1838, tome Ier, p. 289.

(3) ROGNIAT, *Considérations sur l'art de la guerre,* p. 43.

(4) POLYBE, livre x, fragment 2.

(5) MICHELET, *Histoire romaine,* République, tome II, p. 152.

passages de rivière, les travaux de siéges et de retranchements, les constructions de flottes improvisées. Du reste, les
Romains savaient agir lentement lorsque les circonstances
l'exigeaient : le dictateur Fabius réduisit Annibal à l'inaction en évitant les terrains propres à la cavalerie; Marius,
en présence des Teutons, différa le combat jusqu'à ce que
ses troupes fussent familiarisées à la vue de ces barbares;
César, à la fin de sa campagne en Espagne contre les lieutenants de Pompée, refusa à ses soldats leur demande de combattre, et, en effet, quelques jours après, l'ennemi pressé
par la famine se rendit sans coup férir.

César, ce génie complet, porta à son plus haut point de
perfectionnement l'élément stratégique chez les anciens; il
peut être considéré comme le type modèle du général romain, et l'étude approfondie de ses campagnes est pleine
d'instruction. « Ses principes, a dit Napoléon (1), ont été
les mêmes que ceux d'Alexandre et d'Annibal : tenir ses
forces réunies, n'être vulnérable sur aucun point, se porter
avec rapidité sur les points importants, s'en rapporter aux
moyens moraux, à la réputation de ses armés (2), à la crainte
qu'il inspirait, et aussi aux moyens politiques, pour maintenir dans la fidélité ses alliés, et dans l'obéissance les peuples conquis. » César puisa souvent des ressources dans l'art
pratique des siéges et les appliqua avec bonheur à la guerre
en rase campagne; il recueillait en outre avec soin tous les
renseignements possibles afin de bien connaître la topographie des pays où il agissait; il se trouva rarement embarrassé, parce que le chemin du combat resta constamment sa

(1) *Mémoires de Napoléon*, septième note sur l'ouvrage intitulé : *Considérations sur l'art de la guerre*, p. 378.

(2) Surtout dans sa campagne d'Afrique, où il ne débarqua qu'avec
3,000 hommes.

ligne d'opérations la plus brève. « Il se conservait toujours l'initiative; il devait surtout la victoire à la surprise et à l'inattendu de son apparition. Les circonstances ne pouvaient le réduire que pour peu de temps à la défensive; c'était presque alors qu'il était le plus redoutable, lorsque son adversaire se croyait près de triompher. Aucun des défauts de cet adversaire n'échappait à son regard d'aigle, et il savait en profiter avec la rapidité de l'éclair. De chaque désastre il faisait jaillir la victoire (1). »

§ 19. TACTIQUE (2).

Le besoin d'indépendance qui animait les Grecs rendit leur formation et leur tactique essentiellement propres à la défensive; le principal caractère de la phalange fut la solidité. Les Romains ayant au contraire constamment en vue leur agrandissement, leur formation et leur tactique restèrent essentiellement propres à l'offensive, à la conquête : la mobilité devint le principe fondamental de la légion.

Nous avons déjà indiqué le mécanisme de la légion. Rangée sur plusieurs lignes à intervalles, elle pouvait modifier son ordonnance par des manœuvres très-aisées et presque imperceptibles à l'ennemi. Ainsi elle passait de la ligne à intervalles en échiquier à la ligne à intervalles continus, en plaçant les manipules des princes et des triaires derrière les manipules correspondant des hastaires, manœuvre employée

<hr>

(1) CIRIACY, *Histoire de l'art militaire chez les anciens*, p. 364 de ma traduction (1854). Consultez aussi, sur la méthode de guerre de Jules César, mes *Portraits militaires*, tome II, 1855, p. 21 et 23. Je suppose que le lecteur a souvenance d'un chapitre des *Essais* de MONTAIGNE (livre II, chap. 34) qui traite des moyens de faire la guerre de César.

(2) Il ne reste aucun écrit des tacticiens latins.

surtout contre les éléphants et dont Scipion se servit à Zama ;
ainsi elle passait par l'enchâssement des manipules des princes dans ceux des hastaires à la ligne pleine, tout en conser-
vant une *réserve* dans la ligne des triaires. Elle allongeait
ou resserrait son front en augmentant ou en diminuant soit
les intervalles des manipules, soit les intervalles des files de
chaque manipule ; quelquefois aussi l'allongement du front
s'obtenait aux dépens de la profondeur, et son rétrécissement
en rejetant des manipules en arrière, c'est-à-dire en formant
une colonne. Les déploiements de colonnes se faisaient en
tiroir.

Les formations spéciales que la légion prenait dans les cas
extraordinaires étaient :

La *tortue*, semblable au synapisme des Grecs, employée
pour l'attaque des villes ou des retranchements, et pour la
défense même en rase campagne.

Le *rond*, formation pour résister à une attaque englobante
d'infanterie ou de cavalerie, soit qu'on ne fît front que sur
deux côtés, soit qu'on fît front de tous côtés. Les troupes
étaient alors dites : *in orbem pugnare*. « Une telle masse
d'infanterie, armée aussi avantageusement qu'elle l'était et
rangée sur une grande profondeur, présentant encore dans
toute sa circonférence une ligne hérissée de pilums, ne se
laissait pas facilement renverser, surtout dans ce temps où
une si grande profondeur ne donnait pas encore prise au
ravage du canon, et où le bouclier garantissait suffisamment le soldat des traits et des autres armes de jet (1). »

L'ordre de marche à deux fronts, ou *agmen quadratum*,
employé par exemple par Crassus pour résister aux Parthes

---

(1) GUISCHARDT, *Mémoires critiques*, tome Ier, p. 82. Voyez aussi le même
auteur, *Mémoires militaires*, édition in-8° de Lyon, 1760, tome Ier, p. 123.

qui l'enveloppaient. Suivant quelques auteurs, l'*agmen quadratum* constituait aussi un carré vide.

Le *coin* ou tête de porc ; c'était la colonne, dont les Romains ne se servirent guère que dans des cas désespérés pour se faire jour.

Les manœuvres de la légion restèrent constamment simples et en petit nombre. Le général qui avait exercé son armée, selon l'usage reçu, y ajoutait ce qu'il croyait convenable pour la circonstance et tirait de nouvelles ressources soit de son expérience, soit de son génie.

« Ce fut sur le modèle de la cavalerie grecque la plus estimée que non-seulement les Romains armèrent la leur, mais qu'ils perfectionnèrent ses manœuvres dans lesquelles ils n'avaient pas été fort habiles jusqu'au temps d'Annibal. P. Scipion, qui le vainquit, s'appliqua beaucoup en Espagne à donner de la souplesse à sa cavalerie et à la former aux meilleures manœuvres (1). »

§ 20. BATAILLES.

Les Romains, on peut dire tous les peuples anciens, s'attachaient peu à choisir l'emplacement de la bataille, point auquel les modernes veillent avec tant de soin, et cela parce qu'ils comptaient avant tout sur l'action de leurs troupes. Après avoir fait demander à trois reprises différentes aux légionnaires s'ils étaient prêts à combattre (2), on jetait ordinairement le cri du combat (3) et on sonnait la charge.

(1) *Tactique* de MAIZEROY, tome III, p. 86.

(2) GUISCHARDT, *Mémoires critiques*, tome II, p. 165. Primitivement, une fois rangés en bataille, les Romains faisaient leur testament de vive voix. (PLUTARQUE, *Vie de Coriolan.*)

(3) « En enseignant aux jeunes gens à combattre avec hardiesse, Caton

Les vélites commençaient le combat, puis se retiraient par les flancs ou par les intervalles des manipules ; pendant l'action ils tiraient encore sur l'ennemi ou remplissaient les intervalles des manipules afin d'empêcher que l'adversaire ne s'y introduisît, ou bien ils accompagnaient la cavalerie dans ses mouvements (1). Une fois démasqués, les hastaires « s'ébranloient et marchoient vivement en accélérant le pas. Il s'arrêtoient pour lancer le javelot ou le pile. » Ces javelots pénétraient profondément dans le bouclier de l'ennemi et l'abaissaient. Les hastaires se précipitaient alors promptement l'épée à la main sur l'ennemi découvert (2). Dans la mêlée, les courtes épées des Romains gardaient l'avantage sur la longue épée de l'ennemi.

« Lorsque les Romains voulaient rendre la charge plus impétueuse et profiter de l'ardeur du soldat, dès qu'ils étaient à portée de l'ennemi, ils se mettaient en pleine course l'épée à la main, en s'animant par de grands cris ; et, pour que rien ne les ralentît, ils se défaisaient de leurs piles (3). »

Quand on dominait l'ennemi, le tir des traits était avantageux ; aussi, pour combattre les Teutons, Marius se plaça-t-il sur un terrain élevé.

Si les hastaires pliaient, les princes avançaient soit pour combattre avec eux, soit pour les remplacer ; si les princes reculaient aussi, alors les triaires donnaient, et il était rare que l'ennemi résistât à ce troisième choc.

leur répétait souvent que la parole et la voix avaient plus de pouvoir que la main et l'épée pour mettre en fuite les ennemis. » (PLUTARQUE, *Apophthegmes de Caton l'Ancien.*)

(1) TITE-LIVE, XXVI, 4.

(2) C'est la manière de combattre des Francs (Voyez le § 4 de notre chap. V) ; mais le *hang* de ces derniers valait mieux que le javelot ou pile pour s'accrocher dans le bouclier et l'abaisser.

(3) *Tactique* de MAIZEROY, tome III, p. 36.

La cavalerie, placée ordinairement aux ailes, et quelquefois en embuscade ou en réserve, chargeait au moment le plus favorable ; elle lançait d'abord ses javelots, puis attaquait avec l'épée. Quelquefois, pour aider l'infanterie, elle mettait pied à terre.

Après la victoire, la cavalerie et les vélites poursuivaient l'armée ennemie.

« Les Romains gagnaient ordinairement leurs batailles en abordant l'ennemi de front par la supériorité de leurs armes, de leur bravoure et de leur discipline (1), » c'est-à-dire que leur ordre de bataille était ordinairement l'ordre parallèle ; il en fut au moins ainsi jusqu'aux guerres puniques. On vit alors paraître quelques manœuvres plus savantes (2) ; à la bataille d'Élinge (206 avant J.-C.), Scipion attaqua en double oblique, c'est-à-dire avec les deux ailes en refusant le centre.

César combattit presque toujours en ordre plein et parallèle.

Chez les anciens, a dit Napoléon, les combats étaient plus rares et moins sanglants que chez les modernes. Comme leurs armes de jet faisaient peu de mal (3), il était naturel que le vaincu perdît beaucoup de monde et le vainqueur très-peu (4). C'est ce que nous ont prouvé les batailles des Grecs, et ce que vont encore nous montrer les batailles des Romains consignées dans le tableau suivant.

(1) ROGNIAT, *Considérations sur l'art de la guerre*, p. 34.

(2) Les généraux romains devinrent plus habiles lorsque les livres grecs eurent pénétré en Italie.

(3) GUISCHARDT n'est pas de cet avis : il trouve les armes de jet des anciens « tout aussi dangereuses que le sont nos coups de fusil. » (*Mémoires militaires*, tome II, p. 289.)

(4) *Précis des guerres de César*, par NAPOLÉON, écrit par M. Marchand, à l'île Sainte-Hélène, sous la dictée de l'Empereur, 1 volume in-8°, Paris, chez Gosselin, p. 152 et 205.

DÉSIGNATION.	DATE av. J.-C.	ORDRES DE BATAILLE.	EFFECTIFS.	PERTES.
Tunis.........	255.	Carthaginois. — Ordre parallèle... Romains. — Idem.......	12,000 fantass., 4,000 caval., 100 éléphants. 15,000 fantassins, 300 cavaliers	Vainqueurs. — 800 morts. Vaincus. — Env. 12,800 morts et 500 prison.
Trébie.........	217.	Carthaginois. — Ordre parallèle avec embuscade. Romains. — Ordre parallèle........	28,000 hommes...................... 36,000 hommes......................	Vainqueurs. Vaincus, ... } Perte égale, env. 26,000 m.
Cannes.........	216.	Carthaginois. — Ordre double obliq. Romains. — Ordre parallèle	40,000 fantassins, 10,000 chevaux........... 80,000 fantassins, 7,200 chevaux..........	Vainqueurs. — Environ 5,500 morts. Vaincus. — Env. 70,000 m. et 10,000 pris.
Cynocéphales..	197.	Romains. — Ordre parallèle....... Macédoniens. — Idem..........	2 légions, 2,000 caval. et 10,000 fant. grecs. 21,000 fantassins, 2,000 cavaliers..........	Vainqueurs. — 700 morts. Vaincus. — 8,000 morts, 5,000 prisonniers.
Magnésie.......	190.	Romains. — Ordre parallèle ...... Syriens. — Idem..........	30,000 hommes...................... 70,000 fantassins, 12,000 chevaux..........	Vainqueurs.— Env. 350 m., beauc. de bless. Vaincus. — Env. 50,000 m., 1,400 prisonn.
Pharsale.......	48.	César. — Ordre parallèle......... Pompée. — Idem.............	22,000 fantassins, 1,000 cavaliers.......... 45,000 fantassins, 7,000 cavaliers...........	Vainqueur. — 200 morts. Vaincu. — 15,000 morts.

§ 21. CASTRAMÉTATION [1].

Il est dans la nature de croire que se retrancher est donner signe de faiblesse; les Romains ne pensaient pas ainsi: chez eux, l'usage de camper était un point de discipline invariable; ils se retranchaient même pour une nuit. Grâce à une aussi prudente habitude, leurs opérations étaient rarement dérangées par ces événements subits qui bouleversent une armée surprise. Cette continuité d'opérations fut la cause principale de leur supériorité, ce qui fait dire à un moderne [2] : « On peut douter si les Romains durent plus à leur discipline et à leur courage qu'à la sage précaution qu'ils avaient de se retrancher [3]. »

Le camp était presque carré [4] pour une armée consulaire; pour deux armées consulaires on réunissait les camps par le front, ce qui donnait une enceinte rectangulaire oblongue. On choisissait, comme emplacement du camp, un lieu plus favorablement situé pour la facilité de l'approvisionnement et le succès des opérations projetées que par la force naturelle de son assiette; car, eu égard aux machines de guerre des anciens, un camp, même au milieu d'une plaine, pouvait, avec son simple parapet et son fossé,

[1] Nous croyons utile de rappeler que les campements des anciens étaient indépendants de l'*ordre de bataille*. Le lecteur curieux peut lire, sur l'assiette des camps anciens, l'*Art de la guerre* de MACHIAVEL, VI, 1.

[2] ROCQUANCOURT, *Cours d'art et d'histoire militaires*, 1831, tome Ier, p. 140.

[3] La petite portée des machines de jet de l'antiquité rendait alors possible « de camper à la barbe de l'ennemi, et si près de lui qu'on pouvait voir et entendre tout ce qui se passait chez lui. » (MAUVILLON, *Influence de la poudre à canon*, p. 342, 352.)

[4] C'était la forme sacrée du *templum*.

soutenir un long siége. Pourtant, lorsque la position choisie
était trop dominée, on occupait par de petits forts quelques-
unes des hauteurs voisines ; la faible portée des machines
limitait beaucoup le nombre de ces forts. S'il y avait intérêt à se poster près de l'ennemi, on campait à 400 pas
(2,000 pieds romains ou 590ᵐ) de son camp, proximité
analogue à la plus grande portée possible des machines dont
on garnissait le parapet (1). On modifiait la forme ordinaire
de manière à plier l'enceinte au terrain ; mais on s'attachait à conserver la même surface, afin de ne rien changer à
la disposition intérieure. L'invariabilité de cette disposition
répondait à l'invariabilité de la composition numérique d'une
armée consulaire; et cette concordance était précieuse,
car, grâce à elle, « chaque troupe, en arrivant, sachant
la place qu'elle devoit occuper, s'y rendoit sans qu'il y eût
la moindre confusion (2). »

Le pourtour du camp était de 7,800 pieds romains
(2,301ᵐ). Aux quatre angles du parapet se trouvaient des
avancés circulaires, et des avancés en demi-lune, dits
clavicules, couvraient les portes. Entre le retranchement
et les tentes il y avait 200 pieds (59ᵐ) de distance, ce qui
mettait les tentes à l'abri des traits pendant la nuit et donnait des emplacements utiles pour le butin, les prisonniers
et les bestiaux. A l'intérieur, le camp était divisé en rues
parallèles aux côtés du carré et se coupant par suite à angle
droit ; les deux principales de ces rues étaient la *prétorienne*
et la *quintane*, aux extrémités desquelles se trouvaient les
quatre portes publiques. La voie quintane était parallèle au

(1) GUISCHARDT, *Mémoires critiques*, tome II, p. 283.

(2) *Tactique de* MAIZEROY, tome III, p. 18. — Maizeroy parle d'après
POLYBE, livre VI, fragment 5.

front ; la voie prétorienne, située sur l'axe même du camp, coupait la voie quintane et tombait sur le front à angle droit. Les deux portes situées aux extrémités de la voie prétorienne

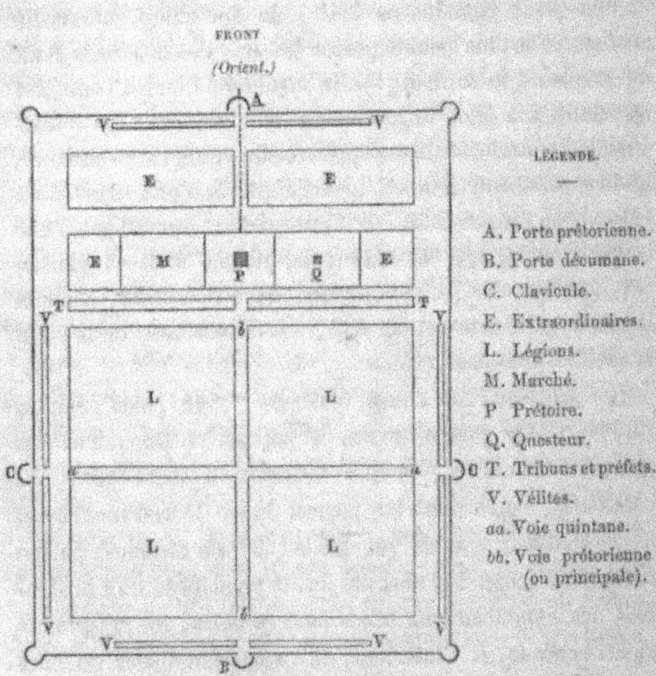

étaient, du côté du prétoire la *porte prétorienne*, et de l'autre la *porte décumane*, par où sortaient les criminels pour être exécutés. Cette distribution donnait au camp romain l'apparence d'une ville, d'autant plus qu'il renfermait aussi deux places, celle du marché et celle du questeur. Les vélites campaient le long du retranchement, sur les quatre côtés, occupant ainsi la plus grande partie du pourtour du camp. Le prétoire (1), ou logement du général, auquel on donnait 200 pieds (59^m) carrés et dont le centre, une fois choisi, désignait l'emplacement du camp, était situé sur l'axe plus près de la porte prétorienne que de la porte décumane. Entre le prétoire et la porte prétorienne campaient les extraordinaires; entre le prétoire et la porte décumane campaient les deux légions romaines et les deux légions des alliés. La cavalerie était adossée aux triaires, et les princes aux hastaires, de telle sorte que l'emplacement de chaque manipule répondait à celui d'une turme; mais une rue parallèle à la voie prétorienne séparait les triaires et les princes. La suppression de cette rue fut la seule modification apportée au campement par la substitution des cohortes aux manipules.

Les tentes étaient de peaux et ne s'appuyaient que sur un piquet placé à leur centre; chacune d'elles occupait 10 pieds (2^m 95) carrés. Dans certains camps d'hiver, les Romains employaient les baraques.

Pour les *camps passagers*, on massait à la hâte, en terre ou en gazons, un petit parapet surmonté d'un rang de palissades. Pour les *camps stables*, on creusait un fossé de 7 pieds romains (2^m 07) de profondeur environ et de 9 à 13 pieds romains (2^m 65 à 3^m 84) de largeur, dont la terre servait à élever un parapet au-dessus duquel on construisait des créneaux en gazons, en terre battue ou en clayonnage, et dont on fermait les issues par des barrières, ou même, « quand on croyait être attaqué, (par) un mur de gazon facile à renverser dès qu'on voulait faire une sortie (2). » Tous

(1) Le prétoire où était l'*auguraculum*, lieu où l'on consultait les augures, regardait toujours l'*orient*, région *favorable*; la porte la plus éloignée du prétoire, la porte décumane, la porte des condamnés, regardait au contraire l'*occident*, région *sinistre*.

(2) *Tactique* de MAIZEROY, tome III, p. 70.

ces travaux, dirigés par les centurions et exécutés à la tâche, avec ordre, se faisaient en très-peu d'heures.

Pour un camp défensif, la profondeur du fossé et la hauteur du parapet variaient chacune de 12 à 15 pieds romains (3^m 54 à 4^m 42); plusieurs rangées d'abattis et de trous de loup précédaient le fossé; le parapet, surmonté de palissades renforcées d'un clayonnage découpé en créneaux, était flanqué de distance en distance de tours en charpente qui le dominaient, et sur lesquelles on plaçait des machines de guerre. César fit construire de ces tours à plusieurs étages, et les joignit par des galeries, de manière à former un double parapet.

On voit que les camps romains étaient de véritables forteresses; aussi, pour les assiéger, employait-on, comme devant les places de guerre, les terrasses, les tortues et les tours. Outre les fonctions de la défense en cas d'attaque, le service ordinaire du camp comprenait :

1° Les corvées de propreté;

2° Les gardes personnelles du général et de son lieutenant, du questeur et des tribuns;

3° Les gardes intérieures *(vigiliæ)* et les gardes extérieures *(excubiæ)*; la faction était de 2 à 3 heures;

4° Le poste de la porte du camp, où César plaçait jusqu'à 2 cohortes (1);

5° Les rondes faites par les chevaliers pour contrôler la vigilance des sentinelles, que la crainte du *fustuarium* (bastonnade) retenait dans le devoir (2);

6° Enfin les *stationes*, postes extérieurs placés aux points importants pour éclairer les démarches de l'ennemi et pour

____

(1) GUISCHARDT, *Mémoires critiques*, tome Ier, p. 287.

(2) POLYBE, livre VI, fragment 5.

rendre libres les communications utiles. Ces postes extérieurs, que les positions éparpillées des modernes obligent de multiplier, étaient en petit nombre chez les Romains, à cause de « leur façon de retrancher les camps et de se concentrer dans un terrain d'une petite étendue (1). »

Pour augmenter le danger personnel et, par suite, la vigilance des sentinelles de nuit, on leur faisait parfois monter leur garde sans pique ou sans bouclier (2).

§ 22. MODIFICATIONS IMPÉRIALES.

« Carthage détruite, a dit un écrivain du siècle dernier, enveloppa sous ses ruines les vertus de ses vainqueurs (3). » Les vertus guerrières ne furent pas exceptées; de cette époque date pour elles une décadence que les guerres civiles rendirent sensible. Au milieu des désordres funestes engendrés par ces guerres, le soldat, plus fier de son titre de légionnaire que de sa qualité de Romain, préféra son général à la patrie, son intérêt à l'intérêt public. Un mot de César à ses troupes révoltées en est la preuve. « *Citoyens*, leur dit-il en les haranguant, et ce titre, l'orgueil de leurs pères (4), » employé au lieu de *camarades*, leur fit croire qu'ils étaient licenciés et les apaisa.

Ce fut avec les vétérans de César qu'Octave vainquit Antoine; ce fut avec les vainqueurs d'Antoine, devenus mutins et exigeants, qu'il lui fallut former les légions qui

(1) GUISCHARDT, *Mémoires critiques*, tome II, p. 179.

(2) PLUTARQUE, *Vie de Paul-Émile*; TITE-LIVE, XLIV, 33.

(3) TURPIN, *Histoire du gouvernement des anciennes républiques*, p. 374.

(4) CARRION-NISAS, *Histoire de l'art militaire*, tome Ier, p. 272.

devaient défendre l'empire dont il était le fondateur. Examinons comment s'y prit ce grand politique.

Il rendit les légions permanentes et laissa définitivement tomber en désuétude l'obligation d'avoir servi militairement un certain nombre d'années pour être apte aux emplois civils; dès lors la guerre devint un métier. Le prince y trouva l'avantage d'avoir toujours des forces sous la main, mais ces forces n'eurent plus l'énergie morale des légions, uniquement composées de citoyens; l'appât seul des récompenses et surtout des gratifications les guidait à l'ennemi.

Il distribua ses troupes, dont l'effectif total, y compris les auxiliaires, montait à plus de 400,000 hommes, sur les frontières et dans les provinces les moins fidèles. Il leur conserva la paie journalière de 10 as (0 franc 49) fixée par César, et en exigea un serment annuel de fidélité à sa personne (1). Il fit plusieurs règlements pour maintenir la discipline (2), limiter le nombre et l'étendue des congés, et assurer aux vétérans une somme d'argent à leur sortie du service.

Auguste rendit aussi permanentes les cohortes prétoriennes; sous la république ces cohortes étaient au compte du général qui voulait avoir une garde (3). Il donna aux prétoriens une paie de 2 deniers (4) [1 franc 58] par jour, les forma de 9 ou 10 cohortes de 1,000 hommes (dont 3 seulement résidaient à Rome), n'exigea d'eux que 16 ans de service au

----

(1) Ce serment se renouvelait tous les ans au 1er janvier.

(2) En haranguant les troupes, Auguste ne se servit jamais de l'appellatif *camarades*; il disait simplement *soldats*, comme du temps de la république. Il refusa aux soldats la permission d'exercer les arts mécaniques, même pour son usage personnel. (Lisez *Digest.*, *leg.* XII, 1.)

(3) Quelques généraux seulement entretinrent des troupes prétoriennes: César n'en n'avait pas. Voyez GUISCHARDT, *Mémoires critiques*, tome II, p. 187, et *Encyclopédie méthodique*, Art militaire, tome III, p. 151.

(4) Sous Auguste le denier ne vaut plus que 79 centimes : auparavant il valait 82 centimes. Il descendit, sous les empereurs, jusqu'à 70 centimes.

lieu de 20, nomma pour les commander 2 chevaliers qui portèrent le titre de préfets du prétoire, et leur confia la garde de sa personne.

Ces diverses dispositions répondaient admirablement à la prudente usurpation du fondateur de l'empire ; elles créaient une force armée permanente et une garde dévouée, mais elles alarmaient peu le public : l'armée était aux frontières et un tiers seulement de la garde résidait à Rome !

Les successeurs d'Auguste s'écartèrent de ces sages principes, qui, tout en dissimulant les forces réelles du nouveau pouvoir, servaient aussi à contenir l'impérieuse licence des gens de guerre.

Tibère appela auprès de lui le corps entier des prétoriens : « Démarche fatale, s'écrie Gibbon, démarche fatale qui décidait du sort de l'univers, et faisait disparaître jusqu'à l'ombre de la liberté ; » démarche impolitique ! « Des serviteurs si redoutables, toujours nécessaires au despotisme, lui deviennent souvent funestes (1). »

Claude, proclamé par eux, leur fit distribuer 15,000 sesterces (2) [2,962 fr. 50 c.] par tête ; et, dès lors, « ils exigèrent ces présents comme un droit légitime à l'avénement de chaque nouvel empereur. »

Vers la fin de la république, outre les officiers, chaque légion était placée sous les ordres d'un lieutenant du général nommé *légat*. Ce titre subsista pendant la domination d'Auguste et de Tibère. « Sous les empereurs suivants, ces officiers furent appelés *préfets*. Il y avait aussi un préfet du camp qui en avait la direction avec la police, et un intendant

---

(1) GIBBON, *Décadence,* tome Ier, p. 63, édition du *Panthéon littéraire.*

(2) 4 sesterces faisaient 1 denier.

des machines (1). L'officier supérieur qui fut placé à la tête de chaque cohorte prit aussi le nom de préfet de cohorte.

Agrippa, après la soumission des Cimmériens (19 ans depuis J.-C.), ayant refusé le triomphe, « cet exemple d'adroite modestie passa en loi : les généraux ne reçurent plus que les ornements triomphants et la gloire militaire devint exclusivement le mérite impérial [*imperatoria virtus*] (2). »

Les élections de Néron, Galba, Othon confirmèrent la puissance politique des prétoriens ; mais leur mollesse se manifesta lorsqu'ils combattirent pour Othon contre Vitellius.

Domitien, pour s'attacher les troupes, augmenta la paie d'un quart (3).

Adrien mêla dans les cohortes la cavalerie avec l'infanterie, modifia la disposition des camps et essaya d'en bannir le luxe. Avant lui, les prétoriens occupaient dans le campement la place des extraordinaires, mais les formes du camp consulaire étaient conservées. Adrien les changea : il allongea les côtés et divisa, dans le sens du front, le camp en trois parties, la *prétenture*, le prétoire et la *retenture*, ce qui donna *deux rues principales* parallèles au front, au lieu d'une, et *six portes* au lieu de quatre. La répartition intérieure des troupes fut aussi modifiée : par mesure de prudence, les légions campèrent tout autour du parapet, de manière à englober les troupes prétoriennes, étrangères et irrégulières placées au centre (4).

(1) *Tactique* de Maizeroy, tome Ier, p. 401.

(2) Ed. Dumont, *Précis de l'histoire des empereurs romains*, 5e édition, p. 13.

(3) A 10 as par jour, l'année étant de 360 jours, la solde montait par an à 3,600 as ou 225 deniers, le denier valant 16 as : Domitien la porta à 300 deniers par an.

(4) Consultez, sur les camps romains au temps des empereurs, la *Bibliothèque historique et militaire*, tome II, p. 54, 62, 309 et 310.

Septime Sévère cassa les prétoriens qui avaient assassiné Pertinax et vendu l'empire à Didius Julianus; mais il en créa de nouveaux dont le nombre fut porté à 50,000, les combla de largesses et toléra leurs désordres.

Son fils Caracalla, dans sa manie d'imiter en tout Alexandre le Grand, voulut avoir une phalange macédonienne : « Il forma un corps de 16,000 hommes, tous nés dans la Macédoine, disciplinés et armés à la façon des anciens Macédoniens, et commandés par des officiers qui portoient les noms de ceux qui avoient servi sous Alexandre. Il menoit partout avec lui grand nombre d'éléphants, pour représenter les conquérants des Indes, Alexandre et Bacchus (1). » Alexandre Sévère, qui essaya, par ses exhortations et son exemple, de ranimer l'ardeur guerrière et de rétablir la discipline, créa aussi deux corps de vétérans : les chrysaspides et les argyraspides, et une phalange de six légions (2). Tous ces essais rétrogrades furent promptement abandonnés.

Déjà la coutume s'était introduite « de s'exempter du service en substituant un autre à sa place (3); » et cette coutume, en amenant des *vendus* sous les drapeaux, contribua puissamment au relâchement de la discipline.

Un nouvel abus s'introduisit vers le temps de Gordien le jeune : on enrôla des enfants qui, sans faire aucun service, reçurent la ration militaire (4).

Aurélien, par de cruels châtiments, ramena les légions à une vie frugale et à une obéissance sans bornes, et il dut à

---

(1) CREVIER, *Histoire des empereurs romains*, in-12, tome IX, p. 321. — Voyez *Histoire militaire des éléphants*, p. 376.

(2) C'est-à-dire un corps formé de six légions rangées en phalange.

(3) LEBEAU, 11e mémoire sur la légion, dans le tome XXXVe des *Mémoires de l'Académie des inscriptions*, p. 221.

(4) *Encyclopédie méthodique*, Art militaire, tome III, p. 173.

ces sages réformes les succès de son règne; mais on ne domptait plus les Goths, les Hérules, les Scythes que pour les incorporer dans les légions (1). Le maintien de la discipline devenait de jour en jour plus difficile; et d'ailleurs, il était peut-être, à cette époque, d'une bonne politique de ne pas se montrer trop sévère. Je m'explique. Les premiers empereurs semblaient ignorer « que la raison d'État veut qu'on *promène* les troupes (2); » ils laissaient à perpétuité les légions dans les mêmes cantonnements (3), et l'histoire cite le luxe des cantonnements de Rome et les délices de ceux d'Antioche (4). Les armées étaient devenues une puissance; elles faisaient et défaisaient les empereurs (5); les gratifications nombreuses qui accompagnaient chaque élection, jointes au pillage des peuples, étaient une source inépuisable de richesses. De ces deux faits ressortent les deux principaux motifs qui, en ces temps de décadence, attiraient encore sous les drapeaux: l'assurance de vivre sédentaire et l'espoir de s'enrichir; l'ambition ne venait qu'en troisième ligne. Pour ne pas trop dépeupler les légions et retarder, autant que possible, la nécessité de recourir à la valeur des *barbares* que quelques empereurs avaient déjà eu l'imprudence de prendre à leur solde, il fallait donc soigneusement éviter : 1° la transplantation des légions; 2° le rétablissement

(1) Maizeroy, Préface de sa traduction des *Institutions de l'empereur Léon*, 1770, p. 16.

(2) Dubos, *Histoire critique de l'établissement de la monarchie française dans les Gaules*, édition de 1742, tome Ier, p. 75.

(3) L'inconvénient de cette mesure se fit sentir dès le commencement de l'empire. — Voyez A. Thierry, *Histoire des Gaulois*, 3e édition, 1845, tome III, p. 329 et 368.

(4) On alla jusqu'à distribuer des rations de parfums.

(5) D'Auguste à Théodose, la moitié des empereurs parvinrent à l'empire par l'élection militaire.

de l'*ancienne* discipline; 3° tout changement au mode d'a-vancement.

Dioclétien, et après lui Constantin, ne comprirent pas ces nécessités politiques de leur époque, et commencèrent par opérer, au profit du *palais*, puissance jusqu'alors inconnue aux Romains, une révolution militaire funeste. « Tout fut perdu sous le rapport militaire, s'écrie Carrion-Nisas (1), quand on aima mieux être domestique du prince que primipile ou tribun de cohorte; et tout fut bien plus perdu encore quand le moindre habitué du palais devint, à son gré et d'emblée, primipile ou tribun de cohorte, sans avoir jamais porté ni l'épée ni le bouclier !... Lorsque Dioclétien et Constantin, établissant et consolidant la puissance du palais, forcèrent en même temps les légions à l'obéissance, les armées n'étant plus en état de déposer les empereurs, de piller les peuples et de se faire donner des gratifications, le sort du soldat ne fut plus envié (comme il l'était sous l'empire avant cette époque), personne ne voulut plus porter les armes; ainsi l'empire, dont les richesses s'épuisaient, manqua également de bras pour le défendre. »

Dioclétien diminua le nombre des prétoriens et leur substitua deux légions d'Illyrie, fortes chacune de 6,000 hommes, et célèbres par leur adresse à lancer les dards chargés de plomb, adresse qui leur avait fait donner le nom de *martiobarbules*. Ces légions, sous le nom de *joviens* et d'*herculiens* (2), firent le service de gardes impériales.

Justement alarmé de la puissance sans bornes déléguée par l'imprudence de ses prédécesseurs aux hauts fonction-

(1) *Histoire de l'art militaire*, tome 1ᵉʳ, p. 300 et 301.

(2) *Jovius* était le surnom pris par Dioclétien, et *Herculius* le surnom pris par son collègue Maximien.

naires de l'empire, Constantin sépara pour toujours le pouvoir civil du pouvoir militaire : le pouvoir civil fut exercé par quatre préfets, le pouvoir militaire par deux généralissimes portant le titre de maître de la cavalerie et de maître de l'infanterie. « Un tel partage de l'administration assura la tranquillité du monarque, mais il relàcha le nerf de l'État (1). » Ce prince fit plusieurs lois pour empêcher les fils de vétérans de jouir des priviléges de leurs pères sans embrasser le parti des armes; il ne fit pas quitter aux légions les garnisons intérieures où les guerres les avaient placées et laissa ainsi les frontières dégarnies, ce qui eut le double inconvénient d'énerver les légions cantonnées au centre de l'empire, dites *troupes palatines*, et de porter à la désertion les troupes *gardes des frontières* que décourageaient d'humiliantes réflexions; il attaqua la constitution des troupes légionnaires et fit probablement descendre jusqu'à 1,000 à 1,500 hommes l'effectif des légions, réduction qui permit à ses successeurs « de satisfaire leur vanité par le plaisir illusoire de commander à 133 légions (2). »

Constantin cassa et anéantit à jamais les cohortes prétoriennes dont il dispersa les débris, et donna le premier l'exemple d'avoir en permanence un corps d'étrangers sous ses drapeaux, mesure funeste qui ne fut peut-être dans sa première pensée qu'un contre-poids à l'insubordination des troupes romaines, car la plupart des réformes du premier empereur chrétien n'eurent d'autre but que la stabilité de sa dynastie. D'ailleurs, à défaut d'autre remède, cette admission des barbares dans les armées devenait de jour en jour plus nécessaire, car c'était à peine si l'on pouvait recruter

(1) GIBBON, *Décadence*, tome Ier, p. 373.
(2) GIBBON, *Décadence*, tome Ier, p. 374.

des soldats; les jeunes Romains se mutilaient pour gagner une dispense, et, malgré les peines les plus sévères, les fils de vétérans refusaient de servir. L'esprit militaire, dont il faut faire remonter la décadence à la longue paix et au gouvernement uniforme des Antonins, n'existait plus, et toute l'ambition des meilleurs soldats se bornait à obtenir une place dans les *protecteurs*, troupe d'élite de la garde de l'empereur. Les protecteurs étaient sous les ordres des *comtes des domestiques* qui avaient succédé aux préfets du prétoire.

Constantin fit placer une *croix* sur le casque de ses soldats et adopta pour principal étendard le *labarum* dont la hampe, surmontée d'une couronne d'or renfermant les initiales du nom du *Christ*, était croisée par une traverse d'où pendait une pièce d'étoffe ornée de son portrait et de ceux de ses fils. La garde du labarum était confiée à 50 gardes braves et fidèles.

Cette acceptation du symbole de la croix ne fit pas quitter les symboles antérieurs. Depuis Constantin chaque légion eut deux enseignes, l'une surmontée d'un aigle et l'autre d'une haute croix. « Les autres enseignes principales continuèrent d'être les portraits des empereurs; elles contenaient seulement un nouveau médaillon, où était gravé le monogramme de la religion chrétienne (1). » Ces portraits, devenus depuis l'empire, comme l'aigle et le monogramme S. P. Q. R., symboles du peuple romain, variaient suivant les légions, chaque enseigne portant, outre le portrait de l'empereur régnant, le portrait de l'empereur sous lequel le corps avait été institué. Ces portraits firent donner aux porte-enseignes le nom d'*imaginifères*.

(1) BENETON, *Commentaire sur les enseignes*, p. 38, 39.

Je dois mentionner ici l'introduction d'une cavalerie pesante empruntée depuis peu par les Romains aux Orientaux. « Les chevaux de cette cavalerie, aussi bien que les hommes, étaient revêtus d'une armure complète dont les joints s'adaptaient merveilleusement aux mouvements du corps (1). » Dans les plaines de Turin (312 depuis J.-C.), les principales forces que les lieutenants de Maxence opposèrent à Constantin consistaient en cavalerie de cette espèce.

Les Romains, après Constantin, prirent le *dragon* pour enseigne, par imitation des Parthes, Daces et Germains, contre lesquels ils venaient de combattre. « Ce dragon en figure et servant d'enseigne étoit coloré de pourpre et orné de pierreries; il pendoit à une pique dorée, sa gueule étoit ouverte, et, le vent y entrant, cela le faisoit siffler comme s'il eût été un animal réel, et il étoit d'une construction si légère et flexible qu'il flottoit en onde comme aurait fait un véritable serpent (2). »

Par ses talents militaires, sa bravoure personnelle et sa sobriété, Julien, s'il avait régné plus longtemps, eût pu ranimer les dernières étincelles de l'esprit militaire et léguer à ses successeurs des légions qui n'eussent point tremblé devant les Goths (3).

C'est à la fin du règne de Théodose qu'il faut fixer l'abandon définitif de l'armure défensive et des armes pesantes. Les soldats de ces temps de décadence, redoutant la fatigue de porter le casque, la cuirasse, l'épée et le pilum, s'expo-

---

(1) Gibbon, *Décadence*, édition du *Panthéon littéraire*, tome Ier, p. 252.

(2) Beneton, *Commentaire sur les enseignes*, p. 49 et 50.

(3) Théodose fut obligé d'habituer ses légions à l'idée de pouvoir vaincre les Goths, par une suite d'engagements partiels où il se ménageait l'avantage, imitant ainsi l'habileté de Marius en présence des Cimbres, et la temporisation de Fabius devant Annibal.

saient presque nus aux javelots de la cavalerie barbare qui commençait à adopter l'usage de l'armure ; ils négligeaient « leur propre défense et celle de la patrie, et leur indolence pusillanime peut être considérée comme la cause immédiate de la destruction de l'empire (1). »

A toutes les époques, les Romains eurent à la suite des légions des ouvriers propres à la construction des machines de guerre. La présence de ces ouvriers, commandés par un officier spécial, et le soin qu'on avait d'exercer un certain nombre de légionnaires à la manœuvre des machines, expliquent la rapidité avec laquelle, dans toutes leurs guerres (2), les Romains parvenaient à créer et à mettre en œuvre, pour faire un siége, défendre un poste ou passer une rivière, les machines les plus colossales et les mieux entendues (3). Ces machines étaient ordinairement ensuite abandonnées, et l'on vit rarement sous la république un train d'artillerie attaché à chaque légion ; mais, sous l'empire, à mesure que la valeur personnelle et les talents militaires disparurent, on attacha des machines d'une manière permanente aux légions. « Lorsqu'il ne fut plus possible de trouver des hommes, il fallut bien y suppléer par des instruments de différente espèce (4). » Ce fut surtout après la translation du siége de l'empire (324 depuis J.-C.) que devint excessif, dans les armées romaines, l'abus de l'art balistique (5). » Pour moins s'exposer, les légionnaires préféraient combattre de loin ; aussi les armés à la légère, qui se servaient d'armes de jet

(1) GIBBON, *Décadence*, tome Ier, p. 674.

(2) Surtout dans les campagnes de César ; consultez les *Commentaires*.

(3) MAIZEROY, *Art des siéges*, p. 299.

(4) GIBBON, *Décadence*, tome Ier, p. 10, note. Édit. du *Panthéon littéraire*.

(5) CARRION-NISAS, *Histoire de l'art militaire*, tome Ier, p. 309.

et dont le service était moins pénible, plus indépendant et mieux récompensé, se multiplièrent-ils outre mesure (1).

La légion de Végèce se compose de 6,100 fantassins et de 726 cavaliers et se divise en dix cohortes. La cohorte d'élite, chargée de la garde des enseignes et nommée *cohorte milliaire*, est double en nombre des autres ; dans l'ordre de bataille, la cohorte milliaire se divise en deux parties placées aux ailes de la première ligne, qui comprend en outre quatre cohortes ; la seconde ligne est formée des cinq cohortes restantes. Ces cohortes sont disposées en échiquier, comme dans l'ordonnance primitive par manipules. Voici l'énumération des différentes espèces de rangs ou plutôt de lignes dont se composait chaque cohorte : au premier rang, des pesamment armés ; au second, des archers cuirassés ; au troisième et au quatrième, des vélites remplissant le même emploi que les vélites de la république ; au cinquième, un onagre flanqué de frondeurs et d'arbalétriers ; au sixième, des triaires formant réserve. Outre ces onagres, qu'on faisait traîner sur des chariots attelés de bœufs, il y avait cinq *carrobalistes* ou *manubalistes* pour chaque cohorte ordinaire et dix pour la cohorte milliaire, en tout cinquante-cinq par légion. Ces carrobalistes étaient placées sur le front de la première ligne, cinq à chaque flanc et neuf dans chaque intervalle. Telle est l'ordonnance bâtarde à laquelle, au commencement du ve siècle (2), on donnait encore le nom

---

(1) Voyez Végèce, livre ii, chap. 3.

(2) La *Bibliothèque historique et militaire* fait vivre Végèce sous Valentinien II, c'est-à-dire de 375 à 394 ; Gibbon le fait vivre sous Valentinien III, c'est-à-dire de 425 à 455 : en prenant la moyenne, on obtient 410 ou le commencement du ve siècle. — Végèce nous apprend, livre 1er, chap. 8, que de son temps on marquait les recrues ; Rogniat ajoute (*Considérations sur l'art de la guerre*, 1816, note 1, p. 517) : « Sur la peau avec un fer chaud, afin de faire reconnaître les déserteurs. »

de légion, et pourtant il eût été à désirer, dans l'intérêt de l'empire, qu'on pût la conserver intacte.

Mais il n'était plus possible d'arrêter l'empire dans sa chute; et déjà, pour s'opposer à l'invasion du Germain Radagaise (404 depuis J.-C.), Stilicon n'avait pu rassembler une armée de 35,000 hommes qu'en offrant « la liberté et deux pièces d'or à tout esclave qui consentait à s'enrôler (1). » Stilicon comptait d'ailleurs si peu sur la valeur de ce ramassis honteux qu'il n'osa hasarder une bataille, et qu'il préféra affamer les barbares en les bloquant par une forte ligne de circonvallation.

Du reste, si les soldats manquaient, les bons généraux devenaient rares, et, après Stilicon, on ne peut guère citer, parmi les généraux de l'empire d'Occident, qu'Aëtius qui sauva l'empire en battant les Huns dans les plaines de Châlons (451 depuis J.-C.). Trois ans après, le vainqueur d'Attila fut assassiné par l'empereur; ce crime avait sa signification : c'était le peuple romain qui brisait son soutien! L'empire d'Occident ne survécut que 25 ans (jusqu'en 479).

« Au commencement du vi^e siècle, a dit Lebeau (2), on ne reconnaissoit plus la milice romaine : les exercices de la cavalerie n'étoient que des tournois, et ceux de l'infanterie que des parades, dont les raffinemens recherchés pouvoient bien amuser un spectateur oisif, mais n'étoient d'aucun usage dans les batailles. » Mais, dans le courant du même siècle, l'art militaire se releva. Bélisaire, le célèbre général de Justinien, sut, avec de faibles moyens, reconquérir l'Afrique et l'Italie. Son ordonnance consistait en pesamment

(1) Gibbon, *Décadence*, tome Ier, p. 717.

(2) 13e Mémoire sur la légion, tome XXXV des *Mémoires de l'Académie des inscriptions*, p. 276.

armés rangés en phalange sur 8 ou 10 rangs de profondeur ; les armes n'étaient plus uniformes ; l'aigle servait encore d'enseigne (1).

Sous Héraclius, qui brille par ses qualités guerrières entre les indignes princes de Constantinople, l'armée romaine, vaincue par les Sarrasins à Aiznadin, consistait en 70,000 hommes, presque tous à cheval. Tandis que la cavalerie, que l'on exerçait à la manière des différents peuples barbares, commençait à devenir prépondérante, l'infanterie, complétement négligée, tendait à s'anéantir ; les archers étaient regardés comme ce qu'on avait de mieux.

Le secret de la composition de la poudre de guerre et de ses propriétés fusantes (2), communiqué à Constantin Pogonat, en 670, prolongea pendant des siècles, sous le nom de *feu grégeois*, l'existence de Constantinople (3). Outre cette aide inattendue, « l'autorité du monarque de Byzance faisait tout ce que peut faire l'autorité : elle prescrivait des camps et des marches, des exercices et des évolutions ; elle publiait des ordonnances et des écrits sur l'art militaire (4).

(1) LEBEAU, 44ᵉ Mémoire sur la légion, tome XXXV des *Mémoires de l'Académie des inscriptions*, p. 289.

(2) Et non de sa force de projection que les anciens ne connurent pas.

(3) Consultez Ludovic LALANNE, *Recherches sur le feu grégeois*, 2ᵉ édit., 1845, in-4ᵒ, p. 70 et 86 ; — l'ouvrage de MM. REINAUD et FAVÉ, *Du feu grégeois*, etc., in-8ᵒ, 1845, p. 110 et 234 ; — LACABANE, *De la poudre à canon et de son introduction en France*, 1845, p. 2 et 4. Nous reprendrons la question du feu grégeois, en parlant de l'invention de la poudre, au début de la seconde partie de l'*Histoire de l'art de la guerre*.

(4) Parmi ces écrits se trouvent en première ligne les *Institutions militaires* de l'empereur LÉON VI, dit le Philosophe. Deux passages de cet ouvrage prouvent toute l'importance qu'on attachait alors aux archers. L'un (Institution ɪv) veut que les centurions sachent, autant que possible, tirer de l'arc ; l'autre (Institution vɪ) contraint les Romains à l'exercice de l'arc jusqu'à 40 ans. Un passage de l'Institution ɪx tolère pendant la marche le dépôt des armes dans les chariots, à condition que si l'ennemi approche chaque soldat reprendra ses armes pour être prêt à combattre. O Scipion, ce n'est pas avec de pareils soldats que tu eusses vaincu Annibal !

Telles étaient la richesse du prince et l'habileté de ses nombreux ouvriers que les armées avaient en abondance tout ce qu'elles pouvaient désirer en ustensiles et en munitions; mais l'autorité du prince et l'adresse de ses ouvriers ne pouvaient former la machine la plus importante, c'est-à-dire le *soldat* (1), » et c'est faute de soldats que croula l'empire de Constantin !

§ 23. SUPERSTITION.

De toutes les cérémonies religieuses des Romains, celle qui influa le plus sur l'art de la guerre fut assurément la consultation des augures.

A Rome, « ville où l'on tirait présage des moindres choses (2), » on les consultait fréquemment; il en était de même aux armées, pendant les marches et dans les camps. Il fallait bien, en effet, expliquer aux légions l'*opinion* des dieux sur les événements imprévus, sur *les petites misères de la vie*, qui se renouvelaient continuellement dans une aussi grande masse d'hommes; cette opinion, on la cherchait dans les entrailles des victimes.

Certes, il naît de l'étude de l'histoire une conviction profonde, c'est qu'en tout temps rien de grand n'a été fait par un peuple sans l'impulsion puissante d'une *foi* naïve, tantôt religieuse, tantôt politique, tantôt politique et religieuse; chez les Romains c'était une foi de cette dernière espèce, car le pouvoir religieux était concentré dans les mains du pouvoir politique (3); aussi, pour le peuple de Rome, obéir

(1) GIBBON, *Décadence*, tome II, p. 549.

(2) TACITE, *Histoire*, livre II, chap. 94. — PLUTARQUE assure que les Romains n'étaient pas superstitieux. (*Vie de Marcellus.*)

(3) NIEUPOORT, *Coutumes et cérémonies des Romains*, in-12, p. 191.

aux dieux et conquérir le monde était un seul et même but, et ce but fut atteint parce que, pouvoirs et citoyens, tous y concoururent.

En présence d'un spectacle aussi imposant que celui de la conquête du monde, on est peu disposé à rapetisser les conquérants et, pourtant, on ne peut voir sans étonnement le grave Tacite rapporter avec soin des présages sinistres tels que ceux-ci : — Une femme accouche d'un serpent; — l'Océan paraît ensanglanté; — On trouve dans les lieux publics des fœtus à double tête d'homme ou d'animal; — Il naît un veau qui a la tête dans les jambes; — Un bœuf parle; etc., etc. (1). Tite-Live, sous ce rapport, ne le cède en rien à Tacite; il signale maints prodiges néfastes : le soleil luttant contre la lune, des poules se changeant en coqs et réciproquement, des pluies de craie ou de sang (2), etc. On expiait ces prodiges par des sacrifices solennels et des offrandes aux dieux, et c'était le sénat qui décrétait l'expiation. Les augures expliquaient d'ailleurs tous ces présages extraordinaires que la crédulité avait fait voir, et des présages plus réels de malheurs, tels que les inondations, les disettes, la foudre; mais jamais ils ne craignaient d'être taxés de fausseté, parce que mille circonstances pouvaient, entre la prédiction et l'événement, venir modifier l'objet sur lequel on les avait consultés.

« Les troupes, dit Onosander (3), ont toujours plus de valeur et obéissent plus promptement lorsqu'elles croient être

____

(1) TACITE, *Annales*, livre XIV, chap. 12 et 32, livre XV, chap. 47; *Histoire*, livre Iᵉʳ, chap. 86. Nous ne citons que les plus excentriques des nombreux présages énumérés par TACITE dans ces divers chapitres précités de ses *Annales* et de son *Histoire*.

(2) TITE-LIVE, XXII, 1; XXIV, 10.

(3) *Le Général en chef*, chap. 15. Ce chapitre, qui traite des augures, est curieux à consulter.

assurées de l'approbation des dieux. » Aussi toute armée
avait à sa suite des sacrificateurs et des devins. Le général
lui-même devait connaître l'art de consulter les entrailles
des victimes, afin de ne pas être trompé par les augures, et
de pouvoir tromper ses soldats; et si quelque chose peut
consoler de ces futiles inepties, c'est l'usage que les bons
généraux ont toujours su tirer des croyances populaires pour
conduire leurs troupes. J'en cite quatre exemples :

Au siége de Carthage la Neuve, Scipion dit à son armée
que son dessein lui a été inspiré par Neptune, qui lui a promis
son assistance; Neptune ce sont des pêcheurs, l'assistance
promise c'est l'indication secrète d'un étang qui battait une
portion des murs de la ville, étang guéable en plusieurs endroits lorsque la marée se retirait (1).

Sertorius menait avec lui une biche apprivoisée, faisant
croire qu'inspirée des dieux elle lui découvrait un grand
nombre de choses cachées.

Marcellus, pour combattre les Gaulois, « se disposait à
marcher en avant quand son cheval, effrayé des cris sau-
vages que poussaient les barbares, fit un demi-tour et l'emporta en arrière malgré lui; Marcellus eut peur que cet
accident ne causât parmi les Romains quelque trouble , suite
d'une crainte religieuse; il lui serra promptement la bride
à gauche, lui fit achever le tour, et, le remettant en face de
l'ennemi, il s'inclina devant le soleil et l'adora ; il parut
ainsi avoir fait cette évolution non point sans le vouloir, mais
précisément dans ce but ; car c'est la coutume à Rome de
faire un tour sur soi-même avant de se prosterner devant
les dieux (2). »

(1) POLYBE, livre x, fragment 2.
(2) PLUTARQUE, *Vie de Marcellus*, traduction de M. Alexis PIERRON.

Dans un combat contre les Chérusques, Germanicus, apercevant huit aigles qui gagnent la forêt, crie à ses soldats de « marcher, de suivre les oiseaux de la patrie, les divinités particulières des légions (1). »

§ 24. RUSES DE GUERRE, CRUAUTÉS.

Les ruses étaient une partie essentielle de la guerre chez les anciens ; les historiens en rapportent plus aux capitaines romains qu'aux capitaines grecs ; Carrion-Nisas explique ainsi cette différence : « L'ordonnance des armées grecques qui étaient, pour ainsi dire, tout d'une pièce, cet ensemble qui faisait leur force, cette obligation de chercher toujours pour leur campement, pour leur champ de bataille, pour leur marche même, les terrains les plus unis, les plus exempts d'obstacles, ces conditions, ces nécessités neutralisaient d'avance tout ce qui favorise le stratagème, l'agilité, la mobilité, la facilité de se rompre, de faire des détachements, de dérober les marches, de cacher ou de feindre les mouvements, etc., etc. (2). »

Les Romains se laissèrent d'abord facilement tromper par les stratagèmes de leurs adversaires, comme l'indiquent l'affront des *fourches caudines* et les succès d'Annibal ; mais, « lorsqu'ils commencèrent à devenir plus habiles, ils les imitèrent et renchérirent même sur eux, sans pourtant cesser de trouver à dire à ce que les autres avaient pratiqué avant eux (3). »

(1) TACITE, *Annales*, livre II, chap. 17.

(2) *Histoire de l'art militaire*, tome Ier, p. 238.

(3) FOLARD.

Voici quelques-uns de leurs stratagèmes :

« Les Romains assiégés dans le Capitole, et se voyant pressés par la faim, jetèrent du pain par dessus les murailles pour faire croire aux Gaulois qu'ils en avaient de reste (1). »

« Minutius Rufus, prêt à combattre une grande multitude de barbares, prescrivit à son frère, lorsqu'il le verrait attaché au combat, de se montrer tout à coup d'un autre côté avec quelque cavalerie, et de faire sonner toutes ses trompettes; cette manœuvre ayant été exécutée, le son qui retentissait dans les collines, fit croire que c'était un grand secours qui arrivait aux Romains, et les ennemis prirent la fuite (2). »

« Scipion l'Africain, ayant devant lui le camp de Syphax et celui des Carthaginois, mit le feu la nuit à celui de Syphax qui était le plus facile à brûler, et, plaçant une embuscade, défit les Carthaginois qui accouraient pour le secourir, tandis que, d'un autre côté, il faisait main basse sur les Numides qui fuyaient (3). » Les embuscades étaient en effet un stratagème très-usité : au combat d'Aix, où Marius défit les Teutons (102 avant J.-C.), il fit prendre les barbares à dos par une embuscade de 3,000 hommes, cachée dans des creux et ravins couverts de bois (4).

« Sylla, pendant la guerre des alliés, se trouvant enfermé en un lieu désavantageux, fit une suspension d'armes, comme pour traiter de sa reddition, et ayant fait durer longtemps le pourparler, se sauva la nuit avec tout le ba-

(1) Frontin, livre III, chap. 15.

(2) Frontin, livre II, chap. 4.

(3) Frontin, livre II, chap. 5.

(4) Voyez Rocquancourt, *Cours d'art et d'histoire militaires*, tome Iᵉʳ, p. 157.

gage et les machines de guerre, parce que les passages étaient mal gardés; il avait eu la précaution de laisser un trompette avec ordre de sonner les quatre veilles de la nuit, comme s'il eût été dans son camp (1). »

Les Romains étaient perfides et cruels : perfides, lorsque l'intérêt de leur domination l'exigeait, comme le prouve l'histoire de toutes leurs guerres, et surtout leur conduite avec Carthage dans la troisième guerre punique; cruels, souvent par système et sans but, comme il résulte de cet *aveu* de Polybe (2), dans sa relation du siége de Carthage la Neuve : « Quand Scipion crut qu'il était entré assez de soldats dans la ville, il en détacha la plus grande partie contre les habitants, comme les Romains ont coutume de faire lorsqu'ils prennent une ville d'assaut, avec ordre de tuer tous ceux qu'ils rencontreraient, de ne faire quartier à personne, et de ne point penser à piller que le signal n'en fût donné. Je pense qu'ils ne se portent à ces excès que pour inspirer la terreur du nom romain, et que c'est pour cela que souvent, dans les prises de villes, non-seulement ils passent les hommes au fil de l'épée, mais encore coupent en deux les chiens et mettent en pièces les autres animaux; coutume qu'ils observèrent surtout ici, à cause du grand nombre d'animaux qu'ils avaient pris. »

Ajoutons à cet extrait de Polybe les cruautés de César contre les Gaulois : notamment, dans sa troisième campagne, la vente des Venètes (3) et, dans sa huitième campagne, la mutilation des défenseurs d'Uxellodunum (4), auxquels il fit

<hr>

(1) FRONTIN, livre 1er, chap. 5.
(2) Livre x, fragment 2.
(3) *Bibliothèque historique et militaire*, tome II, p. 220.
(4) Ville d'Aquitaine dont on ignore la position précise.

trancher les mains, « rigueur abominable que rien ne peut justifier (1). »

Voici un dernier fait rapporté par Frontin (2), et qui appartient au règne de Néron (vers 59 de notre ère) : « Domitius Corbulon, assiégeant Tigranocerte, et les ennemis s'opiniâtrant à se défendre, il fit couper la tête à un grand d'entre eux qu'il tenait prisonnier, et la fit lancer dans la ville au moyen d'une machine ; il arriva, par hasard, qu'elle tomba au milieu de l'assemblée où l'on tenait conseil ; cet événement donna une telle épouvante qu'il fut résolu qu'on se rendrait. »

§ 25. FORTIFICATION.

Nous avons vu que les Grecs employèrent peu la fortification de campagne ; c'est le contraire pour les Romains, qui la perfectionnèrent beaucoup. Nos détails sur leur castramétation (§ 21) justifient déjà cette assertion, mais nous pouvons la justifier encore mieux.

Ne les rencontrons-nous pas dans l'histoire construisant un fort pour protéger un pont jeté sur le Tésin (3), et se couvrant sur le champ de bataille soit par un rempart de bagages (4), soit par des tranchées et des pieux (5), soit par des retranchements (6) ? N'apercevons-nous pas chez eux l'usage de plusieurs rangées d'abattis aux branches entrela-

(1) *Bibliothèque historique et militaire*, tome II, p. 264.

(2) Livre II, chap. 9.

(3) TITE-LIVE, XXI, 45.

(4) TITE-LIVE, XXV, 36.

(5) Comme Sylla à Orchomènes. Consultez PLUTARQUE, *Vie de Sylla*.

(6) CÉSAR, *Guerre des Gaules*, II, 8.

cées (1), l'usage des trous de loup plus étroits par le haut que par le bas (2) et creusés en quinconce, l'usage enfin de chausse-trapes longues parfois d'un pied ? N'avons-nous pas l'exemple de Jules César, qui prime ses compatriotes sous le rapport de l'emploi pratique de la fortification passagère comme sous tous les autres? César qui, débarqué en Afrique avec 3,000 fantassins et 150 cavaliers seulement, s'appuie à la ville de Ruspina, la prend pour front, tire deux branches jusqu'à la mer et jusqu'au port, puis attend tranquillement ses renforts, enfermé dans des lignes que n'osent forcer ses nombreux et habiles adversaires ! César qui, entouré d'eau et affamé dans son camp, près de la Sègre, en Espagne, saigne et détourne, par de gigantesques coupures, cette rivière débordée, rétablit ainsi un gué gonflé, le franchit avec son armée et s'échappe ! César enfin qui, aux environs de Dyrrachium, enveloppe le grand Pompée dans des lignes dont le circuit embrasse six lieues de tour (3) !

Ces lignes, comme les autres lignes de circonvallation, comme les retranchements et les divers travaux de fortification passagère exécutés par les Romains, offrent deux particularités bonnes à mettre en lumière : leurs quartiers sont indépendants et fortifiés séparément, ce qui rend les surprises moins funestes et permet une retraite successive; les ouvrages saillants, extérieurs, revêtent généralement la

(1) GUISCHARDT, *Mémoires militaires*, tome Ier, chap. 16.

(2) CÉSAR, *Guerre des Gaules*, VII, 73. L'empereur Léon (Institution XIV) leur donne trois pieds de profondeur comme César, mais un (?) seulement de diamètre ; il les nomme *yppoclastes*. On les appelait souvent *lilia* (lis), parce que pris de trois en trois ils donnaient la figure de cette fleur.

(3) J'ai donné quelques détails sur les travaux de fortification passagère de Jules César, en silhouettant ce guerrier en tête du tome II de mes *Portraits militaires*.

forme circulaire (1) qui, dans le tir, supprime les angles privés de projectiles, ou, suivant l'expression moderne, les angles morts.

Les Romains exécutaient promptement, et sans qu'ils leur pesassent, leurs colossaux retranchements; cette rapidité, cette facilité s'expliquent quand on songe que presque tous leurs officiers en connaissaient les travaux, étaient plus ou moins ingénieurs, quand on songe aussi que les légionnaires avaient l'habitude de remuer la terre et appréciaient l'utilité d'un abri que leurs longues piques défendaient à merveille.

Quant aux villes, pour les mettre à l'abri d'un coup de main, nous voyons, quand on est pressé, leur jeter comme ceinture un fossé, jusqu'à trois fossés même, et une ligne de palissade; c'est encore là de la fortification passagère.

En fait de fortification permanente, il faut distinguer chez les Romains trois époques diverses : celle de leur début, celle de la plénitude de leur puissance, celle de leur décadence; dans la première ils usent à peine des forteresses, dans la seconde ils possèdent de bonnes places fortes, dans la troisième places et forts se multiplient démesurément sur la surface de leur empire. Montesquieu (2) supprime à tort la seconde époque : ni l'histoire, ni même la marche progressive de l'esprit humain ne sautent ainsi à pieds joints.

Dans les premiers siècles de leur existence comme nation, les Romains font plus consister la force de leurs frontières en leurs armées qu'en fortifications; ils fortifient pourtant leurs villes. Sous les successeurs de Romulus une muraille

(1) Par exemple l'ouvrage nommé *clavicule.* Voyez ci-dessus, p. 148, la figure d'un *camp consulaire.*

(2) *Grandeur et décadence des Romains,* chap. 20.

de plus de 4 lieues de pourtour (1) embrasse les sept collines
de Rome ; une citadelle, le *Capitole*, formant un carré de
200 pieds de côté, pourvue d'épaisses murailles, s'élève au
milieu de la ville sur un rocher inaccessible de trois côtés,
domine la cité, ne peut être réduite que par la famine (2).
A Tarente, la citadelle, située dans une espèce de presqu'île, repose en grande partie sur de hauts rochers bai-
gnés par la mer, et a pour la défendre du côté de la ville un
mur et un fossé profond (3). A Locres, deux citadelles, aux
murailles d'une élévation prodigieuse, s'élèvent à peu de
distance l'une de l'autre (4). Les citadelles antiques, on le
sait, étaient grandioses, assez vastes pour recevoir toute la
population, quand l'ennemi avait forcé l'enceinte principale.

Comment les Romains entendaient-ils l'art de fortifier au
plus fort de leur puissance ? Nous possédons aujourd'hui,
pour répondre à cette question, un exemple sans réplique,
non pas un exemple emprunté aux descriptions des écrivains,
mais un exemple existant encore sous le sable et que des
fouilles intelligentes mettent successivement au jour (5):
c'est la ville de Pompéies, dont la fondation remonte, dit-on,
à Hercule, ensevelie vers le commencement de l'ère chrétienne par un tremblement de terre et une éruption du
Vésuve. Voici la description de cette place romaine :

Postée au carrefour de trois routes et à l'embouchure
d'une rivière, assise sur une éminence, tracée suivant la

----

(1) Le pourtour de la muraille élevée par Aurélien et Probus mesurait à
peu près le double.

(2) En 390, les Gaulois parviennent néanmoins à escalader cette citadelle,
et ils la surprenaient sans les cris des oies sacrées.

(3) TITE-LIVE, xxv, 11.

(4) TITE-LIVE, xxix, 6.

(5) Depuis 1799 : sa découverte date de 1755.

forme elliptique, Pompeies a pour enceinte deux murs distants de 4 mètres environ; l'intervalle entre ces deux murs est rempli de terre jusqu'à hauteur du terre-plein; au-dessus du terre-plein chaque mur s'élève également (1) et se trouve découpé en espèces d'embrasures; peut être plaçait-on pendant le siége un toit s'appuyant sur ces deux surélévations et destiné à former abri pour les défenseurs (2)? Le flanquement de l'enceinte se produit par des tours dont l'étage supérieur est au niveau du terre-plein, mais qui forment saillie en totalité ou en partie; ces tours s'éloignent moyennement (3) l'une de l'autre de 80^m environ si elles occupent des points de brisure, de 300^m et plus si elles existent sur une portion rectiligne de l'enceinte, et dénotent par conséquent une certaine entente de l'emploi pratique du terrain. L'enceinte offre quatre portes, rentrées vers l'intérieur et précédées, pour la plupart, d'une cour entourée de murs (espèce de tambour), à laquelle on arrive et de laquelle on sort par un étroit corridor sis aussi entre deux solides murailles.

Je prie le lecteur de remarquer la forme affectée par l'enceinte de Pompeies : c'est une ellipse, presque une circonférence, il n'y a là ni angles aigus, ni angles très-saillants; Vitruve recommande en effet de les éviter comme favorisant l'attaque et entravant la défense. Quand le terrain obligeait

(1) JOLY DE MAIZEROY montre dans plusieurs places « l'avant-mur moins élevé que l'autre dont les défenses devaient le dominer. Quelque fois même il n'était, dit-il, qu'à hauteur d'appui, non compris les créneaux ; c'est ce que nous avons appelé depuis fausse-braie. » (Traduction des *Institutions de l'empereur Léon*, 1770, note de la p. 26 du tome II.)

(2) C'est l'avis de M. le major Louis BLESSON. J'emprunte ces détails au § 9 de son *Esquisse historique de l'art de la fortification permanente*, p. 27 et suivantes de ma traduction.

(3) VITRUVE (IV, 5) indique la portée de l'arc comme mesure exacte de l'écartement de deux tours.

à l'adoption d'angles pareils, et forçait de renoncer à des pans coupés qui les eussent rendus obtus, on fortifiait par une tour le sommet de chacun de ces angles à la fois si prononcés et si étranglés. Végèce veut que lesdites tours se flanquent réciproquement, afin que l'assiégeant soit pris, dans ses dernières approches, à la fois « de front, de flanc et presque en queue (1). » Dans ce but, on y pratiquait des embrasures, non-seulement à la plate-forme et alors souvent avec machicoulis, mais aussi dans les parties basses; on tirait par ces dernières de petites machines.

Constantinople devint résidence impériale l'an 330 de notre ère; on peut donc à peine ranger ce qui la concerne dans la période de puissance des Romains, d'autant plus qu'elle ne fut entourée de fortifications (2) solides et régulières que sous le dernier des Théodoses, en 413.

La fortification romaine de la décadence se développe à partir du vie siècle de notre ère. Auparavant, l'empire n'ayant plus que deux points vulnérables, le Rhin (3) et l'Euphrate, les maîtres du monde avaient déjà bridé ces deux fleuves par une série de camps retranchés, véritables forteresses. Sous Justinien, les précautions deviennent bien autres, mais il le fallait pour reculer de neuf siècles encore la chute définitive des dominateurs du monde. Cet empereur célèbre, qu'imiteront ses successeurs, ne se contente pas de doubler la force des remparts de Constantinople, il étale 80 places de guerre depuis Belgrade jusqu'à l'Euxin, depuis le confluent de la Save jusqu'à l'embouchure du Danube; il élève ou ré-

---

(1) *Institutions militaires*, IV, 2.

(2) La position militaire de cette capitale est admirable, mais son choix appartient aux Grecs, qui la fondèrent à une époque reculée sous le nom de *Byzance*.

(3) Drusus avait placé sur ce fleuve 40 fortins. (FLORUS, III, 12.)

pare 600 forts ou postes militaires et de refuge, dans cinq
provinces : la Dacie, l'Épire, la Thessalie, la Macédoine, la
Thrace ; il ferme mieux le défilé des Thermopyles ; il répare
les murailles de Corinthe, Athènes, Platée ; il renforce la
longue muraille de la Chersonèse de Thrace (1) ; il construit
une muraille semblable en Crimée pour la protection de la
colonie qui habite cette presqu'île ; enfin il fortifie la place
de Dara, non loin de Nisibis et du Tigre, lui donnant une
double muraille assez épaisse pour contenir les logements de
la garnison, lui donnant aussi des *tours-réduit* de 100 pieds
(29^m 50) de haut, un ouvrage extérieur détaché, en forme de
demi-lune, et des fossés à manœuvres d'eau. Ce dernier
détail nous montre une fortification assez raffinée, et presque
moderne ; les premiers retracent la multiplication des forteresses et des lignes retranchées, entassées soit à l'intérieur,
soit sur les frontières, pour cacher la faiblesse de l'empire,
pour dissimuler plutôt l'amoindrissement du soldat romain.

§ 26. MACHINES DE GUERRE.

« On peut assurer, remarque Maizeroy (2), que les Romains ne perfectionnèrent leur mécanique guerrière que
sur les modèles qu'ils tirèrent des Grecs (3). » Nous pour-
rions borner à ces lignes nos indications sur les machines
romaines, en ajoutant avec le même écrivain : « que les

(1) Cette muraille, épaisse de 20 pieds (5^m 90) avec fossés et tours, était presque entièrement l'ouvrage de l'empereur Anastase.

(2) *Traité sur l'art des siéges et les machines des anciens*, p. 248.

(3) M. DUREAU DE LA MALLE prétend au contraire (p. 30 du Discours préliminaire de sa *Poliorcétique des anciens*) que les Romains ont devancé les Grecs dans l'art de la poliorcétique ; mais ce volume ne contient pas les preuves d'une semblable assertion.

Romains égalèrent bientôt leurs maîtres, s'ils ne les surpassèrent. » Insistons pourtant.

Les Romains obtinrent de leurs machines une admirable justesse de tir. Hirtius nous montre l'une d'elles, placée sur les remparts de Lébéda, atteignant un officier de cavalerie à la tête de sa troupe et le renversant (1) ; plus loin, il signale (2), à propos du siége de Tebala-Véja, une tour de bois fendue depuis sa base jusqu'au troisième étage par le grand nombre de traits décochés contre elle, et il est permis de croire que parmi ces traits il y en avait de lancés par des machines.

Ces machines pouvaient en effet « vomir *une grêle* de javelines; » l'expression appartient à Tacite (3) : elles le pouvaient d'autant plus qu'elles étaient en grand nombre, en nombre tel qu'amasser ou traîner un pareil matériel à la suite d'une armée nous effrayerait aujourd'hui. Scipion ne trouva-t-il pas dans Carthagène 401 catapultes et 75 balistes, dont un tiers de grandes dimensions ? Pour assiéger Jérusalem, les Romains ne mirent-ils pas en usage 300 catapultes et 40 balistes ? Arrien ne menait-il pas un attirail complet de catapultes contre les Alanes ?

Nous venons de nommer les catapultes et les balistes; c'étaient les principales machines de jet utilisées par les Romains, qui recouraient du reste à toutes les machines connues des Grecs, et en outre au *muscule*, galerie de charpente à claire-voie, qui permettait d'approcher de la muraille après le comblement du fossé (4); certaines de ces

---

(1) *Guerre d'Afrique*, chap. 29. — PROCOPE rapporte un fait semblable. (*Guerre des Goths*, 1, 23.)

(2) *Guerre d'Espagne*, chap. 23.

(3) *Annales*, II, 20.

(4) Au siége d'Urbin, Bélisaire parvint à cheminer à couvert sous des galeries d'osier.

balistes projetaient, avec une force prodigieuse, des poutrelles de 12 pieds de long (3ᵐ 54), garnies de pointes de fer aux deux extrémités (1).

La bataille d'Asculum (474 avant J.-C.) montre chez les Romains l'emploi de chars (2) de guerre armés de longues fourches et de pointes de fer, traînés par des chevaux bardés, montés par des soldats tenant des projectiles incendiaires ; cet emploi, fort rare chez eux, avait pour destination de causer de l'effroi aux éléphants de Pyrrhus. Ils combattaient encore ces lourds adversaires par des *carrobalistes*, embusquées de manière à jeter de gros traits sur leur peau rugueuse, avant le début de l'action même, lorsque leur immobilité les rendait plus faciles à atteindre ; ils les combattaient surtout, ne l'oublions pas, en cherchant à détruire ce genre de combattants à sa source, et en exigeant qu'on les leur livrât à chaque traité de paix ; pour eux, ils ne leur témoignèrent jamais grande confiance, et s'en servirent à peine pendant 80 ans (200 à 120 avant J.-C.) qu'ils figurèrent dans leurs armées.

Toutes les machines romaines étaient redoutables dans leur tir, même en rase campagne. On les voit sur les champs de bataille, où elles parurent à partir d'Auguste, généralement postées de manière à pouvoir tirer librement, sans être arrêtées par les obstacles. Comment se garantissait-on de leurs ravages ? En se précipitant dessus pour couper leurs cordages et briser leurs ressorts. Cette manœuvre d'attaque s'exécutait plutôt par ruse que d'ensemble ; de la manière que nous voyons, par exemple, au combat nocturne entre les soldats de Primus et de Vitellius sous Crémone

(1) César, *Guerre civile*, ii, 2.

(2) M. Michelet (*Histoire romaine*, République, 1831, tome Iᵉʳ, p. 474) dit un char ; il y en avait plusieurs.

(an 69 de J.-C.), deux légionnaires de Primus se couvrir de leurs boucliers, s'approcher d'une machine placée sur la chaussée, et la démonter en coupant ses cordages, mais périr aussitôt victimes de leur dévouement (1).

§ 27. ATTAQUE DES PLACES.

Avant la prise de Veies (395 avant J.-C.), observe Montesquieu (2), les Romains ne s'entendaient pas à faire les siéges; au temps de l'empereur Claude (vers 51), au contraire, ils étaient, suivant Crévier (3), très-savants dans cette partie de l'art militaire. Que s'était-il donc passé entre ces deux dates pour que l'habileté ait ainsi succédé chez eux à l'ignorance? Il s'était passé quatre siècles et demi de guerres, les plus belles pages de leur histoire, siècles pendant lesquels avaient surgi de grands généraux, Scipion et César notamment.

Cette transformation s'opéra promptement (4), parce qu'ils adoptèrent la méthode grecque et s'en écartèrent à peine. Carrion-Nisas, qui émet cet avis, ajoute : «On a remarqué, en effet, que Josèphe nous donne une description du siége de Jotapat par les Romains parfaitement d'accord avec le récit qu'on trouve dans Thucydide du siége de Platée, lequel cependant avait eu lieu six siècles auparavant; ce sont

(1) CRÉVIER, *Histoire des empereurs romains*, livre XIV, § 2.

(2) *Grandeur et décadence des Romains*, chap. 1er.

(3) *Histoire des empereurs romains*, livre IX, § 2.

(4) Elle mit pourtant, suivant certains auteurs, près de deux siècles à s'effectuer, de la prise de Veies à la fin de la seconde guerre punique (202 avant J.-C.) : mais ces auteurs se montrent trop rigoureux pour la capacité militaire des Romains.

les mêmes détails d'attaque et de défense dans l'écrivain juif que dans l'écrivain grec (1). » Ajoutons nous-même qu'une différence peut être signalée entre les procédés des deux peuples ; ceux des Romains sont en général plus grandioses. Outre cette différence, étudions les particularités offertes par les siéges romains, en débutant par l'attaque.

La première particularité concerne l'usage où ils étaient de faire une évocation au dieu tutélaire de la ville qu'ils assiégeaient pour l'attirer dans leur patrie ; on a expliqué cet usage en disant qu'ils ne voulaient pas commettre le crime de rendre un dieu captif, mais il paraît plus probable de l'attribuer à ce qu'ils regardaient les murailles des villes comme sacrées (2) et croyaient sans doute leur ôter par leurs prières ce caractère redoutable.

Les Romains possédaient le don d'observation, très-utile dans la reconnaissance des places fortes, si l'on peut tirer conséquence, en l'élargissant, de ce fait que rapporte Tite-Live (3) : au siége de Syracuse par Marcellus, pendant les entrevues consacrées à l'échange d'un prisonnier, un Romain observe un mur de près, compte les pierres, mesure de l'œil la hauteur de chaque assise, établit son calcul et reconnaît ainsi contre son attente que le sommet peut en être atteint avec des échelles ordinaires ; sur son rapport, une surprise est organisée et la place emportée.

Le nombre des béliers (4) employés par les assaillants fut

(1) *Essai sur l'histoire de l'art militaire*, tome Ier, p. 538.

(2) PLUTARQUE, n° 27 des *Questions romaines*. — Voyez TITE-LIVE, v, 21.

(3) xxv, 23. — SALLUSTE rapporte un fait analogue. (*Jugurtha*, chap. 91, 92.)

(4) Au siége de Petra (551), les Romains mirent en jeu un bélier assez léger pour être *transporté* et mu par 40 soldats seulement.

toujours fort restreint; il n'en figura que 3 à l'attaque de Jérusalem; mais il faut dire en même temps qu'un bélier se déplaçait et faisait jusqu'à deux brèches (1).

Afin de tromper l'assiégé et de lui nuire, les Romains descendaient à des détails qui paraîtraient minimes, s'il ne fallait se garder du mépris pour tout ce qui peut procurer la victoire. Ne les voyons-nous pas au siége de Jérusalem noircir les pierres que projettent leurs machines, dans le but de les rendre moins visibles et moins faciles à éviter lors de leur chute à l'intérieur des remparts (2).

On oublie ces minuties en lisant le courage et la persévérance déployée dans leurs attaques. Devant Numance, Scipion établit des lignes sur un développement de 8 kilomètres et les flanque de 60 tours. César bloque Vercingétorix, sous Alésie, par une contrevallation de 14 kilomètres, et se garantit lui-même au moyen d'une circonvallation longue de 18 kilomètres. Au siége de Marseille, un lieutenant (3) de ce dernier général construit une tour en maçonnerie, décrite dans les *Commentaires*, étudiée par tous les annotateurs, et restée célèbre, tour carrée à toit horizontal (4), tour mesurant 30 pieds romains ($8^m 85$) sur son côté extérieur, et 25 mètres environ de hauteur partagés en six étages (5).

Les Romains, dans l'attaque des places maritimes, plaçaient souvent leurs tours sur des vaisseaux, imitant ainsi l'exemple donné par Démétrius devant Rhodes. Bélisaire fit

(1) Tite-Live, XXXVII, 32.

(2) Josèphe, *Guerre des Juifs*, VI, 7.

(3) Trébonius.

(4) Voyez ce que j'ai dit à ce sujet, contrairement à l'opinion de M. Viollet-le-Duc, dans un compte rendu inséré au *Journal des sciences militaires*, n° de décembre 1854.

(5) Les hélépoles en bois avaient jusqu'à dix étages : relisez le siége de Cahors par César.

encore mieux au siége de Palerme : glissant ses navires dans
la partie du port la plus voisine de la ville, il hissa ses cha-
loupes au sommet de ses mâts de hune, et, par les archers
qu'elles contenaient, obtint des coups plongeants sur les
défenseurs.

Les attaques maritimes entraînaient de bien grands travaux : dans la guerre civile avec Pompée, pour enfermer son
rival dans Brindes, César cherche à fermer le port par une
digue garnie d'un parapet et de tours à deux étages éche-
lonnées de distance en distance; en neuf jours de travail, il
achève la moitié de cette construction qui détermine Pompée
à évacuer la place.

Il arrivait aux Romains comme à nous d'assaillir une place
par le côté le mieux fortifié, mais plutôt parce que ce côté
se trouvait négligemment gardé, comme, par exemple,
Fabius à l'égard d'Arpi (1), que pour être sûr de réduire
la ville en la privant de sa partie la plus redoutable.

Je terminerai en notant que les Romains ne connaissaient
pas l'usage des tranchées et ne les employaient pas plus que
les Grecs dans l'attaque des places : le fragment des *Polior-
cétiques* d'Héron, publié par M. Henri Martin (2), et qui fut
écrit au vie siècle de notre ère, veut dire, par son expression de *fossés obliques*, tout au plus nos *boyaux de tranchée* tracés en zigzag, et nullement des tranchées *parallèles*.

§ 28. DÉFENSE DES PLACES.

Plutarque nous montre Caton le jeune renfermé dans

---

(1) Tite-Live, xxiv, 46.

(2) *Mémoires de divers savants* présentés à l'Académie des inscriptions,
1re série, tome IV.

Utique « ramassant d'immenses provisions de blé, réparant les murailles, donnant plus de hauteur aux tours, et environnant la ville d'un fossé profond, défendu par plusieurs forts. » Les Romains, on le voit, ne négligeaient pas la mise en état de défense.

Ils repoussaient l'assaillant soit par des sorties, soit en précipitant sur lui toutes sortes de projectiles, après avoir préalablement écarté, au moyen de lances et de longues perches, les boucliers formant la tortue; au nombre de ces projectiles nous devons ranger les *loups* (1), grosses et grandes plate-formes hérissées de pointes de fer.

Ils atténuaient les effets des projectiles de l'assaillant par des rideaux d'étoffes placés sur les murailles en guise de mantelets (2).

Leur habileté à paralyser ou détruire les béliers et autres machines propres à ébranler l'enceinte était telle qu'elle contraignit Sapor, devant Nisibis (348 de notre ère), à former une inondation autour de cette ville à triple pourtour, pour l'attaquer avec des vaisseaux dont la hauteur permettait de lutter presque de plein pied contre les habitants.

Pour défendre les villes, les Romains recouraient encore à la construction subite de murs nouveaux destinés à boucher les brèches faites par l'adversaire, à l'établissement de retranchements intérieurs qui forçaient l'assaillant de renouveler une partie de ses travaux d'attaque, à des coupures garnies de pieux qui embarrassaient les rues et empêchaient les vainqueurs d'avancer et de conquérir la ville d'un seul bond par l'enlèvement de l'enceinte; ils employaient également-

(1) Ne confondez pas ces *loups* avec les *lupi ferrei* de Tite-Live (xxviii, 3), espèces de dents en fer pour saisir et enlever le bélier.

(2) Végèce, iv, 6.

ment des tours mobiles, conduites sur des chariots, et les transportaient sur les points les plus menacés (1).

Les Romains, énonçons-le, poussaient leurs défenses avec une grande énergie. Voyez plutôt la lutte de Casilinum contre Annibal : les rats, tous les animaux immondes, toutes les herbes et racines furent dévorés avant la reddition des habitants qui avaient reçu pour unique ravitaillement quelques tonneaux remplis de blé et plusieurs milliers de noix, tonneaux et noix abandonnés au courant des eaux du Vulturne (2).

§ 29. MINES.

On rencontre chez les Romains l'usage des mines et contre-mines déjà signalé chez les Grecs.

Dans les travaux de mines, pour ne pas épuiser leurs soldats, ils les partageaient en groupes qui se relayaient, de six heures en six heures par exemple (3).

Leurs mines étaient vastes, puisque nous voyons dans l'une d'elles, au dire de Polybe (4), les Étoliens les combattre avec leurs sarisses, puisque l'empereur Julien en creuse une, sous les murs de la forteresse de Maogamalcha, que trois cohortes parviennent à traverser.

Elles leur servaient souvent à tarir les sources d'eau qui alimentaient les assiégés : témoin le siége de Cahors par Jules César.

(1) HIRTIUS, *Guerre d'Alexandrie*, chap. 2.

(2) TITE-LIVE, XXIII, 19. — Livius, ne l'oublions pas, tint cinq ans dans la citadelle de Tarente contre les Carthaginois. (Voyez TITE-LIVE, XXVII, 25.)

(3) TITE-LIVE, v, 19.

(4) Fragments du livre XXII. — Il s'agit du siége d'Ambracie.

CHAPITRE IV.

—

PEUPLES CONQUIS.

———

INTRODUCTION.

Après avoir traité en détail de l'art de la guerre chez les
Grecs et les Romains, il nous reste, pour être complet en
ce qui concerne l'antiquité, à revenir en arrière et à exposer
séparément les particularités relatives à plusieurs peuples
secondaires qui, pour avoir jeté moins d'éclat sur la scène
du monde que leurs deux illustres rivaux, de littéraire
mémoire, ont exercé pourtant une certaine influence
militaire.

Nous comprendrons ces nations sous le titre général de
peuples conquis, moins il est vrai pour rappeler qu'ils ont
cédé aux armes de Rome que pour indiquer qu'ils ont vécu
antérieurement à l'invasion de l'empire romain par les
barbares.

En les abordant, nous prévenons que nous ne pourrons
ici donner *in extenso*, comme pour les Romains, une histoire des usages guerriers de chacun de ces peuples, et que
nous nous bornerons aux faits principaux; cela pour deux

raisons : parce que le sujet a moins d'importance , et parce que les sources historiques n'offrent ni la même abondance ni la même certitude.

Commençons par la nation dont la conquête a le plus coûté aux Romains.

§ 1ᵉʳ. CARTHAGINOIS.

« Suivant une ancienne loi, a dit Jules l'Africain dans les *Cestes* (1), les Carthaginois récompensaient les généraux malheureux dont la conduite était irréprochable , et punissaient les téméraires malgré leur succès. Ils jugeaient du mérite d'un général par son habileté et non par sa fortune. » Voilà, observeront plusieurs personnes, une bien fausse politique ; le succès ne saurait être puni, et il vaudrait mieux assurément pour un gouvernement sévir dans tous les cas contre un échec, même contre un échec excusable ; voilà le motif de la chute de Carthage.

Je ne saurais partager cet avis, car la voie de la justice me semble presque toujours la meilleure à suivre en fait d'affaires humaines, et si la suppression de la république carthaginoise se pouvait attribuer à une seule cause politique, je préférerais l'opinion de Montesquieu montrant qu'à Rome tout abus de pouvoir se corrigeait, tandis qu'à Carthage Annibal même ne pouvait retrancher un abus (2).

Mais étudions l'organisation militaire de la rivale de Rome ; peut-être trouverons-nous là, à notre point de vue, le *Carthago delenda est.*

------

(1) Traduction de GUISCHARDT , au tome III de ses *Mémoires critiques et historiques* , p. 309.

(2) *Grandeur et décadence des Romains*, chap. 8.

Cette organisation consiste à n'avoir que peu de troupes nationales, et à tirer les trois quarts de ses armées des peuples tributaires ou auxiliaires, principalement des Lybiens pour la grosse infanterie et la grosse cavalerie, des Numides pour la cavalerie légère. Les occupations commerciales captivent la plupart des Carthaginois, et les jeunes gens de famille destinés à l'exercice du commandement surmontent seuls l'aversion générale pour le métier des armes et se font soldats. Ainsi l'inconvénient est double : pour défendre la patrie, des troupes mercenaires (1), et à la tête de ces mercenaires, par une défiance légitime, des officiers qui leur sont étrangers (2). Et quels mercenaires encore ? Des mercenaires appartenant à une foule de nations, non-seulement aux Africains, mais encore aux Espagnols, aux Gaulois, aux Grecs, aux Italiens même (3); des mercenaires sans frein, sans discipline, dont une révolte (240 à 237 avant J.-C.) faillit engloutir Carthage aux abois, que le grand Annibal « suivit souvent tout en paraissant les conduire (4). »

Les Carthaginois avaient adopté la tactique des Grecs et rangeaient leur infanterie sur une seule ligne *en phalange* (5); ce fut la méthode d'Annibal dans tous ses ordres de bataille, excepté à Zama. L'infanterie romaine, groupée en légion, était donc supérieure à l'infanterie carthaginoise;

(1) POLYBE (livre 1ᵉʳ, chap. 15), tout en blâmant partiellement les troupes mercenaires, avance un peu témérairement « qu'elles sont plus souples, plus soumises, et que les chefs ont moins de peine à s'en rendre maîtres ».

(2) Sauf quelques exceptions, entre autres le Lacédémonien Xantippe qui battit Régulus, l'an 256 avant J.-C., près de Tunis.

(3) Liguriens et Campaniens.

(4) MICHELET, *Histoire romaine*, République, tome II, p. 27.

(5) « A l'éclat resplendissant de leurs armes, à la lenteur, au bon ordre de leur marche, on reconnaissait que c'étaient des hommes de pied carthaginois. » (PLUTARQUE, *Vie de Timoléon*.)

un meilleur armement, un meilleur équipement, armement
et équipement tels que, une fois en Italie, Annibal se hâte de
les donner à ses soldats, viennent encore augmenter cette
supériorité. L'inverse a lieu pour la cavalerie : la cavalerie
carthaginoise déploie plus d'agilité, saisit mieux l'à-propos
que la cavalerie romaine ; elle procure plus d'une victoire,
mais, comme arme secondaire, ne peut assurer une préémi-
nence permanente.

Les armées de Carthage contiennent encore des chars de
guerre armés de faulx ; cet accessoire figure parmi elles en
quantité prodigieuse, puisque, lors de l'expédition d'Agatho-
clès en Afrique, Carthage en envoie 2,000 contre lui (1),
tandis qu'ordinairement, chez les autres nations, leur chiffre
ne dépassait pas 300 (2).

Du reste, les Carthaginois abandonnent l'usage des chars
de guerre juste au moment où ils prennent celui des éléphants, c'est-à-dire à l'affermissement de la dynastie des
Lagides sur le trône d'Égypte, en l'année 301 avant J.-C (3).
On les voit en posséder jusqu'à 300, casernés dans les murailles de leur ville capitale, et sur ce nombre en attacher
140 à une seule armée, en faire figurer 100 sur un même
champ de bataille (4). L'emploi de ces gigantesques combattants, véritables machines animées et intelligentes, quoique dans la mêlée la fureur les rendit indociles, augmenta
les forces des Carthaginois et prolongea leur résistance ; aussi
les Romains en exigèrent de leurs ennemis le sacrifice complet dès qu'ils purent dicter la loi.

(1) L'armée carthaginoise comptait alors 40,000 hommes ; c'est un char
pour 20 combattants.

(2) JOLY DE MAIZEROY, *Cours de tactique*, tome Ier, p. 16.

(3) ARMANDI, *Histoire militaire des éléphants*, p. 134.

(4) A Tunis, contre Régulus.

Nous venons d'indiquer que les éléphants tenaient garnison à Carthage ; cela était possible à cause des immenses logements contenus dans l'enceinte fortifiée de cette ville, située dans le golfe de Tunis, à l'extrémité de la petite presqu'île méditerranéenne comprise entre les caps Quamard et Carthage ; cette enceinte était triple du côté du continent où la largeur de l'isthme atteint 25 stades (3,333^m 33) ; elle se composait de deux murailles couvertes en avant par une ligne en terre. La première muraille, celle placée contre la ville, avait 14^m de hauteur et deux étages ; l'étage inférieur renfermait des écuries pour 300 éléphants et de vastes magasins pour leurs fourrages ; l'étage supérieur offrait place pour 4,000 chevaux ; les deux étages pouvaient encore recevoir 24,000 soldats. La seconde muraille n'avait qu'une hauteur médiocre, était plus faible, et ne contenait point de parties creuses. Chacune de ces murailles se trouvait flanquée de tours à quatre étages, construites à 60^m de distance l'une de l'autre et disposées en saillie (1). La ligne en terre portait des palissades et avait un fossé (2).

(1) Dureau de la Malle, *Recherches sur la topographie de Carthage.*

(2) En 1859, M. le professeur Beulé a entrepris à ses frais des fouilles à Carthage, près de l'emplacement de la chapelle Saint-Louis, et mis à nu la partie inférieure, sur un tiers environ de la hauteur, des fondations de cette ville cachée sous un lit de cendres épais d'un mètre. Ces ruines étaient en outre remplies de *fer mâché*, de bronze fondu, de débris de verre, de tessons de poterie.

Voici ce que M. Beulé, aujourd'hui membre de l'Académie des inscriptions, écrivait à ce sujet à ladite Académie :

« Qu'on se figure un mur de trente et un pieds d'épaisseur, dans l'intérieur duquel un passage et des salles ont été ménagés ; au sommet auraient pu passer de front, non pas deux chevaux, comme à Babylone, mais quatre chars. La face qui regarde l'ennemi est pleine, compacte pendant deux mètres ; elle protége un couloir large de 1^m 90, qui ne devait avoir qu'une hauteur d'homme et au-dessus duquel le mur reprenait une force de 3^m 90 et même de 4^m 30. En comptant le rang d'assises qui séparait les salles intérieures et le couloir, il reste encore une épaisseur de 5^m 80 dans laquelle étaient évidées des chambres demi-circulaires ; leur face droite ouvrait sur le cou-

Si les Carthaginois s'entendaient à fortifier les villes, ils avaient aussi porté fort loin, leur histoire en fait foi, l'art d'attaquer et de défendre des places; cela se comprend : peuple commerçant, industrieux, ils connurent et perfectionnèrent les machines de jet (1) et couvrantes, les diverses chicanes offensives et défensives, les retranchements protecteurs, les mille moyens en un mot de cette science du génie militaire qui recourt à tous les secrets de l'industrie humaine. Sans cela Carthage eût-elle pu soutenir un siége de trois ans contre les Romains ?

Les Carthaginois usaient d'une coutume prudente, d'autant plus utile pour eux qu'ils conquéraient par mer et pour étendre leur commerce : dès qu'ils débarquaient, ils construisaient un camp fortifié. Les fortifications de ce camp consistaient-elles uniquement en parapets de terre? Il paraîtrait que non, puisque nous voyons, au siége de Géla (405 avant J.-C.), Imilcon entourer son camp d'un large fossé et d'un mur pour se mettre à l'abri des tentatives d'une armée de secours (2).

On a dit également, ce qui se rattache à l'art de l'ingénieur militaire chez les Carthaginois, que ce peuple employait à la guerre le vinaigre pour s'ouvrir des routes, en s'appuyant sur le fameux passage où Tite-Live (3) les représente arrosant les rochers brûlants des Alpes pour les

loir et leur cintre regardait du côté de Byrsa. Chaque salle avait 3^m 30 de largeur ; elle était séparée de la salle voisine par un mur de 1^m 12, dont les vastes assises étaient taillées de façon à fermer le cintre à droite et à gauche. » (*Illustration* du 20 août 1859.)

(1) Ils possédaient un grand nombre de ces machines. Maîtres de Carthage, les Romains y trouvèrent 120 grandes catapultes, 281 plus petites, 23 grandes balistes et 52 de moindres dimensions, au total 476 machines de tir et de jet.

(2) KAUSLER, *Kriegsgeschichte aller Völker*, 1825, tome Ier, p. 442.

(3) XXI, 37.

dissoudre. Je n'insinuerai pas, avec le colonel Carrion-Nisas (1), que ce vinaigre était celui qu'Annibal faisait distribuer à ses troupes pour assainir l'eau de neige qu'elles buvaient ; je classerai plutôt, avec l'auteur d'une dissertation spéciale (2), cette célèbre allégation historique parmi les fables relatives à la vertu destructive du vinaigre, fables qui se retrouvent dans l'histoire des Orientaux et même des Européens modernes (3), aussi bien que dans l'histoire des guerres puniques.

Je terminerai en rappelant que Carthage enfanta plusieurs bons généraux, des généraux qui entendaient bien et la tactique des batailles et la stratégie. Annibal est le premier de tous ; Annibal dont le génie guerrier mit en suspens la fortune de Rome ; Annibal qui a eu assez de grandeur pour que sa gloire parvînt à la postérité au travers du prisme menteur et hostile par lequel regardèrent les seuls historiens romains ; Annibal dont la fière figure, veuve même d'un trait tracé par le pinceau d'un compatriote, nous enthousiasme encore assez pour qu'une voix parmi nous (4) l'ait proclamé « le plus grand homme de guerre produit par l'antiquité. »

§ 2. NUMIDES.

« Les Numides, avance Tite-Live (5), sont sans contredit

(1) *Histoire de l'art militaire*, tome II, p. 527.

(2) REY, *Dissertation sur l'emploi du vinaigre à la guerre*, comme agent de destruction et comme moyen de défense, 1828. — (Insérée dans le *Recueil industriel* dirigé par M. de Moléon et tirée à part.)

(3) A la prise de Naples, en 1648. *Mémoires de Henri de Lorraine, duc de Guise*, livre v ; Amsterdam, in-12, 1703, tome II, p. 465.

(4) Celle du général LAMARQUE. (*Encyclopédie moderne*, article *Bataille*.)

(5) xxix, 34.

les meilleurs cavaliers de toute l'Afrique. » On peut aller plus loin et dire qu'ils ont formé la meilleure cavalerie légère de l'antiquité.

La cavalerie numide n'avait aucune apparence : hommes et chevaux étaient petits et fluets; les cavaliers, demi-nus, ne portaient d'autres armes que des javelots; les chevaux couraient disgracieusement, le cou tendu, la tête allongée (1).

Montés à poil, les Numides ne se servaient pas de brides, dirigeaient leurs chevaux de la voix et au moyen d'une petite baguette (2), dardaient leurs javelots avec une adresse admirable, lâchaient pied devant l'ennemi, puis revenaient à la charge, et répétaient plusieurs fois cette manœuvre avec une vitesse qui prouve la légèreté, la sûreté de pied et la vigueur de leurs montures; ils étaient éminemment propres aux escarmouches, aux chicanes, aux embuscades, d'autant plus qu'ils pratiquaient bien la ruse, et excellaient à lutter dans un terrain accidenté et au milieu des obstacles (3).

Tels ils étaient sous la conduite d'Annibal, tels les cavaliers numides combattaient encore au temps de César, soit contre lui (4), soit avec lui (5); tels ils luttent encore aujourd'hui en Algérie.

Tite-Live met dans la bouche du roi Syphax « que sa nation est tout à fait inhabile aux combats d'infanterie (6) ». Il ne faut pas prendre ce propos à la lettre; les Numides

(1) Tite-Live, xxxv, 11.

(2) Hérodien, vii.

(3) Tite-Lve, xxvi, 10. « Leurs chevaux, dit aussi Salluste (*Jugurtha*, 50), étaient accoutumés à s'échapper à travers les broussailles, au lieu que les nôtres étaient arrêtés par des embarras auxquels ils n'étaient point faits. »

(4) Hirtius, *Guerre d'Afrique*, 70.

(5) Guischardt, *Mémoires critiques et historiques*, tome III, p. 43.

(6) xxiv, 48.

eurent de l'infanterie légère, armée, suivant Strabon, d'un bouclier impénétrable en peau d'éléphant, et combattant à la manière de leur cavalerie; cette infanterie donna même de sérieuses alarmes à César dans sa campagne d'Afrique (1).

Ce que l'on peut dire, c'est qu'il n'exista jamais d'armée numide parfaitement organisée et surtout permanente, car ce nom est inapplicable à des masses désordonnées, disparaissant à la moindre déroute.

Les Numides formaient donc un adversaire presque insaisissable; les Romains recoururent, pour les réduire, au système des razzias (2), que nous aussi, à vingt siècles de distance, nous avons été obligés d'adopter contre les Arabes algériens

§ 3. ESPAGNOLS [3].

Les anciens Espagnols, habillés de casaques de laine noire ou de tuniques de lin bordées de pourpre et d'une blancheur éclatante (4), employaient comme armes offensives : — la lance armée de différentes ferrures et servant pour frapper de près comme pour jeter de loin; — l'épée, bonne d'estoc et de taille, en raison de son double tranchant et de la force de sa lame, épée adoptée par les Romains, ainsi que nous l'avons déjà dit (chap. III, § 7) ; — le poignard long

(1) HIRTIUS, *Guerre d'Afrique*, 72.

(2) SALLUSTE, *Jugurtha*, 54.

(3) Consultez *Historia organica de las armas de infanteria y caballeria*, par le lieutenant général comte DE CLONARD, in-4°, Madrid, 1851, tome Ier, p. 120 et 132.

(4) Ils avaient de semblables tuniques à la bataille de Cannes (TITE-LIVE, XXII, 46) ; DOM THUILLIER, dans sa traduction de Polybe (III, 24), les représente à tort dans cette action comme vêtus « de chemises de lin couleur de pourpre. »

de tranchant et pointu ; — ces armes ayant été autant que possible plongées dans le Bilbilis (1) et le Chalibe (2) dont les eaux possédaient pour la trempe des qualités merveilleuses (3).

Ce peuple portait comme armes défensives : — la *mitre*, espèce de casque avec un masque fixé sous le menton et un cimier orné de plumes rouges ou d'une crinière de cheval ; — un vêtement en lin, piqué et à l'épreuve ; — une cuirasse en cuir ; — un bouclier fait de nerfs et garni de peaux, nommé *cètre*, de dimensions assez petites et ressemblant beaucoup à la pelte des peltastes grecs (4).

Il existait dans les troupes espagnoles d'excellents frondeurs : c'étaient les habitants des îles Baléares, qui combattaient entièrement nus et quelquefois couverts de peaux de mouton, ayant à la main un petit bouclier et un javelot carbonisé à la pointe. Ces frondeurs jouissaient d'une grande renommée, et pour leur valeur et pour leur adresse ; cette dernière se développait dès l'enfance, et tout le monde connaît ce trait de mœurs en vertu duquel la mère attachait à un arbre la nourriture de son fils, qui devait la mériter en l'abattant d'un coup de fronde. Avec des frondes de longueur différente, suivant les distances, les frondeurs des Baléares lançaient des pierres du poids d'une livre, ou des balles de plomb, et nul casque, nulle armure ne pouvait résister à l'impulsion qu'un bras vigoureux communiquait à ce projectile.

(1) Le Xalon, affluent de l'Èbre.

(2) Le Cheyles qui passe aux environs de Tarazona.

(3) Plutarque, dans son petit *Traité de morale sur la démangeaison de parler*, avance que « les Celtibériens affinaient l'acier en l'enfouissant dans la terre, et l'épuraient ainsi de ses parties grossières et terrestres. »

(4) Guischardt, *Mémoires critiques et historiques*, tome Ier, p. 63.

Les Espagnols ne se familiarisèrent avec les premiers principes de l'art militaire que par nécessité, quand les peuples voisins commencèrent à envahir la Péninsule. Alors ils rangèrent leur infanterie en gros bataillons de 6,000 hommes placés sur une ligne avec d'assez grands intervalles; ces bataillons avaient la formation rectangulaire ou en triangle, et Tite-Live (1) prétend que leur attaque en triangle était irrésistible. Les frondeurs baléares commençaient l'action en escarmouchant; la cavalerie, postée derrière l'infanterie, tombait sur l'ennemi par les trouées de la ligne de bataille de cette dernière.

La cavalerie espagnole portait souvent des fantassins en croupe, ce qui communiquait une assez grande facilité et de la rapidité à la combinaison et au soutien de ces deux armes. Une autre coutume des cavaliers espagnols mérite citation : si les fantassins étaient poursuivis, ils mettaient pied à terre et se joignaient à eux, après avoir eu soin d'attacher leurs chevaux à des piquets fixés à leur bride, et qu'ils plantaient exprès en terre.

La cavalerie espagnole l'emporta parfois sur la cavalerie numide (2), sans qu'on puisse cependant déduire de là qu'elle lui fût réellement supérieure; elle valait à la fois moins que la cavalerie numide, moins que la cavalerie gauloise. Elle suivit plus tard Annibal en Italie, et on la voit alors à la bataille du Tésin, cuirassée et avec des chevaux ayant le mors (3).

Quand les Espagnols allaient en guerre ils emportaient une outre en peau de mouton, comme partie essentielle de leur

<hr>

(1) XL, 40.

(2) TITE-LIVE, XXIII, 26.

(3) GUISCHARDT, *Mémoires militaires sur les Grecs et les Romains*, chap. V.

équipement; cette outre, convenablement préparée, leur servait à traverser les rivières; ils y mettaient leurs vêtements, la gonflaient, y posaient leur cètre et, s'appuyant dessus, gagnaient à la nage la rive opposée.

Les peuples du nord et de l'ouest de la Péninsule enflammaient dans la mêlée le courage des combattants par des chants ou des hymnes de guerre; mais rien ne certifie le dire de Diodore de Sicile, qui affirme que le principal de ces chants était l'hymne à Apollon, le célèbre *pœan*.

Il s'agit dans ce paragraphe des anciens Espagnols, de leur manière de faire la guerre; cette manière se modifie successivement en effet, au moins quant à l'infanterie, sous la domination des Carthaginois, des Romains, des Goths, et se rapproche de celle de la nation conquérante.

Pourtant le Romain Sertorius préférait les troupes espagnoles aux troupes romaines; cette préférence indique leurs qualités dans la défensive, dont Sertorius constitue, parmi les généraux illustres de l'antiquité, l'un des plus fermes représentants.

§ 4. GAULOIS [1].

Les Gaulois eurent de tout temps une grande réputation militaire : leurs premières guerres avec les Romains, leur prise de Rome, leurs nombreuses excursions dans divers autres pays leur donnèrent un brevet de courage bien établi. Ils fournissaient des mercenaires à plusieurs nations; ce furent des soldats gaulois qui fondèrent la Galatie en Asie;

---

[1] Source générale pour ce paragraphe : *Histoire des Gaulois*, par M. Amédée THIERRY, de l'Institut, 3ᵉ édition, 1845, excellent ouvrage dont j'ai extrait la plus grande partie de mes détails.

ce fut avec le sang gaulois qu'Annibal gagna la bataille de Cannes. Ce courage, cette quasi ubiquité guerrière leur ménagent ici une place spéciale et suffisamment étendue; tâchons de les caractériser sur plusieurs faces, et fixons nos renseignements au moyen de certaines subdivisions.

a.) — TRAITS GÉNÉRAUX. — Ce qui distinguait les Gaulois, qu'ils demeurassent en Gaule, en Italie ou en Asie, c'était l'amour de la gloire et des ornements de guerre, le mépris de la mort, fondé sur la croyance à l'immortalité de l'âme (1); leur furie en s'élançant au combat, furie qui rendait leur premier choc terrible, mais trop violent pour ne pas se refroidir, si l'action durait longtemps; une grande confiance en eux-mêmes et une ostentation de courage d'où naissait une fâcheuse imprudence et une nuisible témérité; leurs cris effrayants pendant le combat; l'usage du duel, d'où leurs défis singuliers; l'habitude de combattre nus, de rougir leur chevelure et de tuer ceux de leurs blessés qui ne pouvaient pas suivre. Au temps de César, ils étaient encore les mêmes (2), mais plus civilisés et plus habiles dans l'art de la guerre, quoique moins belliqueux et moins féroces (3).

(1) Lisez à ce sujet la *Religion des Gaulois*, par dom Jacques MARTIN, bénédictin, in-4°, 1726, tome Ier, p. 28 et 56, et tome II, p. 222 et 227.

(2) « Ils vivent encore aujourd'hui, écrit l'auteur d'un intéressant travail. Ils gardent, après tant de siècles, les mêmes traits, le même caractère, les mêmes inclinations... On les distingue partout : à leurs défauts, à leurs qualités, à leurs passions... La civilisation a modifié plus ou moins leur apparence... Dès que la voix de la patrie les évoque, ils paraissent sous de nouveaux noms... Grands capitaines, caractères généreux, excellents citoyens, ils inspirent l'amour et l'admiration. » (*La France avant ses habitants et origine de ses populations*, par M. MOREAU DE JONNÈS, membre de l'Institut, grand in-18, 1856, p. 234.)

(3) CARRION-NISAS a exagéré en disant (*Histoire de l'art militaire*, tome Ier p. 190) : « César trouva les Gaulois aussi ignorants et aussi peu avancés dans l'art de la guerre qu'ils l'avaient été du temps de Camille. »

Les premiers succès des Gaulois firent introduire des modifications à l'équipement romain; les principales furent le casque en fer battu et le *pilum*. Plus tard, au contraire, les Romains durent en partie leurs avantages à la supériorité de leurs armes sur celles des Gaulois; je dis en partie, parce que les Gaulois se perdirent aussi de tout temps par leur manque accentué de discipline.

Les étendards gaulois portaient un sanglier comme signe distinctif et peut-être comme symbole de nationalité; les Romains nous représentent, il est vrai, ce peuple combattant au chant du coq, mais c'est un jeu de mot latin, et rien de plus (1).

b.) — Constitution militaire. — Un chef renommé enrôlait des volontaires pour une expédition lointaine; le départ était alors facultatif, mais il devenait forcé pour la défense du pays. Les vieillards briguaient toujours le commandement, parce que c'était un honneur de mourir sur le champ de bataille.

Une particularité de la constitution militaire des Gaulois réside dans l'existence des *soldures*, « gens, rapporte César, qui se lient, à la vie et à la mort, à la bonne et à la mauvaise fortune d'un chef : s'il périt, ils périssent avec lui ou se donnent la mort à eux-mêmes, et, de mémoire d'homme, pas un seul n'a manqué à ce serment. » Le même dévouement se reproduit dans l'ordre civil : pour un Gaulois, c'est toujours un crime d'abandonner son patron en quelque extrémité qu'il se trouve (2).

c.) — Infanterie. — L'infanterie gauloise se rangeait par

(1) *Gallus* signifie à la fois *coq* et *Gaulois*.
(2) César, *Guerre des Gaules*, III, 22 et VII, 40.

troupes serrées d'une profondeur variable, et que l'on voit aller jusqu'à 24 hommes; les fantassins des Suessions (peuples du Soissonnais) se distinguaient par une grande légèreté dans les manœuvres. Les rivières n'arrêtaient pas ces gens de pied, qui savaient construire des ponts de pilotis et des ponts de barques assujetties par des chaînes en fer.

d.) — CAVALERIE. — Les Gaulois avaient des chars de guerre et employaient habilement ces machines : courant d'abord de divers côtés, ils lançaient des traits sur l'ennemi, produisaient par là du désordre, pénétraient dans les escadrons, sautaient à terre et combattaient à pied, leurs chars s'écartant un peu de la mêlée, mais restant à leur portée ; les conducteurs jouissaient d'une telle dextérité qu'ils arrêtaient court au milieu d'une descente (1).

La cavalerie sur chevaux s'approchait aussi de la perfection (2) : elle rendit des services à Annibal (3), fit preuve d'une grande bravoure sous César, parvint sous l'empire à être une des plus renommées. Certains peuples gaulois possédaient une cavalerie *à trois* chevaux, c'est-à-dire dans laquelle chaque cavalier était suivi de deux écuyers montés, équipés, destinés à lui passer leur cheval, s'il était démonté, ou à le remplacer et à prendre son rang, s'il était tué lui-même.

(1) CÉSAR, IV, 33. Les Trévires produisaient les meilleurs conducteurs de chars.

(2) Cette perfection fait comprendre combien les Gaulois aimaient leurs chevaux et pourquoi plusieurs d'entre eux se faisaient enterrer avec leurs montures : n'oublions pas pourtant aussi que les Gaulois immolaient le cheval au soleil, et que ces sacrifices devaient amener près des tombes des ossements de cet animal. — Reportez-vous à la *Dissertation sur les ossements de cheval des tombeaux gaulois*, par M. l'abbé SANTERRE, 1842, au tome V des *Mémoires des antiquaires de Picardie*.

(3) « Les Celtes étaient particulièrement redoutables dans les combats de cavalerie et passaient pour y exceller. » (PLUTARQUE, *Vie de Marcellus*.)

e.) — Costume, Armement. — Les Gaulois s'habillaient au moyen d'un pantalon large (braie), d'une chemise à manches et d'une casaque (saie). Le peuple portait toute la barbe; les nobles ne portaient que la moustache.

Le guerrier gaulois avait pour armes défensives une cuirasse en métal battu ou une cotte en mailles de fer, un casque, un bouclier; pour armes offensives une espèce de javelot et une épée (1). La cote de mailles était d'invention gauloise; le casque était muni de cornes de cerf ou d'un cimier métallique et sculpté, et surmonté de panaches touffus qui grandissaient le combattant; le bouclier, orné de figures diverses, était parfois trop petit. Quant à l'épée, dénuée de pointe, elle frappait de taille et, en raison de son trop de longueur, s'émoussait sur la bordure de fer des boucliers romains ou sur les piques des triaires; au temps de Camille, les Gaulois la maniaient « à la barbare, lourdement et sans dextérité (2). »

Les Gaulois faisaient aussi un grand usage de l'arc et des flèches.

Rappelons enfin que les Éduens firent combattre des soldats armés d'une manière particulière, en menant avec eux à l'ennemi « les esclaves appelés *crupellaires*, destinés aux jeux des gladiateurs et entièrement couverts d'une armure de fer » (3).

f.) — Tactique. — César (4) nous apprend que les Gau-

(1) Quelquefois, surtout à l'origine, leur mépris de la mort poussait les Gaulois à combattre nus, même contre des adversaires pourvus de pièces défensives, mais ils restaient toujours armés d'un bouclier, les bas-reliefs en font foi. (Voyez, par exemple, le sarcophage de la Vigna Ammendola.)

(2) Plutarque, *Vie de Camille.*

(3) Tacite, *Annales*, iii, 43.

(4) *Guerre des Gaules*, vii, 15.

lois, quand ils restaient en bataille, s'asseyaient, comme dans leurs campements, sur des bottes de paille ou des fascines qu'ils portaient à dos dans les marches, et auxquelles ils mettaient quelquefois le feu, afin que la fumée masquât utilement leurs mouvements ou leur fuite.

La tactique de ce peuple était presque nulle : elle se bornait à la rapidité et à la force du choc. Dans les combats, il se rangeait ordinairement sur une ligne, les chars aux ailes, ou bien encore les chars au centre et la cavalerie aux ailes.

Quelquefois, il formait une ligne à double front; quelquefois, il se massait en carré, serrant les boucliers les uns près des autres, de manière à présenter un pourtour impénétrable.

g.) — Cruautés. — Longtemps les Gaulois tuèrent leurs prisonniers de guerre et coupèrent sur le champ de bataille les têtes de leurs ennemis; ces têtes, soigneusement conservées, devenaient un trophée de famille, trophée que chaque génération tenait à honneur d'augmenter; parfois, le crâne d'un adversaire, enchâssé dans un pied précieux, servait aux libations des festins. On cite même des combats après lesquels les Gaulois attachaient leurs prisonniers garrottés à des arbres, et tiraient dessus comme sur une cible.

Leur prédilection pour les larges blessures n'explique pas ces cruautés, qui avaient totalement disparu au début de l'ère chrétienne.

h.) — Fortification. — Parmi les places fortes de la Gaule, nous pouvons citer : Aduat (dans la province de Namur), entourée de rochers inaccessibles, et dont l'avenue se trouvait défendue par un double rempart; Vesontio (Besançon), presque enveloppée par le Doubs; Noviodunum (Noyon), dont les fossés étaient larges et les murailles élevées. Lutetia

(Paris), circonscrite dans l'île de la Cité, ne compte qu'en second ordre (1).

Voici, d'après César, le mode de construction des remparts de ces places : « Les murailles, chez les Gaulois, dit-il en ses *Commentaires* (2), sont presque toujours faites de la même manière. Ils couchent par terre, de leur long, de grosses poutres à 2 pieds de distance l'une de l'autre ; au dedans, ils les attachent ensemble par des traverses, et remplissent de terre ce vide de 2 pieds ; ce même vide est comblé à l'extérieur de grosses pierres. A ce lit de poutres, de terre et de pierres, ils en ajoutent un second, gardant toujours le même intervalle, de sorte que les poutres ne se touchent point, et sont supportées par les pierres placées entre chaque rang. L'ouvrage est ainsi continué jusqu'à la hauteur convenable. Ces rangs de poutres et de pierres, ainsi entrelacées en échiquier, font un assez agréable effet, et ces sortes de murailles sont très-utiles et très-commodes pour la défense des villes : car les pierres les mettent à couvert du feu et les poutres du bélier ; ces poutres ayant ordinairement 40 pieds de long, la muraille a de même 40 pieds d'épaisseur, et ne saurait être ni enfoncée ni démolie (3). »

Les Gaulois, sans camper chaque jour comme le voulait la prudence romaine, ce qui leur attira bien des désastres, possédaient quelque habitude des fortifications passagères :

---

(1) Les récentes publications sur Alesia, notamment celle de M. Ernest DESJARDINS, fourniront aussi des renseignements relatifs à la fortification gauloise : mais, en général, ces publications (que l'on peut consulter à un autre point de vue, celui de l'art des siéges chez les Romains) traitent avant tout de l'emplacement toujours douteux, ce me semble, de l'ancienne Alesia, située en Bourgogne suivant les uns, en Franche-Comté suivant d'autres.

(2) *Guerre des Gaules*, VII, 23.

(3) MAIZEROY pense que ce genre de muraille résisterait bien au canon. (*Art des siéges*, p. 47.)

quand ils se retranchaient sur une montagne ou toute autre
position défensive, ils enveloppaient leur camp d'un fossé et
d'une palissade ; plus tard, ils imitèrent les camps romains.

Les Nerviens avaient rendu leur pays impraticable à la
cavalerie et d'un accès difficile pour l'infanterie, en plantant
en terre les branches recourbées des jeunes arbres, et les entrelaçant de ronces et d'épines.

i.) — Siéges. — La célèbre défense d'Avaricum (Bourges)
par Vercingétorix dénote une certaine habileté dans la défense des places : on y retrouve l'emploi de galeries souterraines ou de mines sous les terrasses des assiégeants, art
spécial auquel s'entendaient surtout les Aquitains.

Les Gaulois étaient moins habiles pour assiéger : ils inves-
tissaient entièrement la place, chassaient au moyen de projectiles les défenseurs des remparts, et, se protégeant par la
tortue, approchaient des portes et démolissaient les murailles. L'attaque du camp de Cicéron montre des procédés
plus perfectionnés et imités des Romains, à savoir une ligne
de circonvallation, des tours et des projectiles incendiaires.

j.) — La Gaule romaine. — « La Gaule, a dit *Sigrais*,
défendit valeureusement sa liberté ; elle fut vaincue par ses
divisions intestines, par ses jalousies qui empêchèrent trop
longtemps la réunion de ses forces, par ses propres troupes,
qui combattirent souvent contre leur patrie ; par la discipline des Romains, par le génie et la fortune de César (1). »

Ce conquérant sut apprécier les brillantes qualités guerrières du peuple qu'il venait de mettre sous le joug. Il forma

(1) *Considérations sur l'esprit militaire des Gaulois*, par M*** (de Sigrais),
capitaine de cavalerie, chevalier de Saint Louis, de l'Académie des inscriptions. Paris, in-12, 1771, p. 614.

une légion gauloise, la légion *de l'Alouette*, emblème de gaieté et de vigilance; cette légion lui rendit d'éminents services dans la guerre civile et mérita ainsi *en masse* le droit de cité.

Sous l'empire, la Gaule devint une des plus importantes provinces romaines; ses habitants s'amollirent par la culture des lettres, des arts, des plaisirs, prudemment amenée par Auguste et ses successeurs. L'esprit inquiet des Gaulois se fit pourtant voir encore dans plusieurs révoltes.

§ 5. PARTHES.

Nous plaçons les Parthes dans ce chapitre, parce qu'ils ont été conquis en partie par les Romains sous Trajan.

Ce peuple, exclusivement cavalier, se garantissait souvent par des armures façonnées en écailles, et couvrait ses montures de cuir (1); il paraissait admirable à cheval. Il combattait en général de loin, escarmouchant, lançant des flèches innombrables avec l'irrésistible impétuosité que donne un arc puissant (2); ou bien, s'il approchait, c'était pour fuir (3) et attirer l'ennemi dans un pays dont les populations venaient de se retirer, et qu'il avait dévasté. Attaque subite, rapide, bruyante; adresse merveilleuse dans le tir; poursuite ou disparition instantanée (4), voilà presque à quoi se réduit sa

(1) *Essais* de MONTAIGNE, livre II, chap. 9.

(2) PLUTARQUE, *Vie de Crassus.*

(3) « Chez eux fuir c'était combattre, » a dit MONTESQUIEU (*Grandeur et décadence des Romains*, chap. 15). Dans la fuite, le cavalier parthe décochait ses flèches meurtrières par dessus son épaule, et cela en courant à toute vitesse.

(4) « Les Parthes, accoutumés à donner la chasse ou à prendre la fuite

tactique, qui a pour résultat ordinaire de lui faire perdre peu de combattants (1). Il offre assez de ressemblance avec les Numides, et il fut aussi fatal aux Romains.

Les Parthes non-seulement se dispersaient pendant l'hiver, mais s'ennuyaient de toute guerre dès qu'il fallait tenir long-temps la campagne, et s'en retournaient dans leurs foyers; jamais, d'ailleurs, ils ne faisaient de provisions, ce qui les exposait d'autant plus à la disette que les opérations se prolongeaient davantage.

Ils n'entendaient rien aux siéges ni à l'usage des machines.

Leurs chefs affichaient un grand luxe (2).

avec une égale adresse, quittaient leurs rangs et se mettaient au large pour porter leurs coups. » (TACITE, *Annales*, VI, 25.)

(1) PLUTARQUE, *Vie d'Antoine*.

(2) « Le *suréna* (ou général) fardé, parfumé comme une femme, invite gracieusement Crassus à une entrevue, et lui fait couper la tête. » (MICHELET, *Histoire romaine*, République, 1831, tome II, p. 255.)

CHAPITRE V.

—

PEUPLES BARBARES.

___

INTRODUCTION.

L'antiquité proprement dite vient de finir dans le chapitre précédent, et pourtant nous ne pouvons atteindre immédiatement au moyen âge et décrire son organisation militaire de la féodalité. Pendant que Rome impériale subsiste à peine, aux mains d'un peuple jadis si grand, aujourd'hui énervé et pratiquant un art militaire en décadence complète, pendant que la science de la guerre antique expire (nous sommes en droit de nous exprimer ainsi puisque le peuple romain avait conquis, absorbé le monde ancien), il surgit tout d'un coup, et contre Rome même, plusieurs nations nouvelles, inconnues, qui se ruent sur l'Italie, sur la Gaule, sur l'Espagne, sur Constantinople, et qui partout abattent l'aigle des Césars et s'implantent sur le sol.

Ces nations, ce sont les *barbares*. L'épithète vient des Romains eux-mêmes ; il ne faut, pour ce motif, l'adopter que sous bénéfice d'inventaire. Assurément, les conquérants de Rome jouissaient d'une civilisation moins avancée que les Romains; le fait est palpable et connu de chacun de nous par le seul souvenir des études classiques de sa jeunesse; mais, en revanche, ces conquérants possédaient en général plusieurs qualités périmées chez les vaincus, de ces qualités qui ne sentent pas trop la rudesse et la violence d'un barbare; je veux nommer, par exemple, la justice et la chasteté (1).

Les peuples barbares mettaient en œuvre une valeur qui est restée célèbre. Cette valeur est-elle la seule cause militaire de leurs victoires, la seule cause venant de leur part? La description de leurs procédés de guerre peut seule répondre à cette question intéressante; passons donc à cette description pour les principaux de ces peuples.

De la sorte, le présent chapitre soudera, dans notre *Histoire de l'art de la guerre*, les temps et les procédés guerriers de l'antiquité aux temps et aux procédés guerriers du moyen âge.

§ 1er. GERMAINS.

Quand un Germain mourait, on ensevelissait avec lui son cheval et ses armes, afin qu'il pût arriver en guerrier dans le Walhalla, paradis où combattre et manger étaient les principaux passe-temps.

Chez ce peuple, Montesquieu l'a remarqué (2), il n'existait que deux crimes capitaux et publics: la trahison, la lâcheté;

____

(1) Paul Orose (VII, 32, 44) en adresse déjà le reproche à ses contemporains.

(2) *Esprit des lois*, livre XXX, chap. 19. L'abandon du bouclier pour sauver sa vie constituait aux yeux des Germains la lâcheté la plus déshonorante. (Voyez Tacite, *Mœurs des Germains*, 42.)

on pendait l'homme coupable du premier, on noyait celui qui s'était laissé aller au second.

Dans la famille germaine, « l'enfant ne comptait pas encore, le vieillard ne comptait plus, la femme ne s'appartenait pas (1). » Tous trois se trouvaient sous la tutelle de celui qui était fort, qui avait la fonction de se battre, qui devait, pour son honneur, les protéger, et qu'en revanche ils servaient (2).

Ainsi la religion, la pénalité, l'organisation de la famille montrent que les Germains étaient surtout guerriers. Cette indication se retrouve dans la plupart des particularités qui les concernent, témoin le fait qu'ils applaudissaient au sein d'une assemblée en agitant leurs framées.

Ils allaient au combat en chantant; plus le chant s'élevait puissant et sonore, plus ils espéraient la victoire; ils augmentaient son intensité en le répercutant au moyen de leur bouclier placé devant leur bouche (3), et souvent même ils frappaient le bouclier de l'épée (4).

Outre la gloire, ils aimaient dans la guerre le mouvement et l'action; en temps de paix, au contraire, ils s'engourdissaient et sacrifiaient à l'indolence, à la bonne chère, au jeu, abandonnant à leur domesticité toutes les occupations, même celles concernant les terres et les troupeaux.

Pour traiter leurs affaires privées ou publiques, ils restent en armes, mais nul ne peut porter d'armes avant d'en

---

(1) MIGNET, *La Germanie, son introduction dans la société civilisée de l'Europe occidentale. (Mémoires historiques,* 1854, p. 129.)

(2) On consacrait également aux soins domestiques les infirmes et les esclaves.

(3) CRÉVIER, *Histoire des empereurs romains,* 1766, in-12, tome 1ᵉʳ, p. 234.

(4) PLUTARQUE, *Vie de Marius.* Voyez TITE-LIVE, XXVIII, 29.

avoir été jugé capable, et de les avoir reçues en cérémonie publique, soit d'un chef, soit de son père, soit d'un parent; de là, plus tard, chez les nations d'origine germanique, l'usage de faire la dégradation civique en ôtant au dégradé son épée et son bouclier.

Au moment d'entrer en lutte, le plus brave de la tribu ou de plusieurs tribus, suivant le cas, est élu pour général. Sous ce chef supérieur, chacun des chefs en sous ordre rassemble autour de lui un certain nombre de compagnons qui lui sont dévoués jusqu'à la mort, et qui partagent ses repas; plus il a de compagnons, plus il est honoré, élevé en dignité, et cet honneur, cette dignité, il les perpétue, les augmente en attirant, en enchaînant auprès de lui par des libéralités qu'entretient la guerre. Chef supérieur ou chef secondaire, il guide plutôt par l'exemple que par des ordres, car il ne peut infliger un châtiment, ce privilége appartenant aux seuls prêtres (1); aussi chez ce peuple, assez jaloux de sa liberté pour haïr l'autorité même bornée, la discipline militaire existe à peine.

En campagne, les Germains conservent à peu près leur organisation civile; ils sont fractionnés par centaines, par dizaines et chacune de ces fractions a un chef.

Le guerrier germain, à moitié nu, portait primitivement peu d'armes défensives. Cavalier ou fantassin, il avait un bouclier allongé, parfois rond, formé d'osier entrelacé ou de planches jointes et couvertes de couleurs éclatantes; le bouclier du cavalier était moindre que celui du fantassin. Pour le Germain, la cuirasse, le casque, constituaient une

____

(1) Tacite, *Mœurs des Germains*, 7. — Luden (*Histoire d'Allemagne*, livre III, chap. 6) s'appuie sur le dire contraire de César (*Guerre des Gaules*, VI, 23) pour soumettre au doute cette assertion de Tacite.

rareté, malgré les dépouilles des Romains tués ou faits prisonniers sur les bords ou au-delà du Rhin, malgré aussi les échanges commerciaux qui s'exécutaient déjà entre sa patrie et l'Italie.

En armes offensives, le cavalier germain possédait uniquement la framée, espèce de demi-pique légère, garnie d'une pointe de fer courte et aiguë, qui s'utilisait de près ou se dardait de loin. Le fantassin était, outre sa framée, armé de javelots qu'il lançait à de grandes distances. L'épée, la lance se montraient peu communément; cette dernière paraîtrait avoir consisté simplement, à l'origine, en un long bâton terminé par une pointe durcie au feu (1).

L'infanterie, voilà la force principale de ce peuple, et cela tient moins à ce qu'ils ont des chevaux médiocres et sont eux-mêmes des cavaliers inexercés, comme l'avance Tacite, qu'à la nature coupée de leur pays qui permet mieux les luttes à pied, et à cette circonstance que chaque Germain s'arme à ses frais et se trouve trop pauvre pour s'armer à cheval.

Du reste, leurs fantassins devenaient au besoin hommes de cheval pour remplacer les cavaliers tués ou mis hors de combat sur le champ de bataille; inversement, leurs cavaliers, montés à cru, savaient laisser leurs montures en arrière et lutter à pied, cas où ils visaient surtout à tuer les chevaux de leurs adversaires (2). Il ne faut donc pas s'étonner de cette troupe mixte de l'armée d'Arioviste, dont il est question dans César (3), troupe dans laquelle il figure autant

(1) SIGRAIS, *Considérations sur l'esprit militaire des Germains*, 1781, p. 40 et 41. — LUDEN, *Histoire d'Allemagne*, livre III, chap. 6.

(2) CÉSAR, *Guerre des Gaules*, IV, 12.

(3) *Guerre des Gaules*, I, 48.

de fantassins que de cavaliers; chaque espèce de combattants chargeait l'ennemi séparément, mais de manière à se protéger et à offrir aux plus exposés un point de ralliement; pour marcher en avant ou se retirer, les fantassins s'aidaient de la crinière des chevaux et les égalaient en vitesse, ce qui prouve de leur part une légèreté hors ligne, acquise sans doute au prix d'un long exercice. Exécuté de cette manière, le mélange des armes devient très-propre à l'escarmouche.

La formation habituelle de l'infanterie des Germains semble être en phalange, c'est-à-dire serrée et compacte, si nous en croyons un mot du premier et du plus habile adversaire que Rome leur ait envoyé (1). Suivant le même auteur, cette infanterie connaissait et employait la manœuvre de la *tortue* formée avec les boucliers. Tacite (2) lui prête le *coin* pour ordre de bataille; c'est évidemment un ordre de bataille accidentel.

Après une action, les Germains ont grand soin de retirer leurs morts.

Les chefs de guerre de ce peuple agissent avec réflexion et ne se fient pas toujours aveuglément à la force : voyez plutôt Arioviste déjouant, brisant l'ardeur gauloise en restant plusieurs mois, malgré les piéges qu'on lui tend, enfermé au milieu de marais, dans une position inexpugnable.

Ces positions fortifiées par la nature, entourées d'eaux, de bois, de montagnes, sont les seules places fortes des Germains; ils n'ont pour se défendre à l'intérieur, pour abriter leurs villages, ni enceinte maçonnée, ni retranchement; ils ne sauraient former autour de leurs habitations qu'un pourtour de chariots, comme on les voit quelquefois

____

(1) « Ex consuetudine suâ. » (CÉSAR, *Guerre des Gaules*, I, 52.)

(2) *Mœurs des Germains*, 6.

le faire en rase campagne sur les flancs et les derrières de leurs colonnes.

Leurs enseignes représentent des animaux connus dans le pays.

Tels sont les seuls renseignements positifs que l'on puisse donner sommairement sur l'art militaire d'un peuple qui a certes le plus contribué « à débiliter l'empire d'Occident, à l'énerver, à l'exténuer (1). » Ce résultat capital, obtenu par sa vigueur et sa persévérance, fait son éloge et sa gloire.

§ 2. GOTHS.

Je n'ai point à m'occuper de l'origine des Goths, et puis les prendre établis sur la rive gauche du Danube, vers la fin du IIIe siècle de notre ère.

Alors ce peuple, à la taille élevée, à la peau blanche, à la chevelure blonde, dont le coq était le symbole, avait une infanterie meilleure que sa cavalerie, et pourtant cette infanterie, inhabile à l'emploi des flèches et autres armes de jet, ne se servait bien que de l'épée ; elle portait en armes défensives un bonnet de fer et un bouclier. Ses chefs savaient à la fois, dans une bataille, mettre de leur côté les circonstances favorables et combattre vaillamment, témoin la journée d'Adrianople (2) (9 août 378), qui épouvanta tellement les Romains d'Orient, les vaincus, qu'ils y répondirent par un massacre général des jeunes Goths élevés dans les villes de leur domination.

Ces cruelles représailles témoignent de la terreur inspirée

______

(1) SIGNAIS, *Esprit militaire des Germains*, p. 444.

(2) Andrinople, si l'on préfère cette forme.

par la puissance militaire des Goths. Ils se divisèrent bientôt d'une manière définitive en *Ostrogoths*, ou Goths d'orient, et en *Wisigoths*, ou Goths d'occident, et sous ces deux noms aidèrent les empereurs, puis leur arrachèrent des provinces où ils se fixèrent.

Les Ostrogoths, même après avoir habilement conquis la Thessalie, ce qui mettait une solution de continuité entre les possessions européennes de l'empire, restaient misérables et affamés, parce que la culture de la terre leur était antipathique ; la passion des armes était encore leur seul mobile, et leur roi Théodoric fut obligé de les jeter sur l'Italie comme sur une proie. Pour y arriver, ils exécutèrent, pendant l'hiver de 488 à 489, une belle marche de 140 myriamètres, accompagnés de leurs femmes logées sur leurs chariots, où elles vaquaient aux soins domestiques. La présence de ces *impedimenta* leur était, comme chez presque tous les peuples barbares, doublement utile, car les femmes les excitaient, les aidaient durant le combat, et les chariots formaient un accessoire défensif. Maître et souverain de la péninsule italique, Théodoric fit de la concession d'une portion des terres, la solde permanente de ses troupes en temps de paix, et emprunta pour leur formation aux usages romains. Il divisa son infanterie à la mode légionnaire et l'arma du *pilum* (1); il augmenta beaucoup sa cavalerie ; il institua des vétérans, vieux soldats choisis parmi les plus braves, et auxquels il accordait sur son trésor une gratification annuelle jusqu'à leur congé définitif. Il établit à Ravenne, sa capitale, un gymnase où l'élite de la jeunesse s'exerçait aux armes sous sa vigilante direction. Ce grand monarque préférait les

(1) Les Ostrogoths ne paraissent pas avoir jamais été habiles à manier cette arme de jet, puisqu'on les voit appeler à leur secours, contre les Francs, les Gépides, renommés pour leur adresse à lancer des traits.

petites armées, pourvues de tout et bien disciplinées ; il dut
la victoire à ce sage système. Une de ses lois, en permettant
aux Goths de tester dans les camps, montre jusqu'où s'étend
sa sollicitude pour les guerriers (1).

Les Wisigoths, qui fondèrent un État puissant dans la
Gaule méridionale, eurent toujours peu de cavalerie (2), ce
qui étonne, puisqu'ils habitaient en partie un pays de plaine.
Leur infanterie excellait dans l'emploi de l'épieu et de l'épée,
se rapprochait dans sa formation de l'ordonnance romaine et
jouissait d'une grande réputation. Les Wisigoths armaient
et emmenaient à la guerre le dixième de leurs esclaves, qui
combattaient non en corps séparé, mais mêlés avec eux :
cette coutume augmentait sans danger leurs armées. Ils affectaient encore de porter des habits faits de peaux (3) ; sur le
champ de bataille ils relevaient leurs morts en chantant un
hymne en l'honneur des victimes de la gloire de la patrie. Ils
avaient la prétention de descendre du dieu Mars comme les
Romains. Leur indiscipline, leur intempérance les exposaient
parfois à des surprises : leur religion produisit le même effet
à la journée de Pollentia (403), où Stilicon attaqua et battit
le jour de la fête de Pâques leur roi Alaric, qui ignorait probablement l'exemple donné par les Machabées (4).

(1) Du Roure, *Histoire de Théodoric le Grand, roi d'Italie*, 1846, tome 1er,
p. 306, 307, 331 et 397.

(2) M. le comte DE CLONARD, dans son *Historia de las armas de infanteria
y caballeria*, ouvrage cité dans le chapitre précédent, dit à la p. 276 de son
tome 1er : « En campagne, la force principale des Goths était leur cavalerie ; »
mais il parle des Wisigoths installés en Espagne vers la fin du Ve siècle de
notre ère, c'est-à-dire d'une nation déjà organisée féodalement, et dont les
usages militaires appartiennent au chapitre suivant, qui traitera du *Moyen
âge avant la poudre*.

(3) Dubos, *Histoire de l'établissement de la monarchie française dans les
Gaules*, livre II, chap. 16, édit. in-12, 1742, tome II, p. 112 et 113.

(4) Voyez ci-dessus, chap. 1er, *Juifs*.

Ostrogoths et Wisigoths étaient fort inhabiles dans l'art des siéges, et n'avaient aucune idée des machines qu'on y employait. Ne les vit-on pas devant Rome (538) faire traîner à découvert leurs tours d'attaque par des bœufs, que plusieurs traits de la défense eurent bientôt mis hors de combat, au lieu de leur communiquer, suivant l'usage, le mouvement par un mécanisme intérieur confié aux bras de soldats cachés?

§ 3. VANDALES.

Procope donne aux Vandales une origine gothique. Plus d'un historien parle mal de leur courage (1), ce qui met une distance entre eux et les Ostrogoths ou Wisigoths, quoique l'on ne puisse refuser toute valeur à ceux qui, au nombre de 50,000 et dirigés par un prince doué de génie (Genseric), ont conquis l'Afrique septentrionale.

Dès leur arrivée en Afrique, ils quittèrent leur organisation militaire par tribus et bandes pour se diviser en quatre-vingts cohortes d'égal effectif, de 1,000 hommes chacune, ces cohortes se fractionnant en groupes de 100 hommes et de 10 hommes.

Dès lors aussi ils combattirent tous à cheval, armés uniquement de la lance et de l'épée; les archers qu'ils employaient étaient des mercenaires de race maure. Cette méthode explique comment ils réussirent dans leurs incursions de pirates sur les côtes de la moitié occidentale de la Méditerranée. Embarquant des chevaux sur leurs nombreux vaisseaux, ils se répandaient rapidement dans le pays aussitôt

---

(1) Dubos, *Histoire de l'établissement de la monarchie française*, livre 1ᵉʳ, chap. 18; édition citée, tome 1ᵉʳ, p. 278 et 279.

débarqués, y semaient l'épouvante (1), revenaient à leur flotte, se rembarquaient et couraient ailleurs.

Ils craignaient les fortifications, probablement par ce qu'ils ignoraient l'art de les attaquer; aussi, maîtres des villes, s'empressaient-ils d'en abattre les murailles, erreur déplorable qui contribua au prompt renversement de leur puissance autant au moins que la mollesse de leurs descendants.

§ 4. FRANCS [2].

Les Francs n'avaient d'autre arme défensive qu'un bouclier long, étroit, fait de bois ou d'osier, couvert de cuir; cela dura jusqu'au temps de Charles Martel, malgré leur imitation partielle des usages romains après leur installation en Gaule.

Ils combattaient presque exclusivement à pied, et on les voit encore à la bataille du Casilin (553) n'opposer à l'armée de Narsès ni cavaliers, ni archers, ni frondeurs.

Le fantassin franc, aux cheveux relevés en forme d'aigrette et aux moustaches pendantes, portait des vêtements en toile, serrés au corps par un ceinturon qui soutenait une épée; il avait encore une courte pique nommée *hang* et une hache dite *francisque*, son arme favorite (3). Dans la lutte, il lançait contre le bouclier de son adversaire son hang, qui

(1) GIBBON, *Décadence de l'empire romain*, chap. 36.

(2) Le lecteur consultera avec fruit, sur les Francs, la *Storia militare di Francia* de M. le professeur J.-B. CROLLALANZA, tome Ier, 2e édition, 1856, Fano, livre Ier, chap. 3, principalement p. 147 et suivantes. J'ai rendu compte de cet ouvrage important dans le *Spectateur militaire*. (Octobre 1857.)

(3) Suivant le P. DANIEL (*Histoire de la milice française*, tome Ier, p. 7), les Francs employaient l'arc, mais à la chasse seulement.

s'y maintenait par le crochet de son fer et le faisait baisser
par son poids, puis cherchait à frapper à toute volée du
tranchant de sa francisque son ennemi découvert. Cette manœuvre était assez bonne, mais elle exigeait un combat
corps à corps ou à une faible distance, à la distance où le
hang pouvait se lancer.

L'infanterie franque combattait, comme celle des Germains, tantôt en phalange, tantôt en coin (colonne), et couvrait la tête et les flancs de sa formation d'une haie de boucliers contigus, pour atténuer l'effet des traits auxquels
malheureusement elle n'avait à opposer de loin ni projectiles ni armures; elle attaquait avec une grande vitesse et en
jetant des cris terribles.

Les Francs étaient habitués et merveilleusement exercés à faire la guerre; cela tenait sans doute à leur passion de prendre les armes de bonne heure, vers 13 ou 14 ans. Mais, peu civilisés, dénués d'industrie, ils ne se montraient pas plus savants dans la poliorcétique que dans les raffinements de la tactique; « ils y suppléaient, a dit Sigrais (1), par ce courage national, à la fois fureur impétueuse et constance opiniâtre, dont l'honneur formait la base. » Vaincre ou mourir constituait leur maxime, et il était fort rare d'en voir de prisonniers (2). Chez eux, la loi salique le confirme, il y avait délit pour accuser de l'abandon du bouclier ou appeler *lièvre* (fuyard).

L'empereur Léon (3) nous les montre peu obéissants, inattentifs à se garder, dans leurs campements dispersés, par des postes et des réserves, faciles et prompts à se décourager; il recommande contre eux les attaques fréquentes, les embuscades, les longues négociations.

Au vii° siècle, les Francs étaient encore commandés à la guerre par les mêmes officiers qui les jugeaient en temps de paix; je cite ce fait pour prouver combien chez eux le commandement militaire resta longtemps le commandement unique et permanent.

Ce peuple, à son arrivée dans la Gaule, avait pour enseignes de petites bandes d'étoffe taillées en pointe ou arrondies par l'un des côtés.

---

(1) *Considérations sur l'esprit militaire des Francs et des Français*, 1786, p. 64.

(2) LA BLETTERIE, *Histoire de l'empereur Julien*, in-42, 1746, p. 116 à 118.

(3) Institution XVIII.

§ 5. HUNS.

Ammien Marcellin (1) nous a dépeint les Huns.

La tête forte, les yeux creux, la face déprimée et le crâne allongé dès l'enfance par des bandelettes comprimantes, pour que le casque tînt mieux; le haut du corps trapu et large; en un mot, des bêtes à deux pieds, voilà, suivant son expression, leur portrait physique. Le poëte Sidoine Apollinaire ajoute que les Huns ont peu de ventre, qu'ils sont petits à pied et grands à cheval.

Ce trait d'imagination a sa portée : il nous indique et nous grossit une qualité distincte de ces guerriers féroces, la qualité d'être d'excellents cavaliers. Ces guerriers forment une nation dont l'existence se passe à cheval, chacun d'eux commerçant, mangeant, dormant sur sa monture, qui est petite, laide, mais agile et infatigable; leur intention de vivre comme cavaliers est même telle qu'ils se chaussent maladroitement et se rendent incapables de marcher.

Une tunique de lin, portée jusqu'à ce qu'elle tombe en lambeaux, et une casaque de peaux de rats, jetée par dessus, voilà leur habillement.

Peuple errant, ils transportent leurs familles dans des chariots, ne construisent aucune cabane, mangent des racines crues, de la viande mortifiée sous l'assiette du cavalier. Avec ce système, ils sont essentiellement propres à effectuer une invasion.

Inhabiles dans les siéges et les attaques de retranchements, comme tous les peuples barbares, ils ne combattent pas non

(1) XXXI, 2.

plus avec ordre : se précipiter sur l'adversaire, tout renverser sur leur passage, ou céder pour se disperser et revenir ensuite, voilà leur tactique. S'ils sont battus, ils se réfugient dans l'enceinte formée par leurs chariots ; leur adresse, leur promptitude à lancer les flèches leur est alors d'un grand secours.

Ils luttent souvent l'épée à la main. Ils portent un filet que leur habileté à le lancer rend très-redoutable, filet avec lequel ils font, dans les déroutes et du haut de leurs chevaux, la chasse aux soldats, surtout aux officiers (1), piége mobile et enveloppant dont la main la plus libre et la plus sûre a peine à se débarrasser en le tranchant avec le poignard.

Leurs armées sont nombreuses, puisque le fameux Attila réunit 500,000 hommes pour envahir la Gaule (2). Ce monarque traverse le Rhin sur des ponts improvisés, au moyen de barques grossières, et agit dans cette campagne en général parfaitement renseigné sur le pays où il jette la guerre ; l'immensité de son pouvoir commence à lui fournir des moyens qui n'appartiennent ordinairement qu'aux chefs militaires des nations civilisées.

§ 6. NORMANDS [3].

Un auteur militaire italien (4) a écrit que les succès des

---

(1) Consultez : *Histoire d'Attila et de ses successeurs*, par Amédée THIERRY, 1856, tome Ier, p. 340.

(2) Au milieu du ve siècle.

(3) Ou *hommes du nord ;* ce nom leur fut donné à leur installation en France. Ils sont, comme on suit, d'origine danoise ou norwégienne.

(4) Luigi BLANCH, *De la science militaire considérée dans ses rapports avec les autres sciences et avec le système social,* Discours III.

Normands ne pouvaient s'expliquer, sous le rapport de la science, *par aucune supériorité militaire*. Ils les doivent, en effet, à une adresse sauvage qui avait laissé toute leur vigueur intacte. Ils les doivent aussi à leur habileté sur mer; ce sont, avant tout, des pirates qui exécutent ces audacieuses expéditions maritimes dont le tableau nous a été savamment retracé par M. Depping. Lancés non pas uniquement sur de faibles barques, comme on l'a répété avec trop de complaisance, mais sur des bâtiments gros peut-être comme nos chasse-marées (1), ils débarquent souvent avec des chevaux et par bandes sur une côte fertile, et remontent au besoin les rivières à l'aide de leurs plus légères embarcations. Ils choisissent alors une île, la fortifient, en font une place de dépôt et de refuge, et, sous la protection de cet abri, rayonnent et pillent dans divers sens. Rarement ils se maintiennent dans une ville.

Les Normands ont donc, quand on les considère au point de vue militaire, l'esprit aventurier. En outre, leur caractère est énergique, violent, opiniâtre; leur bravoure se ressent de leur genre de vie et monte au niveau des tempêtes; leur orgueil les détourne de sacrifier aux dieux; et, pour vaincre leurs ennemis, ils n'ont foi qu'en leurs armes, qu'en leurs forces.

Une de leurs lois déclare qu'on peut, sans lâcheté, fuir devant quatre ennemis; mais que le brave attaquera un adversaire seul, se défendra contre deux, ne cédera pas à trois.

Ils forment ensemble, pour le combat, des fraternités qui subsistent jusqu'à la mort. Leurs rois possèdent pour gardes des compagnons dévoués nommés *champions*, et signalés à

---

(1) *Archéologie navale*, par M. JAL, 1840, tome Ier, p. 434.

l'attention publique par une foule de succès dans des duels, dans des expéditions.

Leur armement consiste en une armure de mailles et un bouclier comme pièces défensives; en une épée et une hache comme pièces offensives, ou, du moins, ce sont les seules armes que je trouve indiquées avec certitude.

Le bouclier dénote qu'ils combattaient à pied; et, en effet, on les voit parfois attendre passivement le choc, ce que des fantassins seuls peuvent faire. Ils luttaient aussi à cheval pour piller plus rapidement et plus sûrement. Alors, s'ils n'avaient pu en amener, ils se montaient, aussitôt leur débarquement, sur des chevaux enlevés dans le pays, et *de marins se faisaient cavaliers*, disent les chroniques (1).

Les Normands recouraient à la ruse : on les voit, par exemple, faire sonner à grand renfort de trompettes et frapper sur leurs boucliers pour donner à croire à l'arrivée et à la coopération d'un grand renfort.

Ils avaient une fierté égale à leur audace et entretenue par la terreur qu'ils inspiraient (2). J'en rencontre une trace singulière. A l'entrevue où Charles le Simple céda la Normandie à leur premier duc (Roll ou Robert), celui-ci ne voulut pas baiser les pieds du roi, suivant l'étiquette, mais fit avancer, pour le remplacer dans cette formalité, un de ses gens, qui se courba sans plier le genou et leva très-haut le pied royal pour le porter à ses lèvres, « de façon que

(1) Expression citée d'après Augustin THIERRY, *Histoire de la conquête de l'Angleterre par les Normands*, livre II, édition grand in-18, de 1846, tome Ier, p. 100.

(2) *A furore Normannorum libera nos*, *Domine*, ajoutaient alors les habitants de plusieurs des provinces françaises à leurs litanies.

Charles donna du dos en terre, et sa chute fut accompagnée d'une grande risée (1). »

§ 7. HONGROIS [2].

Ce peuple, le troisième ban de la race hunnique, épouvanta l'Europe (3) autant que les guerriers d'Attila.

Petits, vifs, de figure basanée, difforme, cicatrisée, au fond de laquelle brillent des yeux perçants, tels sont les Hongrois au physique. Au moral, ils sont cruels, féroces, égorgent tous ceux qu'ils rencontrent, boivent le sang de leurs ennemis, avalent comme remède leur cœur découpé en morceaux ; véritables fléaux pour les pays qu'ils attaquaient, ils existent encore aujourd'hui dans les traditions populaires, et, déguisés sous le nom d'*ogres,* servent d'épouvantail pour les enfants.

Les Hongrois se font raser la tête, dans le but de ne donner aucune prise à leurs adversaires.

Ils vivent, ils combattent à cheval ; habillés de peaux de bêtes fauves, ils portent un arc de corne et lancent avec dextérité des flèches énormes. Leur lutte est un éparpillement : accourir avec vitesse, décocher leur flèche, s'enfuir rapidement pour attirer dans une embuscade, voilà leur tactique habituelle, qui présente quelque analogie avec celle des Parthes et des Numides.

(1) *Histoire générale de Normandie*, par DU MOULIS, Rouen, 1631, chez Osmont, in-folio, p. 23.

(2) DUSSIEUX, *Essai historique sur les invasions des Hongrois en Europe et spécialement en France*, p. 16 et 17. Cet excellent travail a été couronné par l'Institut (Académie des inscriptions) en 1839.

(3) Au Xe siècle.

Ils mangent de la viande crue ou échauffée sous leur selle. Ce fait marque encore leur inséparabilité de leur monture, car il n'appartient qu'aux peuples éminemment cavaliers.

§ 8. SARRASINS.

Les Sarrasins ou Arabes, ces sectateurs de Mahomet dont les conquêtes en Asie, en Afrique, en Europe grandirent si rapidement, inventèrent, dit-on, les tournois. Ce fait, vrai ou faux, prouve toujours qu'ils devaient porter des pièces défensives; et, en effet, on les voit à la bataille de Tours, luttant contre les Francs de Charles Martel, avec des cottes rembourrées et piquées. Ils couvraient aussi de plaques d'argent leurs baudriers et même leurs chevaux, mais de manière à rester agiles, prestes, à pouvoir exécuter le caracol (1). Bien mener un cheval constituait leur principale habileté individuelle; ils excellaient aussi à lancer des traits L'épée, la lance courte et l'arc étaient au reste leurs seules armes offensives; sous ce rapport, comme sous celui des machines et des fortifications, ils se maintenaient dans un état d'infériorité, ce qui s'explique d'autant moins que, sans posséder l'esprit d'invention, ils savaient imiter.

Leur discipline restait solidement tendue sous l'influence d'un mélange habile de générosité et de justice (2) envers les services des guerriers. Leur courage brillant, plus brillant que les talents de leurs chefs, s'animait par l'espoir du

(1) Nous dirions aujourd'hui la *fantasia*.

(2) Le calife Omar, après la prise de Ctésiphon (632), ordonna de découper un magnifique tapis de soie et en distribua les lambeaux à ses frères.

butin (1) et le désir d'étendre leur religion. On rapporte des premiers d'entre eux qu'ils versaient des larmes lorsqu'ils ne pouvaient se trouver à un combat. Leur activité était grande et atteignait au diapason de leur dicton : « Nous nous reposerons dans l'autre monde. »

Une bataille sarrasine se composait d'une série d'escarmouches, de duels, et demeurait souvent indécise. Ce peuple ne combattait pas en ligne compacte d'infanterie, mais sur deux lignes mouvantes et s'éparpillant, l'une d'archers, qui engageait l'action, l'autre de cavalerie, qui l'achevait. Il avait donc fort à faire, malgré son assez grande profondeur, contre les troupes serrées, au pied ferme et au bras pesant, surtout au milieu d'une plaine unie.

Les défauts des Sarrasins consistaient à s'engourdir au froid et à la pluie, à s'endormir facilement, à ne pas se rallier (2). On a attribué ce dernier défaut à leur ignorance dans la tactique.

Le long turban ne leur était pas aussi inutile que nos habitudes occidentales nous incitent à le penser : au siége du château d'Alep (638 de notre ère), cette coiffure déroulée facilita l'escalade.

Pour effrayer les chevaux de leurs adversaires, ils produisaient un grand bruit de cymbales; l'aspect et l'odeur des chameaux chargés de leurs bagages ajoutait dans le même but à l'effet de ce bruit.

Les Sarrasins, qui envahirent le midi de la France du viiie au xe siècle, adoptèrent par imitation le bouclier, la cuirasse et la longue lance, recrutèrent en partie leurs bandes parmi

(1) Le chef en prélevait le cinquième : tout le reste appartenait aux soldats et le cavalier recevait le double du fantassin.

(2) L'empereur LÉON, *Institution* XVIII.

les habitants, soit volontaires, soit captifs, et construisirent sur notre sol plusieurs tours d'observation nommées *re-baths* (1).

CONCLUSION.

Le coup d'œil que nous venons de jeter sur les usages militaires de plusieurs peuples barbares a dû saisir le lecteur par sa diversité même, et pourtant un lien commun, une filière philosophique unit ces tableaux, dont le cadre paraîtra peut-être trop étroit, malgré nos efforts pour y faire entrer tout ce qu'il est utile de connaître. Ils font tous en effet toucher du doigt que l'art militaire a sensiblement déchu de ce qu'il était sous les Romains. Plus d'organisation guerrière puissante, entendue; plus de tactique d'ensemble, aux masses de différentes armes, aussi mobiles que les individus; plus de discipline; plus d'administration militaire; plus de cet art et de cette industrie qui permettent d'employer des machines et d'attaquer ou de défendre des places; rien, ou presque rien de ce qui donne la victoire aux nations civilisées. Ainsi, les barbares ont réussi avec un art imparfait; leur valeur, leur multitude et la décadence militaire chez les Romains ne me paraissent pas suffire à l'explication de ce résultat, et j'ajouterai deux causes :

1° *Leur vigueur*. Si ce n'est la vigueur même du corps, qui ne peut s'appliquer à tous, du moins la vigueur ou plutôt la rudesse des mœurs; c'est là bien certainement la séve qui les anime et renverse des adversaires efféminés, quitte à se corrompre ensuite au contact.

---

(1) *Invasions des Sarrasins en France*, par M. REINAUD, de l'Institut, 1836, p. 252, 239, 256 et 295.

2° *Leur habileté stratégique.* Circonstance singulière et pourtant vraie dans son ensemble, les barbares possèdent l'entente de la stratégie, et se conforment dans leurs invasions aux règles fondamentales de cette science des conquérants. Cela tient à la simplicité native de la stratégie, à la perpétuité de ses règles au travers des temps, des âges du monde (1).

Les barbares, vainqueurs du monde romain, ont-ils repris *in extenso* les traditions militaires des vaincus, ou bien se sont-ils faits les créateurs d'une organisation particulière et d'usages nouveaux? C'est ce qui nous reste à examiner.

(1) Reportez-vous au chap. 2 (*Période barbare*) de mon Mémoire sur le *Parallélisme des progrès de la civilisation et de l'art militaire.*

CHAPITRE VI.

—

LE MOYEN AGE AVANT L'USAGE
DE LA POUDRE.

INTRODUCTION.

Avant la bataille de Vouglé (507), où il vainquit Alaric et
ses Wisigoths, le roi des Francs, Clovis, se trouvait embarrassé parce que la Vienne coulait entre lui et ses ennemis ;
alors, raconte Grégoire de Tours, une biche de haute taille
s'élança dans la rivière et la franchit sans perdre pied à la
vue de toute l'armée, qui ne tarda pas à profiter du gué
dont l'existence venait de lui être révélée.

Au moment de livrer une bataille imminente (574), mais
qu'un traité de paix rend aussitôt inutile, le roi d'Austrasie,
Sighebert, invite son frère et adversaire Chilpéric à choisir
le lieu de l'action, et lui propose de l'arrêter d'un commun
accord. Le même fait se reproduit à propos de la bataille de
Vincy (dans le Cambrésis), livrée le 21 mars 717, et cette
fois la fixation du lieu et de l'heure de la lutte se détermine
d'un commun accord.

Ces deux faits nous dévoilent une grande candeur au point
de vue de la science de la guerre ; ainsi Clovis, ce monarque

vif et rusé, se met, suivant la chronique, patiemment en prières et implore le secours divin au lieu de faire reconnaître la rivière par quelques nageurs; ainsi le roi Sighebert abandonne volontairement les avantages qu'il pouvait tirer d'un champ de bataille étudié et d'une attaque rapide, inattendue; mais ils nous montrent surtout les traditions miraculeuses se mêlant à une certaine tendance généreuse, chevaleresque; sous ce rapport, ils nous font assister à la fois à une barbarie, à une jeunesse de peuple subsistant encore, et à un adoucissement de mœurs, à un commencement de politesse qui ne ressemble guère à la rudesse dont nous parlions à la fin du chapitre précédent; ce spectacle est caractéristique, et peint au mieux la situation sociale du moyen âge, non-seulement à son début, mais encore en son plein et entier développement.

La période du moyen âge, militairement parlant, embrasse presque tout le xvie siècle et court jusqu'au roi de France Henri IV; mais nous n'avons à le considérer ici qu'antérieurement à la poudre de guerre, dont l'usage produit effet dans les premières années du xive siècle; c'est dire suffisamment qu'en prenant pour son origine l'installation des peuples barbares sur les terres de la domination romaine, nous devons en ce sixième chapitre la conduire jusqu'à la fin des croisades.

L'installation des peuples barbares semble annoncer un résultat prochain, celui de leur fusion avec la population au milieu de laquelle ils se sont implantés; de cette fusion des vainqueurs et des vaincus sortiront des nationalités nouvelles et vivaces. Ce résultat s'est produit, la barbarie disparaissant au contact d'une civilisation, elle qui se retrempait et humait de l'énergie au milieu des bouleversements et des débris.

Des écrivains, adonnés à l'induction, ont voulu partir de là pour deviner les penchants innés de chaque nation fusionnée, et les ont souvent composés en proportion égale des penchants des vainqueurs et des penchants des vaincus; établi de la sorte, le calcul est trop simple; la question demeure en effet d'autant plus complexe qu'une série de causes curieuses à rechercher et à élucider mit indubitablement l'influence tantôt du côté des vainqueurs, tantôt du côté des vaincus.

Je n'en veux qu'un exemple : la nation française provient du mélange des Francs et des Gaulois, peuples guerriers et célèbres, le premier par son infanterie, le second par sa cavalerie; elle n'eut pas cependant à son début autant de cavaliers que de fantassins, proportion qui fut atteinte sous Charlemagne. Bientôt le nombre des cavaliers s'accrut et dépassa celui des hommes de pied; or, revirement digne d'attention, ce furent justement les Francs qui adoptèrent alors exclusivement le mode de combattre à cheval; mais cela tient à une modification essentielle dans la constitution de la société, à la création d'un nouvel ordre politique sur lequel il est nécessaire de nous arrêter un instant.

Pour exposer cette transformation, nous resterons dans l'exemple que nous venons de choisir, chez les Francs et dans la Gaule; les Francs, en effet, ont leur histoire liée à celle de toutes les peuplades germaniques; ils ont formé des débris de leur empire les principaux États européens; ils ont été en Europe (1) les promoteurs du système de la féodalité.

____

(1) Je dis à dessein *en Europe* : la féodalité avait déjà dominé partiellement en Asie, sous les rois parthes, et on la retrouve, au XIe siècle, chez les Turcs seldjoukides, maîtres de la Perse et de la Mésopotamie. Consultez : *De l'Art militaire chez les Arabes au moyen âge*, par M. REINAUD, de l'Institut, dans le *Journal asiatique*, 1848, n° 9.

Conquérants de la Gaule, les Francs paraissent y avoir pris les maisons et les terres qui leur convenaient, en avoir formé des lots et les avoir tirées au sort à l'instar de tout butin, car il ne subsiste aucune trace d'un partage régulier entre eux. Devenus propriétaires, ils regardèrent leurs biens, leurs *alleux*, comme aussi indépendants que leurs personnes, et ne voulurent les assujettir à aucune obligation ; la société pouvait s'annuler dans cet isolement de l'individu possesseur, agissant encore en membre volontaire d'une tribu, et astreint au service militaire uniquement au titre de Franc et de compagnon du chef ; Charlemagne le comprit et mit un impôt de guerre (814) sur toute propriété, à raison d'un guerrier pour trois manoirs ; cet impôt n'était qu'un palliatif, et le système de la propriété allodiale, à peine corrigé, disparut assez promptement devant le système de la propriété bénéficiaire, « seul capable, à ce degré de civilisation, de former d'un grand territoire un État, et de la masse des propriétaires une société (1). » Charles Martel avait jeté les bases de ce nouveau système, en concédant, dès 739, des bénéfices avec stipulation expresse de l'obligation du service militaire pour sa personne.

Cette obligation était formelle ; le refus de l'accomplir entraînait la perte du bénéfice ; le retard à se rendre au lieu de la convocation amenait une punition d'autant de jours d'abstinence de vin et de viande qu'il y avait eu de jours de retard.

Le souverain ne fut pas seul à distribuer des bénéfices ; les chefs de bande à l'origine, les grands propriétaires plus

---

(1) M. Guizot, *Essais sur l'histoire de France*. Des Institutions politiques en France sous les Mérovingiens et les Carlovingiens, chap. 1er, § 1er, 6e édit., 1844, p. 70 et 73.

tard, en accordèrent aussi, sous condition de la même obligation, de la même fidélité. Dès que le nombre des bénéficiaires devint considérable, les possesseurs d'alleux se trouvèrent isolés, sans appui, exposés aux coups des propriétaires puissants appuyés déjà sur d'inaccessibles châteaux forts; ils durent se *recommander*, dans la plupart des cas et surtout hors des villes, au plus voisin de ces seigneurs et lui donner leurs terres, qu'ils reçurent aussitôt de lui à titre de bénéfice ou de fief. La société se trouvait dès lors organisée au moyen de chaînons successifs, chaînons purement moraux il est vrai, et parfois peu solides, notamment dans le haut de l'échelle, mais enfin il y avait société et la féodalité restait constituée; reposant uniquement sur la possession de la terre, elle différait des constitutions politiques anciennes.

Une différence analogue se produit dans l'ordre militaire, et l'organisation des armées change entièrement de face.

L'armée d'un pays, l'armée royale, car le roi fut toujours en droit le chef, obéi ou non, des troupes recrutées dans toute la circonscription nationale; cette armée, dis-je, se compose dès lors, au point de vue des levées, de plusieurs parties essentielles à distinguer :

1° Des troupes formées dans les domaines du roi, lui appartenant comme seigneur direct, commandées par des officiers ou gentilshommes qu'il désigne.

2° Du restant des hommes libres, possesseurs de terres allodiales, mais n'ayant ni bénéfices, ni fiefs, conduits à la guerre par le comte, c'est-à-dire par le magistrat militaire et civil préposé au gouvernement de la province ou de la cité, soit par l'autorité royale, soit quelquefois par l'option populaire. Les sous-ordres du comte s'appellent vicaires ou centeniers; on voit par ce dernier nom que la réunion des hommes libres se fractionnait par centaines, fractionnement qui se retrouve dans les ordonnances des rois francs dès la fin du vi⁰ siècle.

3° Des contingents amenés par les feudataires et vassaux directs de la couronne, les contingents de ces *grands vassaux* (1) se formant eux-mêmes de la réunion des troupes de combattants conduites et commandées par les vassaux de chacun d'eux, qui n'étaient que des *petits vassaux*. Quand un grand vassal exerçait dans la maison du roi un emploi qui l'empêchait de mener son contingent, le comte royal en prenait le commandement. Les évêques ou abbés finirent par se faire remplacer à la tête des troupes par des *avoués* (2) ; tout porte à croire que les veuves agissaient de même quand elles figuraient sur les rôles de feudataires, en raison de leurs possessions (3).

Ainsi, nulle homogénéité dans l'armée dont le chef (le roi) n'a réellement autorité que sur la première partie, c'est-à-dire sur les soldats levés dans ses domaines particuliers ; car les comtes qui commandent les hommes libres ne tardent pas à profiter de la faiblesse des successeurs de Charlemagne pour se transformer en propriétaires héréditaires, et, quant aux grands vassaux, ils traitent avec lui d'égal à égal (4) ;

(1) Plusieurs de ces grands vassaux portaient le simple titre de *comte*, par exemple le comte de Flandre et le comte de Toulouse : il ne faut pas pour cela les confondre avec les comtes royaux ou élus, chefs militaires des hommes libres, car ils étaient souverains et reconnaissaient à peine la suzeraineté du roi ; c'est le cas, du reste, de rappeler que primitivement les titres nobiliaires, loin d'être classés hiérarchiquement comme plus tard, n'impliquaient rien à l'avance et ne limitaient nullement la puissance.

(2) Parfois même des abbés obtinrent du souverain l'exemption du service militaire pour leurs hommes.

(3) Montesquieu, *Esprit des lois*, xxx, 17. — Daniel, *Histoire de la milice française*, tome I⁰ʳ, p. 72.

(4) « *Qui t'a donc fait comte ?* écrit Hugues Capet au comte de Périgord, qu'il n'ose attaquer, tout en voyant avec peine ses agrandissements jusqu'à Tours (990) : — *Qui t'a fait roi ?* répond fièrement l'interpellé. » Plusieurs

ce manque d'homogénéité doit saper évidemment et la discipline et la tactique, résultat sur lequel nous reviendrons.

A ces trois parties ou classes de combattants nous pouvons ajouter :

4° *Les mercenaires*. Les grands vassaux poussèrent à l'emploi des troupes étrangères soldées, qu'ils redoutaient moins que les troupes d'hommes libres, qui contenaient en germe, malgré l'usurpation des comtes, les futures milices communales, fatales à leur pouvoir par l'esprit d'indépendance qu'elles créaient et entretenaient. — En outre, les monarques, pour se maintenir sur le trône, se voyaient quelquefois obligés de recourir à des soldats enrôlés en tous pays à prix d'argent, comme le fit en 1137 le roi d'Angleterre Étienne de Blois, qui recruta surtout parmi les Flamands et les Bretons.

Si les armées féodales diffèrent des armées antiques, et principalement des armées romaines, par leur recrutement et par la manière dont s'y exerce le commandement, elles offrent aussi cette singularité qu'elles ne sont pas réunies pour la durée de la guerre, mais bien pour un temps limité convenu à l'avance, et auquel il faut subordonner la conduite des opérations. L'obligation du service féodal se borne généralement à trois mois, et l'ancien usage veut que chacun soit pourvu de vivres pour ce laps de temps ; Hugues Capet, à son avénement, le réduit à quarante jours pour complaire à ceux qui l'ont mis sur le pavois ; au delà de ce terme, le service devient volontaire. De là deux tendances : celle des grands vassaux, qui désirent faire diminuer encore le temps du service obligatoire et le restreindre au cas d'invasion du

____

siècles après, le connétable comte d'Hereford adresse une réponse aussi fière au roi d'Angleterre Édouard Ier.

pays ; celle des monarques, qui cherchent à augmenter la durée de ce service, à la porter à deux mois, comme le fit saint Louis, à quatre mois, comme le fit momentanément Philippe le Bel après la défaite de Courtray.

Observons qu'au moyen âge c'est le fief qui donne le droit aux armes, et cela doit être, puisque chaque possesseur de terre a besoin de veiller à la conservation de son bien, à la défense de son territoire ; là réside une question d'intérêt général. Les seigneurs naissent donc guerriers. Comment combattront-ils ? comment feront-ils combattre leur entourage ? Évidemment à cheval, pour être mieux vus des leurs, pour pouvoir se joindre au chef de l'armée et ne pas lui paraître inférieur. Les chevaux sont chers (1), car les bouleversements occasionnés par les invasions et les conquêtes des peuples barbares ont appauvri les pays et entravé les produits de l'agriculture ; raison de plus : montés, entourés de cavaliers, ils prouveront mieux leur puissance et leurs richesses. D'ailleurs, à cheval, surtout en se couvrant, eux et leurs chevaux, d'armes défensives de la trempe la plus fine, que leur prix excessif interdit aux pauvres gens, ils se distingueront des masses, se mettront hors ligne, hors d'atteinte même, et, tout en étant à même de bien combattre l'ennemi, tiendront mieux en respect de toute manière les populations qui leur sont soumises.

Le cheval devient, pour ces motifs, l'auxiliaire obligé du guerrier noble (2) et de sa suite ; bientôt même le dédain atteint les combattants, gens de pied ; personne ne s'en occupe plus, et sous l'empire de ces idées d'engouement, por-

----

(1) Il y en eut de payés jusqu'à un talent.

(2) Sauf en Angleterre. Dans ce pays, à la fin du XIe siècle, un guerrier accompli n'était pas nécessairement un cavalier.

tant le germe de leur perte dans leur exagération même, la cavalerie se multiplie, compose le fond principal des armées.

L'accessoire dans l'usage finit souvent par primer; c'est ici le cas, et l'expression de *chevalier* remplace rapidement celle de seigneur. Tous les chevaliers se considèrent comme solidaires, et l'idée d'une corporation surgit; cette corporation, c'est la *chevalerie* (1), qui fut pleinement constituée au xi° siècle.

L'idée première, c'est que, pour en faire partie, pour porter le titre de chevalier, il ne suffit pas d'être né dans une famille puissante et riche, il faut encore se montrer digne de ce titre et l'*obtenir;* il faut l'obtenir par des qualités guerrières et morales, et de là l'émulation au sein même du privilége. Nul ne peut, en effet, prétendre à la dignité de chevalier, s'il ne fait ses *preuves*, c'est-à-dire s'il ne prouve :

1° *La noblesse de sa naissance*. Il s'agit ici d'une gentilhommerie de nom et d'armes, autrement dit, suivant du Cange, d'une noblesse à quatre quartiers : deux générations du côté paternel, deux générations du côté maternel. On était sévère sur cette condition, surtout en France, et il n'y avait que le souverain (roi ou empereur) qui pût y déroger en faveur d'un *vilain* distingué par son courage et ses exploits.

2° *L'âge de 21 ans*. Cet âge était exigé pour que l'on eût servi avant de devenir chevalier; plusieurs exemples montrent

---

(1) On a exagéré, à notre avis, en présentant la chevalerie comme uniquement créée pour protéger la religion, les femmes et les opprimés : elle eut aussi une destination militaire , certes la mieux observée de toutes, et nous devons l'envisager ici principalement sous ce point de vue. M. Ozanam (*Civilisation chez les Francs*, chap. 8) ne trouve d'ailleurs *rien de chrétien* dans la féodalité : « L'Église, dit-il, ne pouvait consacrer le principe païen de l'inégalité des races; elle ne condamna pas l'aristocratie militaire, elle la supporta. »

que la dispense de cette condition s'accordait exceptionnellement, surtout aux jeunes princes.

3° *Son courage et son adresse dans le maniement des
armes*. On débutait ordinairement (1) par être *page* dès l'âge
de 7 ans chez quelque seigneur; à 14 ans on devenait
écuyer (2). C'est alors qu'on soignait les armes, les chevaux,
qu'on s'exerçait à toutes sortes de jeux et de simulacres
guerriers qui donnaient l'adresse et la vigueur; on accompagnait son maître au combat; on portait son armure; on la
lui mettait; puis, placé derrière lui, on lui passait un cheval frais, on parait les coups qui lui étaient portés, on recevait ses prisonniers. La vie de l'écuyer se passait presque en
public, au milieu de ses compagnons, et c'était à lui à se
faire par son épée la réputation de valeur et d'habileté nécessaire pour être admis à réclamer la chevalerie. Cette épée,
il en connaissait l'importance dès sa *sortie de pages*, puisqu'elle lui était à ce moment remise bénite par un prêtre, en
présence de son père et de sa mère agenouillés devant l'autel, un cierge en main.

La chevalerie se conférait en grande cérémonie (3). Cette
cérémonie avait une partie religieuse, une partie militaire.
Veiller dans une église ou une chapelle, avec ses parrains et
un prêtre; jeûner, se confesser, communier; purifier son
corps par un bain et la prise d'habits blancs; écouter l'explication des articles de foi et de morale enseignés par le

(1) On pouvait devenir chevalier sans avoir été page et écuyer.

(2) Il s'agit ici de l'*écuyer suivant* et non de l'*écuyer fieffé*, c'est-à-dire
ayant fief de haubert : ce dernier, que nous devons considérer en ces pages
rapides comme une exception, combattait à l'instar d'un chevalier et commandait parfois à de plus grands seigneurs que lui. (Exemple : *Enguerand de
Bournonville*, à la défense de Soissons, 1414.)

(3) Tout chevalier pouvait la conférer, même à un ennemi, même au milieu d'un combat. La *fraternité d'armes* pouvait aussi exister entre deux che-

christianisme ; se présenter à l'autel, entendre la messe et recevoir son épée bénite par le prêtre officiant, tels sont les actes successifs de la partie religieuse. La partie militaire est aussi imposante. Le seigneur qui va octroyer la chevalerie se trouve dans la grande salle ou la cour de son château, assis au milieu d'une brillante réunion. Le novice arrive lentement, recueilli, l'épée pendue au cou comme à l'église ; il s'agenouille : « Pourquoi souhaites-tu la chevalerie ? lui demande-t-on. Est-ce pour jouir de la richesse et du repos ? — Non, répond-il modestement. Je la veux pour maintenir la religion et honorer la chevalerie. » Et il prête un serment en vingt-huit articles. Les assistants l'*adoubent* aussitôt des éperons, du haubert, de l'armure, de l'épée. « Au nom de Dieu, de saint Michel, de saint Georges, je te fais donc chevalier ; sois preux, hardi, loyal, » prononce alors le seigneur en donnant à celui qu'il reçoit l'*accolade* (trois coups d'épée sur le cou) ou la *paulmée* (un léger coup de la paume de la main sur la joue). A ces mots, des chevaliers s'approchent, le coiffent du heaume, lui remettent l'écu (bouclier), la lance ; on lui amène son cheval ; il s'élance, caracole, fait parade, chevauche dans toute la ville et jette largesses au peuple ; il est chevalier et doit désormais, suivant le langage pittoresque du temps, *férir haut et parler bas !*

A la guerre, la *veille des armes* se passait dans une tranchée ou dans une mine ; la réception s'abrégeait et le candidat présentait son épée par la garde à celui qui devait l'armer.

Fait singulier, on armait plutôt la veille d'une bataille que

valiers de nations différentes, mais le serment qui la constituait se trouvait dénoué par la déclaration d'hostilités d'une de ces nations à l'autre.

le lendemain (1), ce qui renverse toutes nos idées sur le système des récompenses. Brantôme cherche à nous l'expliquer : on redoutait que le sort des armes ne tirât de ce monde le chef qui vous avait promis l'accolade, ou ne vous en tirât vous-même, sans le souvenir glorieux pour vous et vos héritiers d'avoir été chevalier. Et il ajoute, pour montrer combien les idées se modifièrent ensuite à ce sujet : « Aujourd'huy, cette petite usance de ceremonie d'ambition ne se pratique gueres plus: car ou mourant vaillamment là, ou survivant ayant très-bien fait, l'on est aussi honorablement créé comme si cette ceremonie s'y fust solemnisée, et possible encore mieux (2). » En effet, de son temps, la chevalerie se conférait après l'action, témoins François Ier, armé par Bayard le soir de la bataille de Marignan (1515); Montluc, reçu par le duc d'Enghien après la journée de Cérisolles (1544); Tavannes, fait chevalier à la suite de la bataille de Renty (1554); mais ces exemples s'éloignent déjà d'un siècle et demi de la période qui nous occupe.

On distinguait deux espèces de chevaliers : les chevaliers *bannerets*, assez puissants pour mener avec eux plusieurs gendarmes, plusieurs *lances*, et qui portaient à leur propre lance une bannière ou drapeau carré; les bas-chevaliers ou *bacheliers*, qui ne portaient qu'une cornette à pointe, en forme de banderole. Ces formes distinctives des drapeaux se reproduisaient dans certains détails des demeures seigneuriales, notamment dans les girouettes qui les surmontaient.

Les chevaliers se distinguaient encore entre eux par des signes et ornements particuliers, symboliques de leurs

---

(1) On le fit même quelquefois sans que la bataille qui semblait imminente eût lieu. (Voyez FROISSART, chap. 43.)

(2) *Vies des hommes illustres et grands capitaines français*, Charles VIII.

exploits ou de leur origine, placés sur leur écu, leur cotte d'armes, leur bannière ou leur pennon, et qui, réduits depuis en nombre et en étendue, sont devenus les *armoiries*.

Malgré ces distinctions, il régnait parmi les chevaliers un esprit d'égalité qui faisait merveille dans certaines circonstances en produisant chez tous la même envie de se signaler par des exploits, mais qui devenait nuisible là où il fallait de l'obéissance, de la prudence même, et déjà pointe ici un des inconvénients de la chevalerie, sous le rapport militaire.

Cette institution offre d'autres inconvénients.

Elle est plus propre à la défensive qu'à l'offensive. Cette qualité procède chez elle de l'organisation féodale, en vertu de laquelle chaque point d'un territoire a toujours un chef militaire désigné dans le seigneur ou son héritier, et des soldats permanents dans les vassaux ou les fils des vassaux de ce seigneur. Sur place, ce système est une hydre sans cesse renaissante, d'autant plus puissant que l'intérêt le pousse à agir, et qui semble avoir été posté en connaisseur pour résister aux nouvelles invasions barbares, dont il ne veut plus, après en avoir profité. Loin de la terre qui sert d'appui à son influence, à sa domination, la force de l'ensemble, de l'organisation lui manque et est remplacée par la force individuelle toujours limitée. Aussi, sauf quelques exceptions comme la conquête de la Sicile, de l'Angleterre, de Constantinople par les Normands et les Français, les grandes expéditions exécutées par des armées de chevaliers ont-elles été frappées d'insuccès.

La chevalerie produit des armées encombrées de chevaux, de valets, d'accessoires de toute espèce, peu propres à combattre dans des pays montagneux et pauvres; ces armées vivent en grands seigneurs et, malgré leur multitude, ne contiennent qu'un petit nombre de véritables combattants, qui veulent des luttes au grand jour et où ils puissent acquérir du renom. Sous de semblables conditions, au rebours des principes les plus simples, la guerre devient difficile à mener.

Avec elle, avec la mode de porter des armures, de manier des armes pesantes, de se défier et de lutter deux par deux, en façon de duel, même au milieu des mêlées les plus considérables, l'influence de la force corporelle grandit outre mesure et éclipse celle de la science militaire. Godefroy de Bouillon doit à cette force une partie de son autorité : on sait qu'il fendait un Turc en deux, d'un seul coup d'épée, et Guillaume de Tyr rapporte qu'il décapita un jour deux chameaux de suite aux yeux d'un Arabe étonné. Bayard, Crillon lui doivent leur brillante renommée, que l'on comprend à peine aujourd'hui, malgré cette remarque, car ils n'ont jamais commandé en chef une armée.

En dépit de ses inconvénients, la chevalerie possédait, comme institution militaire, un avantage de premier ordre : elle formait une récompense honorable et peu coûteuse à celui qui la conférait. « Au moyen d'un simple baiser donné publiquement par un commandant à un guerrier de son commandement qui venait de se distinguer ou qui avait servi longtemps, a dit un écrivain du dernier siècle (1), ce guerrier se tenait satisfait de ses services, tels longs qu'ils fussent. » Cet avantage de la chevalerie féodale a survécu à la disparition des chevaliers eux-mêmes, et subsiste encore aujourd'hui dans les ordres de chevalerie des différents États de l'Europe.

La chevalerie a eu deux conséquences qui nous inté-

____

(1) BENETON DE MORANGE, *Histoire de la guerre, avec des réflexions sur l'origine et les progrès de cet art*, in-12, 1741, p. 286.

ressent : son apogée a enfanté les croisades, sa décadence a donné naissance aux milices des communes.

Les croisades appartiennent à toutes les nations catholiques de la communion latine (1), mais la France y brille au premier rang. Expéditions entreprises d'enthousiasme, au cri mille fois répété de *Dieu le veut !* elles montrent la force irrésistible d'une épée soutenue par la foi populaire ; elles prouvent malheureusement aussi combien l'art de la guerre se trouvait alors mal compris, mal appliqué, et leurs résultats directs (2) restent tellement minimes que le militaire regretterait d'y voir dépenser tant d'efforts, s'il n'admettait cette pensée consolante que la Providence a réservé, pour l'abnégation et le courage des croisés, une récompense plus haute que les avantages mondains : la récompense céleste qu'ils ambitionnaient.

Au point de vue politique, les croisades amenèrent l'amoindrissement des chevaliers ; forcés, pour subvenir aux dépenses énormes entraînées par ces guerres lointaines, de vendre à leurs vassaux une partie de leurs terres ou de leurs droits, ils n'eurent plus bientôt la même puissance. Le monarque profita de leur éloignement, de l'indépendance nouvelle de plusieurs vassaux, pour traiter avec certaines villes, leur accorder liberté et franchise, leur assurer sa protection, sous condition formelle de payer un impôt et de mettre sur pied une milice répondant à son appel. Ce mouvement d'affranchissement commença, dit-on, en Lombardie, et s'étendit en Allemagne et en France ; il créa des *communes*.

---

(1) Et non de la communion grecque, où, dit HALLAM (tome III, p. 262), « l'on n'avait pas honte d'exiger que le soldat qui versait le sang de ses ennemis dans une guerre nationale se purifiât par une pénitence canonique. »

(2) Un de ces résultats est d'avoir donné l'habitude de la réunion de grandes masses.

Chaque commune arma moyennement 500 combattants. Il faut voir dans ces *milices communales* le premier essai de troupes permanentes (1), quoiqu'elles ne soient pas entièrement à la dévotion du roi et ne soient astreintes qu'à dépasser d'une certaine distance les limites de la commune, essai qui clôt les efforts tentés, avant l'invention de la poudre, par l'art de la guerre pour sortir du sein des langes où l'avait plongé la féodalité.

Après cet aperçu rapide (2) sur l'ensemble des transformations subies par les choses militaires dans la première partie du moyen âge, il est temps d'aborder les détails. Commençons par ceux qui concernent la cavalerie et l'infanterie.

§ 1ᵉʳ. CAVALERIE.

Il existait au moyen âge deux espèces de cavalerie: la cavalerie bardée et la grosse cavalerie; les seigneurs, les chevaliers formaient la première, leur suite composait la seconde.

Dans la cavalerie bardée, le cavalier et le cheval portaient le plus de pièces défensives possible. Le cavalier ou chevalier, le gendarme ou homme d'armes, suivant le nom que l'on voudra adopter, avait une armure fine et coûteuse, sou-

(1) Les communes appartiennent comme institution aux xıᵉ, xııᵉ, xıııᵉ siècles, tandis que les premières compagnies de gendarmerie, celles dues à Charles V, ne furent créées qu'en 1373 par la célèbre ordonnance de Vincennes, imitée depuis par Charles VII, en 1445.

(2) On nous permettra d'indiquer ici deux de nos écrits dont la lecture peut compléter cet aperçu ou du moins l'éclairer d'un jour nouveau, ce sont : 1° *Mémoires sur la formation de l'armée française, depuis l'origine de la monarchie jusqu'à nos temps*, manuscrit qui a obtenu la première récompense au concours ouvert sur ce sujet par l'Académie des Sciences morales et politiques (séance du 11 février 1860), chap. 1ᵉʳ; chap. 2, section 1ʳᵉ; chap. 8, § 1 et 2; — 2° le Mémoire intitulé : *Parallélisme des progrès de la civilisation et de l'art militaire*, chap. 3.

vent fabriquée à l'étranger(1). Cette armure comprenait une *cuirasse (3)* jetée par dessus le haubert (chemise de mailles de fer). La cuirasse se complétait par le *hausse-col (2)*, qui

entourait le cou, par les *épaulières (4)*, qui couvraient les épaules, par les *brassards (5)*, qui garantissaient les bras, par les *gantelets (6)*, qui défendaient les poignets et les mains. Au-dessous de la cuirasse venaient les *tassettes (7)* sur le bas-ventre, les *cuissards (8)* sur les cuisses, les *genouillères (9)* aux genoux, les *grèves (10)* le long des jambes. Par dessous le haubert, il y avait un vêtement de cuir (bourré d'étoupes) nommé *gamboison,* et par dessus la cuirasse une espèce de jupe brodée, dite *saye.* Nous devons encore compter dans l'armure le casque ou *heaume (1)*, muni d'une grille se levant à volonté et surmonté souvent d'un cimier pour être vu de plus loin. Toutes les pièces de

(1) À Milan, par exemple.

l'armure se joignaient tellement que le chevalier se trouvait « impénétrablement couvert ». Citons comme dernière arme défensive le bouclier (*écu*), tantôt rond et dit alors *rondelle*, tantôt ovale ou moitié d'ovale, fait de bois couvert de cuir et quelquefois de métal.

Le cheval du chevalier était *couvert*, c'est-à-dire vêtu d'une couverture de cuir ou de mailles de fer; plus tard, cette couverture se réduisit à des pièces de fer protégeant la tête et le poitrail, et à des pièces de cuir garnissant les flancs. La pièce de tête, ordinairement en acier ou en cuivre, se nommait le *chamfrain* et portait souvent sur le devant une pointe assez longue, dangereuse à l'ennemi en cas de choc; les seigneurs riches et puissants en avaient de magnifiques, garnis d'or et même de pierreries. Le cheval *couvert* était un destrier ou grand cheval qui servait exclusivement pour les jours de bataille ou de tournoi; en route, un *courtaud* ou *palefroi* (1) suffisait au chevalier qui ne revêtait pas alors son armure (2).

Le chevalier avait pour armes offensives la lance de 14 pieds de long et l'épée; outre ces deux fidèles agents, il employait la masse d'armes (3) ou la hache à un ou deux tranchants, et le poignard, dit aussi *dague de miséricorde*. La lance se brisait presque toujours après le premier choc; le poignard servait après l'épée, dans la lutte corps à corps.

(1) Tous les chevaux du chevalier étaient mâles : pour lui, monter une jument, c'eût été déroger. Les Arabes du désert ne pensent pas ainsi : chez eux la jument forme la monture préférée du guerrier, parce qu'elle est plus sobre, ne hennit pas et peut uriner sans s'arrêter. (Voyez *les Chevaux du Sahara* du général DAUMAS, chap. de l'Étalon.)

(2) Ainsi plusieurs des portraits en pied de saint Louis aux croisades nous le représentent vêtu seulement du haubert et le bouclier suspendu au cou.

(3) Les seigneurs ecclésiastiques utilisaient de préférence la masse pour assommer les ennemis et ne pas répandre leur sang, croyant de la sorte mieux observer les prescriptions d'humanité émanant de l'Église.

Parmi les différentes armes que nous venons de citer, les unes étaient d'usage exclusivement noble et interdites aux paysans : par exemple, le heaume, l'épée, la lance. Combattre à visage découvert, lutter avec un bâton, dénotait un vilain; et de là, plus que du fait lui-même, le sens injurieux attribué par l'opinion publique à un coup de bâton supporté, à un soufflet reçu; ce sens s'est conservé jusqu'à nos jours, en dépit de notre fierté moderne d'innovateurs, tant certaines idées possèdent une persistance vivace.

L'interdiction de ces armes subsistait, mais amoindrie, pour les combattants qui assistaient la chevalerie, comme nous allons le voir :

Ainsi, l'écuyer suivant, qui ne tenait pas un fief de haubert, ne portait ni l'armure à haubert, ni la lance; il avait, par dessus le gamboison, un simple *corselet* en mailles de fer à la place du haubert, un plastron d'acier sans accessoires (comme brassards, etc.), en remplacement de la cuirasse, un chapeau de fer au lieu du heaume; ce chapeau ressemblait à celui que le chevalier, retiré de la mêlée, mettait momentanément pour reprendre haleine (1); armé d'une épée et d'une dague (plus tard *coutille*), habillé de gris brun, il jouissait, par privilége sur le reste de la suite, du droit de porter de l'argent sur ses vêtements et à ses éperons (2); il montait soit un cheval couvert, soit un cheval non couvert; à cet égard, nulle obligation, et d'après les données historiques nul usage constant.

Les archers qui accompagnaient le chevalier manquaient de grosses pièces défensives; montés sur des courtauds, ils

______

(1) DANIEL, *Histoire de la milice française*, tome Ier, p. 389.

(2) L'or était réservé aux chevaliers.

portaient un petit casque et des gantelets de mailles; leur nom indique l'arme offensive dont ils se servaient (1).

Dans la première partie du moyen âge, les chevaliers combattaient, en France et dans presque toute l'Europe, sur un seul rang; cette formation *en haie* répondait à leurs idées d'égalité parfaite et permettait à chacun de se distinguer. Se précipitant sur un ennemi, la lance en arrêt, ils cherchaient, par la force du choc, à le désarçonner, visant à la poitrine et aux joints de l'armure, principalement sous les bras qui se trouvaient levés (2); une fois plus près de leur adversaire, ils saisissaient l'épée et engageaient une lutte dans laquelle les défauts du casque (3) et de la cuirasse restaient leur point de mire. Soulever l'adversaire et le jeter à terre formait parfois aussi le but de leurs efforts; c'est qu'en effet, *démonté*, le chevalier, même en supposant qu'il n'eût pas souffert de sa chute, n'était plus, en raison de la lourdeur de son armure, qu'une masse inerte, incapable de se mouvoir, incapable même de se relever sans aide, et facile à faire passer de vie à trépas.

Les compagnons de chaque chevalier se tenaient derrière lui; leur ensemble donnait une seconde ligne de bataille, moins propre au choc que la première; en avant figuraient les écuyers. Il ne paraît pas que cette seconde ligne ait jamais chargé en masse l'ennemi; sans doute, des

---

(1) Le préjugé féodal ne voulait dans la cavalerie que des hommes nobles et, tout en admettant l'aide de ces archers, les considérait encore comme de l'*infanterie* à cheval, ce qui s'appliquait *à fortiori* aux cavaliers *bourgeois* ou *sergents*.

(2) On garantit bientôt par une pièce nouvelle de l'armure, dite le *gousset*, le vide de l'aisselle produit par l'élévation du bras.

(3) La visière était le seul défaut d'un casque bien attaché et intact. — Un chef d'armée la levait parfois au milieu de la lutte pour se faire reconnaître et mieux rallier les siens.

écuyers devaient s'avancer pour remplacer leurs maîtres, mais c'était l'exception, et il y avait pour les écuyers et les archers, un rôle spécial, celui d'aider leurs maîtres à combattre. L'histoire enseigne d'ailleurs que, la ligne des chevaliers une fois rompue, tout était à peu près perdu.

L'écuyer conduisait le destrier, portait les armes doubles (1), habillait et armait le chevalier. Il fallait une certaine habileté relativement à l'entretien (2) et à la mise en usage de l'armure, ensemble compliqué où le moindre crochet manquant ou non agrafé pouvait devenir une cause de gène ou de danger. Pendant l'action, il demeurait spectateur attentif et, si son maître vidait les arçons, courait à lui, le dégageait des pieds des chevaux, le relevait, le remettait en selle, ou lui prodiguait les soins que réclamait son état; pour remplir cette fin de son rôle, il pouvait être obligé d'user de son épée. Si, au contraire, le combat tournait heureusement, l'écuyer gardait les prisonniers faits par le chevalier.

Les archers avaient pour mission d'escarmoucher, surtout avant le combat; dans ce but, au lieu de rester derrière les écuyers, il se répandaient souvent sur les flancs de la ligne formée par les chevaliers. Après l'action, ils étaient employés à la poursuite, s'opposaient au ralliement des vaincus, achevaient les gendarmes ennemis tombés à terre.

On le voit, parmi la cavalerie féodale, le gros du fardeau

(1) Ordinairement la lance et le bouclier, le chevalier ne gardant en marche que son épée.

(2) Le général BARDIN (*Dictionnaire de l'armée*, p. 2053) va jusqu'à dire que « l'écuyer devait apparemment se faire suivre d'une petite forge portative ou d'un petit attirail de serrurier pour remédier aux fréquents désordres des parties si compliquées d'un pareil costume ». Le propos est exagéré : le fini des armures les préservait de dégradations continuelles, d'autant plus qu'on ne les mettait que pour l'action.

de la lutte tombait sur les chevaliers. Tant qu'ils eurent en tête d'autres chevaliers, ils restèrent dans leur milieu et tout se passa bien, mais quand leurs adversaires (1) possédèrent une bonne infanterie, et cela bien avant eux, ils furent dans la nécessité de se faire eux-mêmes fantassins par instant, rôle auquel leur lourdeur, même modifiée, les rendait parfaitement impropres; cette transformation caractéristique appartient au surplus à la seconde moitié du moyen âge, à celle qui fera l'objet du chapitre suivant.

La cavalerie légère réussissait mieux à combattre à pied; les premiers coups de la bataille de Bouvines le démontrent: 150 cavaliers soissonnais y sont envoyés contre les gendarmes flamands qui, dédaignant une si faible attaque, ne bougent pas et tirent aux chevaux; démontés, ces cavaliers non bardés luttent encore avec furie, et il faut des efforts extraordinaires pour les repousser.

§ 2. INFANTERIE.

Certains valets des gendarmes et des paysans enlevés au travail de la terre formaient l'infanterie féodale.

Jusqu'au XIVe siècle cette infanterie paraît avoir été complétement dépourvue d'armes défensives, ce qui l'exposait aux plus grands dangers vis-à-vis de cavaliers bardés.

En outre, ses armes offensives comprenaient toujours avec l'épée, soit un arc, soit une arbalète, soit une fronde, soit même une massue; or, toutes ces armes, principalement les deux premières, exigent par leur configuration, leur mé-

---

(1) Par exemple, les Anglais et les Suisses.

canisme, leur mouvement, une ordonnance à intervalles et sur un seul rang, ou au moins à rangs fort éloignés. Ainsi, l'armement de l'époque interdisait à l'infanterie la formation serrée, qui seule lui eût permis de lutter avec succès contre la cavalerie, et par des mouvements tactiques et par un grand nombre de projectiles partant d'un front restreint.

Dès lors l'infanterie, réduite à combattre en éparpillement, ne pouvait plus remplir que des fonctions secondaires. Elle escarmouchait par exemple au début de l'action, soit sur le front, soit sur les flancs. Pendant la bataille elle relevait les seigneurs jetés à terre et les replaçait en selle ; elle se jetait sur les chevaliers ennemis désarçonnés, et, recherchant soigneusement les défauts et les interruptions de leur armure (1), les achevait sans pitié à coups de poignard, ou les assommait si l'armure n'offrait aucune prise. Pour préparer la chute de ces derniers, elle essayait, dit-on, de les atteindre au moyen de longs crochets ou de gaffes, sur lesquels elle tirait ensuite avec force (2), ou bien elle visait à tuer les chevaux ou à leur couper les jarrets. A la fin de l'action, elle complétait la déroute en se précipitant sur une armée démoralisée et en pillant le camp de l'adversaire. Si on était vaincu, elle devenait quelquefois un obstacle et périssait presque entière, livrée sans défense aux coups de chevaliers victorieux et invulnérables (3).

Cette exiguité de rôle fit promptement tomber l'infanterie

(1) Les fantassins tentaient souvent d'ôter le casque et de blesser au visage.

(2) Ceci rappelle le Franc attachant son *hang* au bout d'une corde et s'en servant en guise de harpon pour désarmer son ennemi, ou l'amener lui-même (en tirant à deux) par son armure ou son vêtement.

(3) Au combat de Brenneville (1119), dit ORDERIC VITAL, il n'y eut dans la mêlée que 3 chevaliers de tués sur 900 environ qui y prirent part.

en discrédit, et le mépris des seigneurs à son égard devint tel qu'au milieu du xiv⁰ siècle, à Crécy, le roi de France, impatienté de ce qu'elle n'avançait pas à son désir, cria furieux à sa noblesse de se ruer dessus et de la tuer. Ce fait terrible est le plus saillant parmi plusieurs autres de même espèce.

L'infanterie se releva dans les croisades; en Asie, en Afrique, le recrutement des armées chrétiennes se trouvait presque tari : chaque homme devint précieux, et le fantassin, dont forcément on s'occupa, ne tarda pas à s'améliorer et à se faire apprécier.

En même temps les *communes* françaises et lombardes, de création récente, levèrent des troupes composées presque exclusivement de gens de pied. Ces troupes communales, armées encore de l'arc (1) et de l'arbalète, ne s'éloignant jamais à plus de quarante jours de marche de leur ville, combattant fréquemment entremêlées aux escadrons de gendarmes, parvinrent néanmoins à lutter avantageusement contre les seigneurs bardés, et cela pour deux raisons : parce qu'elles avaient intérêt à combattre, assurant ainsi par leur épée leurs libertés et leurs biens; parce qu'elles restaient sous la direction unique, permanente, d'un chef spécial, et obtenaient de la sorte un ensemble, une habitude d'agir fort rares à cette époque.

Les soldats de ces communes portaient en France le nom de *sergents (servientes)*, ce qui montre qu'il ne faut pas toujours prendre ce terme dans le sens d'un grade (2), ni conclure que les relations de bataille oubliaient de mentionner

---

(1) En France surtout : les milices lombardes comportaient peu d'archers, elles avaient généralement un casque, un bouclier (quelquefois des brassards et des cuissards) et une épée.

(2) Même au xiii⁰ siècle.

les pertes en fantassins lorsqu'elles parlaient seulement des chevaliers, sergents et autres gentilshommes tués.

L'infanterie féodale continua d'exister concurremment avec l'infanterie communale. Vis-à-vis de ces deux infanteries, la France employa encore, vers la fin du xiie siècle, des bandes d'aventuriers formées de soldats appartenant à des nations diverses et peu disciplinables : Louis VII en eut jusqu'à 20,000 à sa solde.

Pour mettre quelque unité parmi tous ces gens de pied, Louis IX leur donna en 1226 un chef général, sous le titre de *grand maître des arbalétriers*.

Mais déjà ceux qui combattaient à pied voulaient avoir un chef dans les mêmes conditions qu'eux. « Vous estes à cheval pour vous enfuir quand vous vouldrez, » crient les siens au sire de Joinville, qui se voit obligé de mettre pied à terre pour les encourager (1). Et pourtant il faudra encore deux siècles et demi avant que les chevaliers consentent à prendre le commandement d'une troupe de fantassins.

L'achèvement de la renaissance de l'infanterie par les efforts des archers anglais et des piquiers suisses, par l'introduction surtout des armes à feu de main, date du xive siècle, et ne doit nous occuper que dans le chapitre suivant.

L'expression *route* (plusieurs écrivent *rout*), qui signifiait une agrégation, un corps de troupes, s'appliquait à l'infanterie comme à la gendarmerie. Il y avait des *routiers* à pied et des *routiers* à cheval, que l'on doit considérer comme des aventuriers; mais le mot *route* se disait d'autres troupes que les routiers, par exemple des gendarmes (*grosses routes de gens d'armes*), et des fantassins recevant paie du roi (*routes de soudoyers*).

(1) JOINVILLE, *Histoire de saint Loys*, édition Petitot, p. 366.

§ 3. ENSEIGNES.

Chaque bachelier portait un pennon, chaque chevalier banneret une bannière. La bannière abritait donc de trois à cinq pennons environ; elle se plantait sur une éminence, près du lieu où la troupe combattait. Pennons et bannières étaient en soie et aux armes de ceux à qui ils appartenaient.

Au-dessus de la bannière figure l'étendard d'un comte ou d'un seigneur assez élevé en puissance pour compter des bannerets parmi ses vassaux.

La bannière d'une *commune*, sous laquelle marchaient tous les habitants d'une ville et de sa banlieue, peut s'assimiler à cet étendard, puisqu'elle guidait une troupe beaucoup plus nombreuse qu'une bannière féodale. Les villes libres de l'Italie, principalement celles de Lombardie, plaçaient leur bannière, attachée à une haute hampe, sur un char *(caroccio)*, que défendait en plein champ de bataille l'élite de l'armée.

L'étendard du prince suzerain dominait tous les autres.

En France, l'étendard royal fut d'abord l'oriflamme, bannière primitive de l'abbaye de Saint-Denis, et de couleur écarlate. Plus tard on voit l'oriflamme accompagnée, puis remplacée par la bannière royale, de couleur blanche et semée de fleurs de lis d'or. A la bataille de Bouvines, le chevalier qui portait cette bannière, dès l'instant où Philippe-Auguste fut blessé et désarçonné, eut la présence d'esprit de l'élever et de l'abaisser plusieurs fois pour indiquer le danger que courait le roi.

En Allemagne, presque toutes les bannières devaient se plier et s'abaisser devant la bannière impériale, portée par le prince de l'empire le plus élevé en dignité. L'emblème impérial consistait primitivement dans un ange; à partir de Frédéric Ier, il devint un aigle, non peint en image, mais sculpté, aigle d'or, tenant un dragon dans ses serres, et placé parfois sur un *carrocio* (1).

§ 4. EXERCICES.

L'histoire ne mentionne pas d'exercices d'ensemble pour la troupe, c'est-à-dire d'évolutions tactiques, avant le règne de Louis XI, et ce fait montre encore combien l'individualisme dominait dans les luttes de la première moitié du moyen âge. Mais elle donne des détails précis sur les *tournois*, sur les *joûtes*, dont l'origine appartient à la France.

On s'y exerçait en général à *armes courtoises* ou émoussées; on y faisait briller son adresse à donner un coup de lance ou d'épée, à esquiver ou parer un semblable coup, tout en se maintenant bien à cheval et en portant l'armure avec élégance.

Quelquefois, le duel était *à outrance* et allait jusqu'à la mort, ou au moins l'*aveu* du vaincu. On vit même, dans les *passes d'armes*, plusieurs chevaliers, associés pour la lutte, combattre bénévolement et par amour de la gloire contre un nombre égal d'adversaires installés derrière un ouvrage de fortification passagère.

Les Arabes s'exerçaient non-seulement à l'emploi de la lance, mais encore au tir des flèches étant à cheval et em-

---

(1) A la bataille de Bouvines, par exemple, sous l'empereur Othon IV (de Brunswick).

portés au galop le plus prompt. On reconnaît en eux un peuple éminemment cavalier, mettant presque en pratique ce propos exagéré, mais caractéristique, de l'un de leurs écrivains : « L'art de manier la bride du cheval forme les vingt-trois vingt-quatrièmes de l'art de la guerre. »

§ 5. BUTIN, SOLDE.

Les Francs avaient pour coutume de partager le butin entre tous les combattants et de s'en remettre au sort pour la répartition. Cette coutume se maintint longtemps parmi eux ; deux faits vont nous servir à le démontrer.

J'emprunte le premier à Grégoire de Tours. L'armée de Clovis venait de piller en armes une église et d'enlever, entre autres objets sacrés, un vase de toute beauté. L'évêque réclame ce vase. Le roi des Francs promet de le restituer, s'il lui échoit en partage. Arrivé à Soissons, il le demande en effet à ses troupes avant distribution et hors part ; chacun d'acquiescer, les uns par condescendance, les autres par crainte, lorsqu'un soldat plus osé s'avance, frappe le vase de sa hache d'armes, le brise et dit fermement au monarque : « Tu n'auras rien ici que par le sort (1). »

Je tire le second de l'*Histoire de saint Loys*, par Joinville. En 1249, maître de Damiette, le roi de France fait rassembler le butin, en distrait les vivres et les munitions de guerre, puis donne mission à Jean de Valeri de procéder au partage

(1) L'histoire du vase de Soissons a été reléguée parmi les fables par la critique de l'Allemagne moderne : mais M. OZANAM (2e note du chap. 8 de sa *Civilisation chez les Francs*) semble la défendre ; c'est pourquoi je la maintiens ici.

du reste entre les troupes; ce gentilhomme champenois lui
répond en refusant cette mission : « On a toujours observé
anciennement de laisser un tiers du butin à celui qui commandait et de partager tout le reste en commun (1). Je ne
scais point corriger mes pères et mes aînés. S'il vous plaist
me remettre les deux parts de froment, orge, riz et autres
choses qu'avez retenues, très-volontiers les disperserai aux
pélérins pour la gloire de Dieu; autrement, ne vous déplaise,
l'offre ne prendrai point. » Saint Louis ne cède point en
cette circonstance, et les vivres et munitions restent acquis
à l'État; mais la protestation du chevalier de Valeri marque
combien l'usage de l'égalité du partage du butin entier subsiste vivace sous un roi autrement assis dans son autorité
que Clovis.

Même usage à cet égard chez les infidèles que chez les
chrétiens, à la seule différence que le prince prélève le cinquième et que le cavalier reçoit le double du fantassin; telle
est la prescription de Mahomet, qui veut d'ailleurs que
toutes les prises soient mises en commun.

Cet usage, celui même du butin autorisé ne cédèrent qu'à
l'introduction d'une solde permanente, et on le conçoit facilement. L'institution de cette solde appartient à peine à la
première partie du moyen âge. Philippe-Auguste eut le premier en France des troupes d'aventuriers régulièrement soldés; malheureusement on ne possède aucun document précis
et circonstancié sur la paie qu'il leur octroyait. Une ordonnance de Philippe le Hardi, datée de 1271, c'est-à-dire de
la seconde année du règne de ce fils et successeur de saint

____

(1) Cela fut fait à la prise de Constantinople par les croisés : dans le partage du butin, chaque chevalier reçut alors le double d'un sergent à cheval,
et chaque sergent à cheval le double d'un sergent à pied; un chevalier fut
pendu pour avoir pris plus que sa part.

Louis, fixe la solde des troupes féodales destinées à l'expédition contre le comte de Foix de la manière suivante (1) :

	SOLDE JOURNALIÈRE	
	En monnaie de l'époque.	Approximativement en monnaie actuelle.
Chevalier banneret............	20 sols.	50 fr. » c.
Simple chevalier..............	10	25 »
Écuyer	5	12 50

On trouve, pour l'année 1294 (2), une distinction dans
la solde relative à l'écuyer (3) :

	SOLDE JOURNALIÈRE	
	En monnaie de l'époque.	Approximativement en monnaie actuelle.
Écuyer à cheval couvert.......	7 sols 6 den.	18 fr. 75 c.
Écuyer à cheval non couvert..	5	12 50

Le taux de cette solde paraît élevé, car le prix de l'argent
était alors énorme, comparativement à sa valeur actuelle ;
mais il s'appliquait uniquement aux guerres du roi contre
des vassaux rebelles, et avait par conséquent chaque fois une
faible durée.

Citons, pour terminer, deux soldes d'une nature particulière.

En 1066, le duc de Normandie Guillaume le Conquérant,

(1) BONTEMPS, *Recherches sur la solde*, dans le *Journal militaire*, partie
non officielle, septembre 1818, p. 99 et 100.

(2) DANIEL, *Histoire de la milice française*, tome Ier, p. 402 et 403.

(3) En 1338, pour l'écuyer 6 sous (15 francs), suivant MONTEIL, *Histoire
des Français des divers états*, XIVe siècle, épître 31, note 23.

sur le point de partir sous voiles pour sa proie l'Angleterre, ne voulait décourager aucune prétention parmi les mercenaires qui accouraient s'offrir à lui, et il promit à un moine de Fécamp un évêché anglais pour un navire et 20 hommes d'armes (1).

Dans la croisade de 1248, une fois en Palestine, le sire de Joinville, sénéchal de Champagne, accorda une solde de 1,200 livres aux « chevaliers et gens d'armes » de sa bannière jusqu'à Pâques, c'est-à-dire pour la moitié de l'année, et de plus il les nourrit (2). Ces 1,200 livres vaudraient aujourd'hui environ 72,000 francs (3), et la bannière de Joinville, une des plus importantes, comprenait probablement plus de 10 lances fournies.

§ 6. RÉCOMPENSES.

Pour l'écuyer, pour l'aspirant à la chevalerie, l'obtention du titre de chevalier, conféré en cérémonie et avec accolade, formait la plus belle récompense.

Pour le chevalier, il était rémunéré de ses grandes actions, de sa valeur, de ses blessures, par une renommée qui s'étendait en tout lieu, par le plus glorieux accueil dans les cours, dans les châteaux, par l'amour de la dame de ses

(1) Augustin THIERRY, *Conquête de l'Angleterre*, édition grand in-18, 1846, tome Ier, p. 244.

(2) JOINVILLE, *Histoire de saint Loys*, édition Petitot, p. 321 et 322; édition de M. Francisque Michel (grand in-18, chez Didot, 1858), p. 143.

(3) Je calcule ainsi. A la fin du règne de saint Louis le setier de blé valait sept sols, tandis que aujourd'hui il vaut au moins 21 francs, c'est-à-dire soixante fois plus; donc la valeur relative de la livre, monnaie de cette époque, peut être considérée comme représentant au milieu du XIXe siècle 60 francs. La page précédente montre que Boutemps estimait, en 1848, à 50 francs la livre du temps de saint Louis.

pensées. Au plus fort du raffinement des pures idées féodales, la gloire et l'amour stimulaient assez l'émulation; pourtant, à cette époque même, et surtout dès que ces idées s'amoindrirent, les chefs cherchèrent à établir des récompenses plus solides. Nous citerons :

1° Les *armoiries*. Dans l'origine, les armoiries furent adoptées un peu au hasard, et le plus souvent d'après la volonté ou le caprice de leur possesseur; mais, dès l'organisation de la société féodale, il n'en fut plus ainsi, et le roi seul conféra les armoiries. La plupart étaient en réalité un attribut militaire, et formaient presque, comme signe distinctif et endossé par la suite de chaque chevalier, un équivalent de l'uniforme. On les trouve fixées et héréditaires à partir des croisades.

2° Le *prix d'armes*, donné après une action au chevalier qui s'était le plus distingué.

3° Les *anneaux*, colliers, *chaînes*, couronnes et autres objets décernés par les souverains au plus valeureux; on en rencontre même d'offerts par les vainqueurs à leurs prisonniers dont ils admiraient le courage, et ce fait caractérise bien cette chevaleresque époque. Toutefois, ajoutons que ces dons appartiennent assez rarement à la première portion du moyen âge.

§ 7. DISCIPLINE ET CHATIMENTS.

Nous avons dit au § 4 du chapitre qui précède que les Francs étaient peu obéissants. Cette tendance de leur caractère se maintient jusqu'à Clovis, malgré l'assertion contraire du P. Daniel (1), et ce monarque est obligé de punir parfois

---

(1) Nous avions déjà combattu cette assertion dans les notes 11 et 17 d'un

de sa main ceux de ses soldats qui se considérent encore comme ses égaux, à l'instar du temps où leurs ancêtres vivaient sous les forêts de la Germanie. Charlemagne seul eut la force d'introduire et de faire observer dans ses armées une discipline sévère. Cette discipline disparut en France et en Allemagne, sous ses faibles successeurs, sapée en partie par l'esprit d'indépendance du système féodal. Les chevaliers combattaient souvent plus pour eux que dans l'intérêt général ; les cavaliers légers et les fantassins songeaient plutôt au pillage qu'à la poursuite : tous, aux différents degrés de la hiérarchie, commettaient des crimes ou des fautes. De là des modes de répression, des châtiments d'autant plus utiles à indiquer qu'ils restent empreints de l'esprit du temps.

En tête de ces châtiments, nous devons placer :

La *dégradation* de la chevalerie, dans laquelle on arrachait, on rayait, on brûlait ou trainait dans la boue les armoiries ; pendant ce temps, le dégradé était sur un échafaud et on lui jetait à la face toutes sortes d'injures ; il descendait, puis, mis sur une claie, était porté à l'église couvert d'un drap mortuaire et entendait réciter sur lui les prières des morts. La dégradation s'appliquait à la lâcheté, à la félonie, à tout acte bas et vil.

Il faut ajouter à la dégradation :

La *selle chevalière* (peine consistant à porter sur son dos une selle d'armes) et la *perte des éperons d'or*, tranchés publiquement ; ces deux peines, et d'autres semblables, se prononçaient pour enfreinte aux lois de la chevalerie.

Les *mutilations* diverses, telles que l'amputation ou le percement de la langue pour blasphème ; l'amputation d'un

travail d'annotation préparé, en 1850, pour une réimpression de l'*Histoire de la milice française*, qui a été annoncée mais n'a pas paru.

poignet pour mauvais traitement envers un chevalier; l'amputation des oreilles *(esoreillade)* pour crime ou pour récidive dans la tromperie au jeu.

Il est assez difficile de préciser les punitions appartenant spécialement, au moins comme origine, à la partie du moyen âge qui nous occupe; toutes chevauchent plus ou moins sur la seconde partie, qui est plus riche en documents, plus connue, plus appréciée.

Voici pourtant un châtiment qui se rapporte à la grande croisade du roi saint Louis, à la croisade de 1248 : — Tout chevalier pris dans un mauvais lieu, et le cas se présenta fréquemment en Egypte, perdait son cheval, son armure, ses harnais, et était chassé et proscrit de l'armée, à moins qu'il ne voulût se soumettre à une expiation publique qui nous semblerait, à nous, prudes du présent siècle, plus scandaleuse encore que le péché commis (1).

§ 8. ARMÉES.

Les armées de Clovis n'étaient pas nombreuses : la tribu des Saliens, sur laquelle il régnait, ne comptait guère que 4 ou 5,000 hommes en état de porter les armes, et ses effectifs sur les champs de bataille ne devinrent sans doute jamais considérables, puisqu'aucun historien ne les indique et que chaque écrivain se borne à ce sujet à des expressions vagues. L'un de ses petits-fils, Théodebert, roi d'Austrasie, envahit pourtant, 38 ans après sa mort, l'Italie à la tête de 100,000 hommes; dans ses plans gigantesques, il parlait même de

---

(1) JOINVILLE, *Histoire de saint Loys*, édition Petitot, p. 342 et 344; édition de M. Francisque Michel (grand in-18, chez Didot, 1858), p. 154.

renouveler cette invasion avec 500,000 combattants (1).
Charles Martel, à la bataille de Tours (732), dite aussi de
Poitiers, lutta, dit-on, avec 30,000 Francs contre 400,000
Sarrasins. Charlemagne entretint à la fois plusieurs armées ;
j'avoue n'avoir pas rencontré d'indications relatives à leur
effectif probable.

Sous les rois qui suivirent ce monarque, même difficulté
pour rassembler des documents sur la force des armées.
300,000 combattants prirent part, dit-on, à la bataille de
Fontanet (841), où les forces se trouvaient égales de part et
d'autre. En 1066, le fameux Harold eut pu réunir 100,000
hommes pour arrêter le duc de Normandie Guillaume à son
entrée sur le territoire anglais. Louis le Gros mit 200,000
combattants sur pied pour résister à l'empereur et au roi
d'Angleterre, qui voulaient envahir la France (1124). A la
bataille de Legnago, où les Impériaux furent vaincus (25 mai
1176), leurs vainqueurs, les Lombards, avaient à peu près
100,000 guerriers sous les armes. La journée de Bouvines
(1214) montra Philippe-Auguste remportant une grande victoire avec 50,000 Français (2). A la fin de 1237, aux environs de la bataille de Cortenuova, l'armée impériale et l'armée lombarde ne comptaient ni l'une ni l'autre plus de
25,000 hommes. Ces chiffres, moindres que les précédents,
sont purement accidentels et n'indiquent pas un retour déterminé vers les petites armées, qui ont de tout temps remporté les plus grands succès. Bientôt, en effet, de gigan-

(1) GIBBON, *Décadence de l'empire romain*, chap. 44.

(2) SISMONDI réduit encore ce chiffre : « Nous serions, dit-il, porté à croire
que chaque armée ne dépassait pas, à Bouvines, 15 à 20,000 hommes et
qu'elle se composait de 7 à 800 chevaliers, de 12 à 1,500 écuyers à cheval,
de 2 ou 3,000 cotterets ou routiers à pied, et de 10 à 12,000 hommes de la
milice des villes. »

tesques expéditions dépassent toutes les proportions connues : la première croisade (1) entraîne des millions d'individus de tout âge et de tout sexe, parmi lesquels on peut compter 630,000 combattants (2) ; Louis VII emmène 150,000 hommes dans la croisade de 1147.

Au reste, les armées ne s'évaluent déjà plus par têtes, mais bien par *bannières* : saint Louis part pour la croisade de 1248 à la tête de 2,800 chevaliers bannerets. Il est donc nécessaire d'expliquer ce que l'on doit entendre par bannière.

La bannière semble avoir compris, suivant les pays et les temps, de 5 à 10 *lances fournies*. Or, la lance fournie, qui a aussi varié, peut en moyenne, ou le plus communément, se fixer à 6 combattants, savoir : l'homme d'armes (chevalier ou écuyer), 3 archers, 1 coutillier (3) et 1 page. Il s'ensuit que la bannière se composait de 30 à 60 combattants à cheval. En adoptant le plus faible de ces deux nombres, comme la plupart des écrivains, les 2,800 bannières de la croisade de 1248 correspondent encore à 84,000 hommes (4).

Suivant plusieurs auteurs, il existait au-dessus des chevaliers bannerets des *grands bannerets*, seigneurs commandant plusieurs bannières. Dans tous les cas, la bannière simple

(1) Celle de 1096.

(2) 500,000 fantassins, 130,000 cavaliers.

(3) Le coutillier, placé au dessus du page, aspirait généralement à devenir archer à cheval.

(4) Suivant HALLAM, saint Louis emmenait 2,800 chevaliers (soit, à 6 hommes par lance, 16,800 combattants à cheval) et 50,000 autres soldats. — Ces effectifs se rapprochent assez du chiffre total du texte. — En adoptant le chiffre de DU CANGE (9e *Dissertation sur Joinville*), c'est-à-dire 150 chevaux par bannière, les 2,800 bannières donneraient 420,000 hommes pour l'armée de saint Louis, en 1248 : or l'énormité de ce chiffre pour une armée transportée sur navires, surtout au moyen âge, le rend impossible.

reste la fraction élémentaire de supputation pour les armées féodales.

Nous avons dit que la première croisade fit sortir de leur patrie des vieillards, des femmes, des enfants; cette exagération ne se reproduisit plus à un tel degré, mais elle sert de point de départ pour remarquer de combien d'accessoires les armées féodales se trouvaient entravées. Il venait, en effet, à leur suite, à la suite même des plus modestement organisées, une multitude de valets, de femmes, d'équipages, de bêtes de somme, multitude qui se devine quand on voit pour chaque groupe de 30 combattants à cheval un chef, le banneret, qui, par son rang féodal et les possessions territoriales qu'il suppose, correspond assurément comme importance, comme richesse, comme luxe déployé, à un officier général de nos jours.

§ 9. CHEFS D'ARMÉE.

Je dis à dessein chef d'armée; le mot général se montre au plus tôt dans les premières années du XVIIe siècle.

En France, le chef d'armée fut d'abord le roi; à son défaut, le maire du palais ou le sénéchal; à la disparition de cette dernière dignité (1), le connétable.

Le sénéchal jouissait d'une autorité presque aussi grande que celle du roi : il présidait tous les conseils, faisait emploi des finances, administrait la justice, était le chef de la chevalerie.

Le connétable devint le premier officier militaire à la sup-

---

(1) En 1309, mais nos rois avaient cessé d'y nommer dès 1191. (Voyez la *Chronologie militaire* de PINARD.)

pression de la sénéchalie. Tous les gens de guerre lui étaient subordonnés. Il ordonnait seul les batailles, les marches, les campements, les garnisons ; le roi suivait son avis pour toutes les opérations militaires. Le cri se faisait au nom du roi et au sien. Excepté l'or et les prisonniers, le butin pris sur l'ennemi lui appartenait. Il connaissait de toutes les infractions aux ordonnances. Ces pouvoirs exorbitants donnèrent dès le xvᵉ siècle envie à nos monarques de supprimer la connétablie, qui dura cependant jusqu'à Louis XIII (1).

Dans la première partie du moyen âge, on rencontre à peine, comme plus tard, un commandant d'armée, prince du sang ou seigneur puissant, qui ne soit ni sénéchal ni connétable ; quant aux maréchaux, leur office ne fait que pointer, et dans tous les cas ils restaient soumis au connétable.

On ne saurait disconvenir qu'à cette époque les chefs d'armée étaient plus occupés de courir sus à quelques chevaliers célèbres et de les tuer que de commander. En revanche, ils donnaient l'exemple des vertus militaires du meilleur aloi et jetaient ainsi sur leurs pas la semence des héros. Je n'en veux que deux preuves :

Au combat de Brenneville (1119), un Anglais saisit la bride du cheval de Louis VI et crie à poumons déployés : « Le roi est pris ! — On ne prend jamais le roi, lui riposte gaiement le monarque, pas même au jeu des échecs. » Et d'un coup sur la tête il l'étend à ses pieds.

On allait tirer l'épée à Bouvines. Philippe-Auguste dépose sa couronne sur l'autel où l'on vient d'invoquer le Dieu des armées : « Français, s'écrie-t-il, si vous jugez quelqu'un plus digne que moi de la porter, je suis prêt à la lui remettre et à me montrer son fidèle sujet ; sinon, défendez aujourd'hui

____

(1) Jusqu'en 1627.

votre roi et la France. » Et, s'élançant au milieu des acclamations, il fut en cette journée le premier à lutter pour la patrie.

§ 10. TACTIQUE ET STRATÉGIE.

Existait-il une tactique raisonnée au moyen âge, une théorie par règles prescrites et cataloguées, comme cela avait lieu chez les Grecs, chez les Romains; comme cela a lieu chez les peuples modernes, au moyen de leurs *théories* de manœuvres? Non, le milieu même des choses militaires s'opposait à ce qu'il en fût ainsi : une armée féodale ne restait pas réunie assez longtemps et se trouvait soumise à une autorité trop fractionnée et trop jalouse à chaque échelle de ses subdivisions pour qu'un ensemble de principes manœuvriers fixes, constants, généraux, pût s'y introduire et s'y conserver Il n'aurait pu se former une tactique que par l'usage, et justement l'usage, le faire influencé de chacun tendait à l'individualisme, excluait par conséquent l'ensemble nécessaire à toute tactique.

Il s'est cependant produit dans cette période des lueurs de tactique dont nous devons signaler la trace.

En l'an 500, quand le roi bourguignon Gondebald, auteur d'une loi célèbre et observée pendant plusieurs siècles, s'empara de Vienne, les Francs, laissés en arrière par Clovis, se formèrent en carré *(in unam turrim)* et luttèrent longtemps en cette formation serrée et close avant de se rendre.

A la journée de Hastings (14 octobre 1066), les chevaliers normands ne pouvaient forcer les redoutes anglo-saxonnes; leur duc Guillaume envoie 1,000 cavaliers, qui font aussitôt une fuite simulée. Les soldats de Harold de quitter leurs retranchements, de poursuivre, de tomber dans une embuscade, d'être pris de flanc par cette embuscade, de front par les fuyards qui se retournent, d'être défaits et de faciliter le renversement de leurs barrières délaissées.

Dans la seconde croisade (1147-1149), les Musulmans, instruits par le résultat de la première, attirent successivement l'empereur Conrad III et le roi de France Louis VII dans l'intérieur des terres, les assaillent par une cavalerie légère qui leur nuit à chaque instant, coupant les vivres, enlevant les traîneurs, escarmouchant partout, principalement au milieu des obstacles et des défilés, qu'elle connaît à merveille, et enlaçant dans les plaines ses ennemis harassés d'un cercle mobile, bruyant, insaisissable, tactique excellente contre des cavaliers alourdis par l'armure, et dont nous devons d'autant mieux comprendre le résultat heureux que, répétée au xixᵉ siècle et contre nous par les Arabes de l'Algérie, elle nous a longtemps embarrassés, malgré la légèreté comparative de l'armement et de l'équipement de nos troupes modernes.

La stratégie ne se trouve pas non plus exclue des guerres de la première période du moyen âge ; ce n'est pas celle de l'antiquité, celle d'Alexandre, d'Annibal, de César ; ce n'est pas celle non plus des temps modernes ; c'est une stratégie affaiblie, médiocrement habile, mais elle apparaît assez pour qu'on la distingue dans les grandes expéditions qui eurent lieu alors.

Ainsi, l'année 573, Théodebert, fils du roi de Neustrie Hilperick, placé par son père à la tête d'une armée, traverse la Loire et se dirige droit sur Poitiers, point de concentration des chefs austrasiens, et les bat en une seule bataille.

Ainsi Charlemagne opère avec plusieurs armées combinées. Il envahit l'Espagne à la fois par la Navarre et le Languedoc, et se réunit à Saragosse. Il marche contre Tassillon, duc de Bavière, par Augsbourg, par Pfoering (Faringa) sur le Danube, par Bolzano près de Trente. Cette méthode, qui prouve l'entente des marches pour les grandes masses, se joignit chez ce monarque célèbre au secret des opérations, jeta l'incertitude chez ses adversaires et prépara ses succès.

Ainsi, quand Lothaire quitte Auxerre pour aller joindre ses alliés à Fontanet (841), ses frères réussissent à le côtoyer habilement pendant sa marche et à gagner une position qui lui coupe toute communication avec eux.

Ainsi, en 1226, le comte de Toulouse, dans le but de résister à l'invasion du roi de France Louis VIII, ruine le Languedoc, y laissant la terre sans semence, y détruisant les moissons, les magasins; y bouchant les fontaines, stratégie défensive et désespérée qui rappelle celle des Scythes contre Darius, des Russes contre Napoléon.

Ainsi, dans la croisade de 1248, immortalisée par tant de malheurs et d'héroïsme, Louis IX ne veut pas attaquer la terre sainte de front, mais il projette de la prendre à revers et réduite à ses seuls habitants pour défenseurs, en commençant par la conquête de l'Égypte et de ses ports.

La stratégie de ce temps porte un trait tout spécial de caractère, un trait qui s'est perpétué dans nos habitudes militaires, le croirait-on? jusqu'au temps où le maréchal de Saxe prit le commandement de nos armées. On entrait en campagne au printemps et de bonne heure, et cela réciproquement, par un accord tacite, dans l'intention de porter moins de préjudice aux biens de la terre, en ne forçant les suivants des chevaliers qu'à une absence comprise entre les semailles et la récolte. Les campagnes d'hiver se présentaient rarement; j'entends ici *après* Charlemagne, car on sait que ce nouvel empereur d'Occident en a fait plusieurs.

§ 11. BATAILLES.

Un écrivain anonyme, habitué à envisager l'histoire militairement, raconte ainsi la seconde bataille de Nicée (1097), qui appartient à la première croisade : « Hugues (de Vermandois) se mit le premier en marche ; un corps de 2,000 Turcs s'avança pour lui couper le passage ; il porta sur-le-champ la peine de son audace ; il fut repoussé, culbuté, taillé en pièces. Parut une bande nouvelle ; le chef avait une taille gigantesque, un air fier, menaçant, terrible ; le général français fondit sur lui comme un lion, l'abattit d'un seul coup à ses pieds ; sa chute causa la perte des barbares ; leur armée, mise en pleine déroute, tomba presque toute entière sous l'épée des chrétiens (1). » Cette narration vague, héroïque, représente assez bien le type général d'une bataille au temps de la chevalerie pure : lutte particulière entre les chefs des deux armées, attaque furieuse sur toute la ligne, succès pour le plus courageux. A ce tableau pourtant, l'histoire apporte plusieurs annexes ou différences essentielles ; signalons-les.

La bataille féodale, malgré le peu de tactique de ce temps, était précédée d'une espèce de mise en ordre de bataille. Le chef de l'armée rangeait les siens en deux ou trois grands groupes dits *batailles* par les Français. Souvent, il laissait ce soin à un chevalier renommé ; c'est ainsi qu'à Bouvines l'évêque Garin, cet intime de Philippe-Auguste, étend assez les lignes à intervalles françaises pour les garantir d'un débor-

____

(1) *Histoire militaire des Français*, Paris, novembre 1813, chez Valade, tome Ier, p. 241.

dement sur les ailes, et les place le soleil à dos, disposition avantageuse.

L'ordre de bataille adopté, ordre dans lequel les armées se tenaient en général parallèlement l'une à l'autre, toute prudence disparaissait pour l'ordinaire, comme si, la lutte commencée, chacun ne dépendait que de son courage et de la réputation de ses ancêtres. Les cavaliers légers commençaient l'action en escarmouchant, puis, lorsque l'ennemi hésitait, ou à un signal donné, s'effaçaient et laissaient le champ libre. Formés en haie, c'est-à-dire sur un rang qui contenait les bannières, les gendarmes s'avançaient alors la lance en arrêt en jetant le cri d'armes. Il s'agit ici du cri national et non du cri particulier dont chaque banneret usait par privilége féodal. Le cri de France, après avoir longtemps consisté dans le fameux chant de Charlemagne et de Roland, après avoir été : *Dieu nous aide !* au commencement des croisades, devint, sous Louis le Gros : *Montjoie saint Denis !* A la bataille de Winsberg (1140), les Allemands partisans de la Bavière et de la Papauté criaient : *Guelfe !* tandis que les Allemands qui soutenaient l'empereur répondaient : *Gibelin !* Dès le début du xivᵉ siècle, les Anglais entonnaient : *Saint Georges !*

A la charge des chevaliers succédait la mêlée, où la force corporelle et la fortune décidaient. Chacun des chefs y cherchait un adversaire et visait à le terrasser; et, de cette foule d'efforts individuels, sans lien commun, il résultait souvent une boucherie effroyable comme au combat de Mons-en-Puelle (1304), rarement un succès facilement dénoué, dénoué par une manœuvre : les vainqueurs y couraient autant de dangers que les vaincus.

Les gens de pied restés en arrière agissaient au dernier moment : se précipitant sur le champ de bataille, ils achevaient les ennemis renversés, pillaient le camp, enlevaient les derniers postes, se plaçaient en embuscade pour augmenter l'effet de la poursuite; mais, mal employée, leur coopération devenait souvent nuisible et augmentait encore leur déconsidération.

J'ai dit précédemment que les batailles féodales offraient rarement l'exemple d'une manœuvre.

Nous voyons pourtant sous les murs d'Antioche, dans la première croisade, l'émir Korbouga envoyer un officier tourner une montagne et remonter une rivière, pour prendre à dos ceux qu'il attaque de front (1).

Nous voyons aussi, dans la journée de Tagliacozzo (1268), le sage et expérimenté chevalier *Errard de Valery* ranger l'armée de Charles d'Anjou avec une réserve et se placer en outre, à la tête de 800 chevaliers, dans une vallée étroite, au pied du mont Félice, dérobé à tous les yeux, et attendant les événements. Lorsque Conradin, vainqueur de la première ligne et de la réserve, maître même du camp, s'abandonne en partie au repos, en partie à la poursuite, il sort brusquement de son embuscade, tombe sur les adversaires, occupés à faire du butin, les bat, les disperse, arrête et reforme les siens, aperçoit le corps ennemi qui revient de la poursuite, s'avance vers lui, lâche pied, l'attire, lui ôte à la fois la réflexion et la prudence, se retourne, l'assaille, lui fait éprouver une défaite complète.

Nous voyons encore en 1309, dans les plaines d'Athènes, des aventuriers catalans creuser un marais, le mouiller des eaux du Céphise. Au printemps, la verdure recouvre leur travail; le duc d'Athènes, Gautier de Brienne, dédaigne d'effectuer une reconnaissance, s'élance sur la surface verte

----

(1) Général LAMARQUE, article *Bataille* de l'*Encyclopédie moderne*.

et trompeuse avec ses chevaliers, s'y enfonce. Les Catalans,
de tirer des flèches à leur aise sur leurs ennemis embourbés
et d'envoyer de la cavalerie par un détour pour prendre à
dos la troupe du pauvre duc d'Athènes. Cette tactique leur
réussit, et le duché d'Athènes devient leur proie.

De ces trois exemples de manœuvres tactiques, deux
appartiennent aux adversaires de la chevalerie féodale euro-
péenne ; cela prouve notre précédente assertion : que rarement une victoire féodale fut due à l'emploi d'une manœuvre.

Toutes les batailles de la première partie du moyen âge,
il n'est pas inutile de préciser ce point, sont des *batailles
à fer émoulu*, expression que l'on trouve souvent opposée
chez les écrivains à celle de *batailles à poudre*.

Les combattants ainsi couverts de fer, qui montrent en
leur fougue un si grand défaut de réflexion et sont fréquemment battus par des adversaires raisonnant mieux qu'eux,
habitent d'abord vers le midi, comme la bataille de Muret
(1213) le fait voir ; mais alors, de la chevalerie provençale ce
caractère de légèreté passe à la chevalerie du nord de la
France, qui en pâtit si cruellement contre les Anglais à la
fin de la présente période. Cette observation nous amène
juste aux premières batailles à poudre que nous décrirons
aux pages de début d'un travail que nous nous proposons de
publier prochainement.

§ 12. ADMINISTRATION.

J'ouvre ce paragraphe, non pour le traiter avec détails,
car mes recherches à ce sujet restent encore trop incom-
plètes, mais pour faire remarquer combien le général Bardin
exagère en affirmant que « l'administration proprement dite

de l'armée française ne date que de Coligny et de Sully » (1).

Sans vouloir remonter au temps de Charlemagne, dont certains capitulaires dévoilent d'excellentes mesures administratives et un ensemble de fonctionnaires chargés d'y veiller; sans vouloir puiser même dans les croisades, où l'éloignement de la mère patrie força les chevaliers à s'occuper de l'organisation et de l'administration de leur suite, j'appuierai cette remarque du fait que, dès 1355, le connétable et les maréchaux de France reçoivent juridiction sur « les commissaires des guerres, capitaines, lieutenants ou autres faisant montre et revues des gens d'ordonnances et autres gens de guerre » (2). Ce droit accordé indique, pour les revues d'effectif, et les commissaires ou officiers qui les passaient, une existence antérieure, une existence appartenant à la première partie du moyen âge; or, à cette existence se rattache l'origine de l'administration militaire, administration qui ne pouvait alors, vu l'imperfection de l'administration générale de l'État, ressembler à notre administration moderne, si nette, si clairvoyante, mais en revanche trop paperassière.

§ 13. FORTIFICATION.

Le développement historique de la fortification dans la première partie du moyen âge, celle qui nous occupe ici, offre deux grandes subdivisions, et il faut y traiter : 1° de la manière dont on fortifiait les sites et points isolés, livrés

(1) *Dictionnaire de l'armée de terre*, article *Administration d'armée*.

(2) FONTANON, cité par CHENNEVIÈRES aux p. 92 et 93 du tome Ier des *Détails militaires* (1750).

à eux-mêmes comme défense ; et 2° de la méthode employée pour la fortification des villes.

Le premier de ces modes de fortifier remonte comme origine à Charlemagne ; ce monarque, pour assurer entre ses mains la conservation de ses vastes conquêtes, les couvrit, surtout dans l'Allemagne septentrionale, de tours isolées, carrées ou rondes, entièrement massives par le bas, et que les moyens existants ne pouvaient battre en brèche. Chacune de ces tours, construite sur un point élevé, important, pouvait être confiée à deux ou trois hommes qui gagnaient sa partie supérieure par une échelle, et suffisaient pour la défendre jusqu'à l'arrivée d'un secours. On peut désigner ces tours par le nom général d'*atalaya* qui leur fut appliqué plus tard en Portugal (1).

L'existence de ces atalaya mêlait à la guerre de campagne la préparation artificielle du terrain ; il en est de même de certaines têtes de pont élevées en terre et en bois à cette époque sur les rives de l'Elbe et du Rhin (2), atalaya et têtes de pont qui formaient un réseau conçu dans les règles stratégiques.

Une semblable conception d'ensemble militaire manque au genre de fortification isolée dont il nous reste à parler et que l'on a souvent caractérisé par la dénomination de fortification *individuelle*. Ce genre de fortification naquit de la nécessité pour chaque noble, après la conquête d'installation, de protéger sa résidence contre les attaques de ses

---

(1) M. le major Louis BLESSON, frappé de la rapidité avec laquelle Charlemagne recevait des nouvelles des points les plus éloignés de son empire, émet l'idée que les tours *atalaya* avaient été réparties de manière à servir en même temps de postes télégraphiques. (*Esquisse historique de l'art de la fortification permanente*, p. 38 de ma traduction.)

(2) Par exemple, en 789 sur l'Elbe à Habola, en 839 sur le Rhin à Mayence.

voisins et d'implanter par la force et l'intimidation sa puissance sur ses vassaux ; il se perpétua ensuite par l'organisation même du système féodal, lequel reconnut et avoua des suzerainetés qui, jusque-là, n'avaient été que subies sous la pression d'une épée victorieuse. Chaque seigneur entoura donc sa maison d'un fossé, la préserva d'une atteinte par une ou plusieurs enceintes de maçonnerie offrant à peine une issue, garnies souvent de tours qui commandaient le reste du pourtour, et portant à une extrémité un *donjon*, presque indépendant, chargé de guetter ce qui se passait dans la campagne, et d'offrir, à la fin de la défense, un dernier refuge, un *réduit* aux assiégés. L'ensemble de ces constructions défensives prit le nom de château, et l'expression château seigneurial devint synonyme de celle de château fort. Le château du seigneur occupait un site bien choisi au point de vue de la résistance, soit le haut d'une colline ou d'une *motte* artificielle, soit le sommet d'un rocher naturellement à pic ou taillé à pans roides. Le fameux château de Coucy, quoique annexé à la ville de ce nom, fournit l'exemple le plus complet d'un château féodal bâti avant l'invention de la poudre ; il se distingue par un donjon, construit vers 1220, et paraissant destiné à une race de géants, dit un auteur moderne qui le décrit en détail de sa plume et de son crayon (1), car il mesure 30^{m}50 de diamètre et 60^m de hauteur ; on y remarque aussi, sous les voûtes qui supportent le sol de la vaste cour intérieure, l'entrée d'un souterrain par lequel la forteresse pouvait être ravitaillée, et qui allait déboucher dans la campagne voisine, près de Saint-Gobain, à plus de trois lieues de distance.

(1) M. Viollet-le-Duc, dans son curieux *Essai sur l'architecture militaire au moyen âge*, 1854, p. 91 à 98.

Alors aussi, n'oublions pas de le dire, parallèlement à ces vastes châteaux, il existait dans les campagnes un très-grand nombre de petits châteaux et de petits forts, désignés parfois officiellement sous le nom de *forteresses champêtres* (1).

La fortification individuelle et féodale, ce fait vaut la peine d'être mis en relief, s'introduisit tout d'une pièce en Angleterre à la suite de l'invasion normande ; à peine installés (1070), les vainqueurs accumulèrent les châteaux fortifiés sur le sol des vaincus désarmés, et en firent à la fois « une citadelle pour eux, une prison pour les habitants » (2). Ces derniers ripostèrent en barricadant leurs maisons, en les remplissant d'armes ; puis, couvert de part et d'autre, par des clôtures, par des fortifications, on se tint en observation mutuelle. Cet état d'hostilités se produisit aussi sur le continent, et il est propre à cette période du moyen âge, durant laquelle, néanmoins, force et puissance restèrent encore aux mains des maîtres titrés de la plus grande partie des terres (3).

Malgré l'état peu avancé de l'art de fortifier dont témoigne la fortification individuelle, on retrouve en Irlande, à cette époque, trace d'une longue ligne de châteaux forts et de redoutes palissadées, et par conséquent d'une combinaison d'obstacles étendus et étudiés, à propos du territoire nommé *Pal*, sur lequel les Normands s'installent et se consolident

---

(1) Par exemple, dans l'ordonnance du dauphin Charles, de mars 1356. (*Recueil des ordonnances des rois de France*, tome III, p. 145.)

(2) Augustin THIERRY, *Histoire de la conquête de l'Angleterre par les Normands*, livre v, édition format anglais, 1846, tome II, p. 122. — En Angleterre ces demeures seigneuriales eurent donjon et triples murailles, en Écosse elles consistèrent seulement en une tour carrée avec fossé.

(3) En France les privilégiés recoururent même à l'autorité suzeraine du roi de France pour interdire la construction de nouveaux châteaux.

vers 1175 ; on retrouve, surtout dans l'établissement du château Gaillard des Andelys par Richard Cœur de lion, l'entente et l'application des meilleurs principes de l'art de l'ingénieur. Ce château, achevé en un an (1196-1197), sous la direction du héros anglais lui-même, avait pour but de garantir Rouen, capitale de la Normandie, d'une attaque de la part des Français en fermant la rive droite de la Seine, et en dominant la navigation de cette rivière juste au point culminant du coude où se trouvaient les Andelys, et où finissaient les domaines du roi de France ; il fut élevé au sud du lac de retenue qui joignait le Grand-Andely au Petit-Andely (de création nouvelle), sur un rocher crayeux, à plus de 100ᵐ au-dessus du niveau de la Seine, et, du côté où le roc était plus accessible, reçut pour bouclier un fort pentagonal, garni de cinq tours ; au bas, un fort situé dans une île et une estacade solide barraient le cours de la rivière. Malheureusement, si bien adapté qu'il fût au terrain, si réussi qu'il apparût dans ses chicanes défensives, le château Gaillard avait l'inconvénient majeur d'être trop étranglé ; dans sa plus grande largeur, il offrait à peine une étendue de 85ᵐ, et les ouvrages s'y accumulaient pourtant à un point tel qu'ils se gênaient, comme le fit voir le siége de sept mois (1203-1204) par lequel Philippe-Auguste parvint à le réduire à son obéissance (1).

La méthode employée pour la fortification des villes provient en partie de l'esprit d'animosité qui animait les bourgeois contre les seigneurs féodaux, et plus encore du désir d'éclore à l'indépendance qui animait les premiers, que des brigandages réellement commis par les seconds. Les villes communales en France, les cités appartenant à la ligue

---

(1) Consultez *Histoire du château Gaillard*, par A. DEVILLE, Rouen, 1849.

hanséatique en Allemagne s'enveloppent d'enceintes, grâce aux efforts de leurs corps de métiers qui prennent chacun à cœur d'achever et de défendre une portion déterminée du pourtour qui incombe à leur responsabilité et reçoit ordinairement leur nom. Dans ces enceintes, les portes appellent principalement l'attention ; le chemin d'entrée y parvient après plusieurs détours et passe souvent entre deux tours sous une voûte surmontée elle-même d'une troisième tour. Ce sont encore des enceintes à peine terrassées, de véritables murailles flanquées (1) partiellement, et partiellement battues au pied par des tours carrées, puis rondes (comme résistant mieux au bélier), qui comportent un faible diamètre, s'élèvent de distance en distance, restent indépendantes de l'enceinte et n'ont pas souvent d'escaliers permanents pour monter à leur plate-forme ou à la galerie de leur rempart. Parfois, une de ces tours, plus considérable et plus indépendante que les autres, bâtie à l'un des angles de l'enceinte, et communiquant directement avec la campagne, servait de citadelle à la ville et au besoin de forteresse contre les habitants ; telle était la grosse tour du Castillon à Amiens, tour qui joua un rôle au milieu des péripéties qui assombrissent, dans les premières années du xiiᵉ siècle, l'histoire de la commune de ce nom (2).

Mais on s'égarerait en affirmant, avec plusieurs écrivains, que la fortification des villes, en cette première période du moyen âge, eut une origine purement bourgeoise ; les souverains fortifiaient aussi les cités, et je n'en veux que deux exemples saillants, Londres et Paris : Londres qui vit bâtir, lors de l'installation de Guillaume le Conquérant (1067),

<hr>

(1) Sans que l'on attachât encore un mérite spécial au flanquement.

(2) Augustin THIERRY, *Lettres sur l'histoire de France*, lettre XIX.

deux forteresses à l'occident de ses murs, le château Baynard et le château Montfichet, et ajouter ainsi à la force que lui donnait déjà la tour de Londres, construite à l'orient, à proximité de la Tamise, et désignée par les Normands sous le nom de tour Palatine; Paris, auquel Philippe-Auguste annexa le Louvre, alors en dehors de l'enceinte générale, comme une citadelle dominant, en aval de la capitale, les deux rives de la Seine; Paris, qui eut bientôt comme autre citadelle le Temple (1), et que Charles V dotera plus tard (au xiv° siècle), dans le même esprit, de deux autres forteresses, la bastille Saint-Antoine et le palais des Tournelles qui, placées toutes deux sur la rive droite du côté d'amont, y commanderont les faubourgs.

La fortification, à ce début du moyen âge, résiste à la fois par sa masse et par son site; elle résiste à un art de l'attaque imparfait qui lui permet de rester stationnaire, si ce n'est pour augmenter les chicanes et permettre une défense *pied à pied*, à la fois longue et énergique. Plusieurs enceintes; des ouvrages multiples, étagés, fractionnés; des passages étroits, interrompus, barricadés; des obstacles sans nombre, du haut desquels tombent en foule des projectiles lourds, incommodes ou malsains; telles sont les bases fondamentales de cette défense prévue et préparée bien à l'avance, avec une perspicacité digne d'une civilisation plus parfaite. Outre tous les obstacles placés vers l'ennemi, sur ce périmètre essentiel qui sépare le champ de bataille du défenseur de celui de l'assaillant, il existe à l'intérieur des villes autant d'obstacles que d'habitations; chaque maison est crénelée, porte tour, offre peu d'ouvertures, et peut

____

(1) La grosse tour du Temple date de 1212, et la première construction du Louvre de 1204.

contraindre à un siége régulier, en sorte que, pour se rendre maître de la cité, il faudra presque lutter corps à corps avec chaque habitant.

Ces maisons crénelées, construites par les riches bourgeois, indiquent de leur part importance et affranchissement, aussi coïncident-elles avec l'établissement des premières communes, et leurs possesseurs y tenaient-ils beaucoup (1). On en comptait jusqu'à 300 dans Avignon, au début du XIII° siècle.

§ 14. MACHINES DE GUERRE.

L'histoire montre au VI° siècle le roi des Francs, Clovis, après sa victoire sur Syagrius, prenant les machines de jet du vaincu et attirant des ingénieurs romains à son service; elle montre aussi les Ostrogoths et les Lombards agissant de même en Italie. Bientôt les machines conquises s'usèrent et il fallut les remplacer; dans cette création deux modifications s'introduisirent : la complication de la mécanique et le gigantesque des proportions. Dans ces nouvelles machines, l'élasticité nécessaire pour le jet se produisait au moyen de poids fixes ou mobiles, et il fallait un nombre considérable de ces poids pour obtenir une faible portée et un tir lent.

C'est assez dire que les machines de jet de la première portion du moyen âge sont inférieures à celles de l'antiquité, quoique restant de la même espèce. Croirait-on, à lire cette assertion, qu'à la fin du XI° siècle (en 1086) un pont fut jeté sur le détroit de Gibraltar, entre l'Afrique et

____

(1) Reportez-vous à l'*Histoire de la commune de Vezelay.*

l'Espagne (1), par le conquérant Juzef-ben-Taxfin ?... Le fut-il réellement, ou les historiens arabes en imposent-ils? Peu importe, car la citation même nous prouve un fait souvent répété, à savoir que les Arabes s'entendaient mieux aux arts mécaniques que les peuples barbares, origine des nations chrétiennes qui firent les croisades.

Les machines de jet qui nous occupent sont pour la plupart des engins à verge ou couillards, qu'on les nomme soit *biffa*, soit *tripantes*, soit *trébuchets;* elles jettent avec une cuiller ou une fronde (2), suivant une courbe et par un jeu de bascule, des pierres arrondies ou des poutres; elles sont quelquefois, surtout à l'intérieur des villes, aidées dans ce tir par des *arcs* gigantesques dressés à demeure sur le rempart; ces arcs, ou plutôt ces *arbalètes à tour,* lancent horizontalement, par un tir rasant, des pierres rondes, des traits à pointes de fer, ou des flèches incendiaires (3).

On utilise, en outre, dans les siéges plusieurs autres machines dont l'emploi correspond au caractère chicanier de la fortification de cette période, et a pour but d'affaiblir et d'arracher un à un tous les avantages alors inhérents à la défense; ce sont :

1° Les *griffes*. Mues à la main ou par le mécanisme d'une

(1) Walsin Esterhazy, *De la domination turque dans l'ancienne régence d'Alger.* 1840, p. 65. — L'historien espagnol, Antonio Condé, ne parle pas de ce prétendu pont au chap. 45 de la 3ᵉ partie de son *Historia de la dominacion de los Arabes en España*, chapitre qui traite de la première venue de Yuzef en Espagne.

(2) La fronde donnait une portée presque double de celle obtenue avec la cuiller ou *cuilleron*. Ce résultat a été vérifié expérimentalement par le général Dufour. (*Mémoire sur l'artillerie des anciens et du moyen âge,* 1840, p. 91.)

(3) Le prince Louis-Napoléon Bonaparte (*Études sur l'artillerie,* tome II, p. 26 à 37) a beaucoup élucidé la question délicate et difficile de l'emploi des machines de jet au moyen âge.

grue, elles vont saisir les pierres d'un rempart pour contribuer à sa démolition, ou enlever un ennemi au milieu des siens.

2° Les *échelles* d'assaut. Il s'agit d'échelles pliables, soit en chaînons de fer, soit en chaînons de bois, soit en corde, pourvues à une de leurs extrémités de crochets solides ; elles se lançaient à bras ou au moyen d'une machine dans un machicoulis, dans une embrasure et s'y cramponnaient ; leur légèreté permettait, au besoin, une fois monté, de les tirer à soi et de les pendre à l'intérieur, pour pouvoir descendre là où l'adversaire ne se trouvait pas en force ; quelques-unes étaient disposées pour laisser monter deux hommes de front (1).

3° La *perche à grimper*, pourvue de sandales mobiles pour la pose du pied, tandis que l'on tient le mât avec les mains.

Indiquons aussi les *muscules*, espèces de *tortues* qui permettent d'approcher à couvert d'une porte pour la saper, d'un brèche pour monter à l'assaut, d'un fossé pour y former un pont ; elles sont garnies de peaux à leur partie supérieure et admettent les formes les plus bizarres, par exemple, celle d'une tête de souris avec fentes pour tirer au dehors des dards ou des flèches. L'art de les manœuvrer est assez difficile, et on y parvient, en général, au moyen d'une corde accrochée dans les créneaux ou les ouvertures de la muraille, et que raccourcit successivement un cabestan mis en action par des chevaux ou des hommes cachés à l'intérieur : un jeu de moufles remplace souvent le cabestan.

Quant aux *tours d'approche*, que l'on poussait au besoin

_____

(1) M. Blesson décrit fort bien ces échelles. Consultez son ouvrage intitulé : *Geschichte des Belagerunskrieges oder der offensiven Befestigungen*, Berlin, 1836, § 67.

jusque sur le comblement du fossé, elles glissaient sur le terrain et avançaient à la manière des muscules; si elles avaient un pont destiné à s'abattre sur le rempart, ce pont abattu, elles offraient ensuite une face aussi lisse, aussi parfaite qu'à l'ordinaire, comme Guillaume de Tyr le rapporte de celles employées au siége de Jérusalem (1099).

Les ordres de chevalerie, entre autres l'ordre Teutonique, confiaient la construction et l'emploi de leurs machines de guerre à leur grand commandeur, c'est-à-dire à leur dignitaire le plus élevé après le grand maître; on voit la haute importance qu'ils attachaient à ce service militaire spécial.

§ 15. DÉFENSE ET ATTAQUE DES PLACES.

Les peuples barbares se montrèrent aussi peu habiles dans l'art des siéges que dans la construction des machines de guerre, et cette double inhabileté paralysa longtemps les progrès de leurs conquêtes.

Pareille inhabileté se retrouve au début du moyen âge, époque où elle s'efface pourtant peu à peu par l'usage et les progrès qu'il amène. L'art des siéges renaît de l'imitation des anciens, et ce sont encore les procédés grecs et romains qui subsistent et triomphent; ce fait explique pourquoi la fortification conserve alors, sinon les formes absolues, au moins les principes de l'antiquité, puisque, pour répondre à leur but, les remparts doivent toujours être calqués sur les exigences du procédé destructeur, et de manière à lui résister le mieux possible.

En réalité, les siéges ne commencèrent à marcher suivant une direction convenable que dans les croisades, alors justement que renaissaient les troupes d'infanterie, les plus

propres à les exécuter. Les essais de l'ancienne poliorcétique, tentés aux siéges de Monbrol (996) et de Dyrrachium
(1070), se renouvellent donc avec plus de succès aux siéges
d'Antioche et de Nicée (1097) et au siége de Jérusalem (1099).
L'attaque de Dyrrachium montre l'emploi d'une circonvallation, de plusieurs batteries de machines de jet et de tours
mobiles plus élevées que les remparts; sa défense prouve
qu'on tirait contre les assiégeants avec de nombreuses machines (1), qu'on s'opposait par des échafaudages horizontaux
à la descente et au placement des ponts-levis des tours d'attaque, et qu'on cherchait en même temps à incendier lesdites
tours. L'attaque de Jérusalem fait voir l'emploi d'hélépoles
et de machines de toute espèce; ces machines, construites
par des ingénieurs génois, se démontaient, et, grâce à
cette précaution, purent se transporter d'une attaque à
l'autre (2).

Pour se couvrir dans les approches contre la place, on
recourait aux pavois; la ligne formée par ces grands boucliers se nommait *pavoisade*, et les archers de l'attaque se
plaçaient derrière elle pour tirer. Peu à peu, la pavoisade,
rideau essentiellement mobile, se rapprochait des murailles
et les joignait bientôt assez pour que l'on pût, sous sa protection, combler le fossé et saper le rempart. Il était urgent
d'agir ainsi, car les défenseurs tiraient souvent avec une justesse désespérante et qui prouvait un long exercice; le siége
de la Roche-au-Moine, par Jean sans Terre (1200), en fournit
un exemple frappant, celui d'un archer de la défense, assez
preste pour lancer une flèche avec une corde dans un pavois

(1) Dès 886 Paris posait 100 machines sur ses murailles pour repousser
les Normands.

(2) Il y avait trois attaques.

planté en terre, pour attirer ensuite à lui la corde et le pavois, pour ajuster alors et tuer l'assaillant qu'il venait ainsi de mettre à découvert (1).

Au lieu d'une simple pavoisade, on remarque, au siége de Saint-Jean-d'Acre (Ptolémais) par les croisés (1189), un mur de briques construit le long du fossé; les assaillants, placés derrière, jetaient sur la place des *carreaux* au moyen d'arbalètes, carreaux que les Arabes appelaient alors *zembourek* (2).

Philippe-Auguste, le monarque qui employa ce mur de briques et conquit Saint-Jean-d'Acre, rapporta en France les machines des croisés, et c'est l'un de ses titres à la renommée d'avoir restauré les sciences militaires en Occident. Il en fit usage en un siége célèbre, celui du château Gaillard (1203 à 1204), déjà cité au § 13 de ce chapitre, siége où il plaça sept bastilles en bois dans ses lignes d'investissement, où il fit établir sur un terrain aplani des galeries couvertes et une tour bélière, où il mit une machine de jet en batterie vis-à-vis de la porte d'entrée de la forteresse.

On a même prétendu que Philippe-Auguste avait employé à ce siége des tranchées comme moyens d'approche (3); mais la plupart des auteurs spéciaux n'admettent l'introduction réelle des tranchées qu'à l'époque du premier usage des bouches à feu, vers le début du xive siècle.

Ce qui est plus certain, c'est l'emploi fait de bonne heure de chaussées artificielles pour traverser des marais ou des

(1) DANIEL, *Histoire de la milice française*, tome Ier, p. 555.

(2) *De l'art militaire chez les Arabes au moyen âge*, par M. REINAUD, de l'Institut, dans le *Journal asiatique* (1848, n° 9). On donne aujourd'hui en Perse le nom de *zembourek* à l'artillerie de campagne montée sur dromadaires.

(3) Voyez VIOLLET-LE-DUC, *Architecture militaire au moyen âge*, ouvrage déjà cité, p. 147, note.

fossés situés autour d'un camp ou d'une forteresse ; je puis citer à ce sujet la chaussée élevée en 1072 par Guillaume le Conquérant pour attaquer le camp du Refuge (dans l'île d'Ély), défendu par les Saxons : cette chaussée, si elle eût pu être achevée, devait mesurer 3,000 pas.

L'usage d'une terrasse se retrouve au siége de la Rochelle par Louis VIII (1224).

§ 16. MINES.

Les mines que nous montre le moyen âge avant l'invention de la poudre sont encore des mines à l'antique, c'est-à-dire des galeries souterraines qui permettent d'arriver sous la muraille d'enceinte, d'y creuser une excavation en l'étançonnant, et de mettre le feu à ces étançons dont la destruction entraine la chute de la muraille ; telle est la mine au moyen de laquelle Philippe-Auguste, qui entretint à son service un grand nombre de mineurs habiles, fit écrouler la tour méridionale la plus avancée du château Gaillard.

Le même siége accuse l'emploi des contre-mines, qui fut constant dans cette période de la part des assiégés ; ces dernières, cheminant sous un mur déchaussé, offraient de grands périls, puisque ce mur, à peine étançonné, pouvait, et cela se vit, s'abattre sous l'ébranlement causé par le choc des projectiles.

Les mines du moyen âge étaient spacieuses en hauteur et en largeur. On s'y battait en cas de rencontre, et les chevaliers y acceptaient des défis ; ces combats ne pouvaient se livrer qu'à la lumière des torches et avec des armes raccourcies, à cause des tournants (1). La lutte s'y faisait même à

____

(1) DANIEL, *Histoire de la milice française*, tome Ier, p. 616 et 617.

deux de front, avec l'armure complète, ce qui implique au moins, comme le remarque Maizeroy (1), 2ᵐ30 de hauteur et 2ᵐ30 de largeur.

N'oublions pas qu'un guerrier reçu chevalier pendant un siége passait sa veille d'armes non plus dans une chapelle, mais dans la mine, si l'on travaillait souterrainement.

CONCLUSION.

On ne peut disconvenir, d'après le chapitre qui précède, qu'avant la poudre l'art militaire du moyen âge reste inférieur à l'art militaire des anciens, et sans doute aussi à l'art militaire de Charlemagne; la renaissance des procédés guerriers, due à la renaissance des idées littéraires et artistiques, et bientôt modifiée par l'usage de la poudre de guerre, appartient seulement à la seconde partie de notre travail sur l'histoire de l'art de la guerre.

Cette infériorité a été principalement attribuée à la chevalerie. Parmi les auteurs qui ont anathématisé cette institution, dont nous avons déjà signalé les principaux inconvénients dans l'introduction de ce chapitre, il en est un, homme d'érudition et de goût, qui lui reproche de nous avoir légué « le point d'honneur, le duel et la galanterie, les trois plaies de l'Europe moderne » (2). L'appréciation de ce rude jugement sort de notre spécialité; mais quand le même auteur ajoute que la chevalerie n'a fait de grand que les actions des ordres de chevalerie religieuse et militaire, que les actions par exemple des Hospitaliers et des Teutoniques, nous pouvons répondre.

(1) *Art des siéges*, 1778, p. 229.
(2) M. E.-J. DELÉCLUZE, *Roland ou la chevalerie*, 1845, tome Iᵉʳ, p. 337.

La chevalerie, dirons-nous, a l'esprit d'abnégation militaire; elle fait le sacrifice de la vie (1) à une cause d'un
succès douteux, mais qui l'enthousiasme : le triomphe de la
religion chrétienne. N'allez pas croire que la foi l'entraîne
seulement dans les croisades, puisqu'à Bouvines, dès que
Philippe-Auguste s'écrie en montrant son adversaire :
« Souvenez-vous, guerriers! cet empereur est excommu-
nié! » chacun s'exalte, fond intrépidement sur l'ennemi et
le repousse.

On a donc eu raison de le dire, les chevaliers étaient des
hommes *couverts de foi et de fer;* mais, par cela même que
le ressort de la foi finit par s'user en l'espèce humaine
comme tous les autres enthousiasmes, ces brillants guerriers
devaient peu à peu disparaître. Cette considération suffit
pour faire pressentir, dès la dernière croisade (1270), un
changement radical dans la manière de combattre.

Et d'ailleurs la force des choses eût seule amené ledit
changement, car la méthode féodale durait depuis trois
siècles, et rarement une méthode de guerre jouit d'une plus
longue durée; la raison c'est que l'adversaire contre qui on
l'applique en souffre d'abord, s'y habitue peu à peu, et finit
par trouver le moyen de la vaincre. Au xiii° siècle la chevalerie en était arrivée là : ne voyons-nous pas en effet, avant
la bataille de Cortenuova (1237), les Lombards comprendre
assez les défauts des troupes féodales pour essayer de détruire
l'armée impériale par une inaction de trois mois?

Il est encore un motif qui devait naturellement saper la
méthode de guerre féodale; ce motif, souvent oublié, consiste dans la disparition commencée dès les croisades de

---

(1) « La chevalerie, a dit Augustin Thierry, savait mourir, elle s'en van-
tait et c'était là son orgueil légitime. » (Préface de l'*Histoire du Tiers état.*)

l'organisation féodale de la société et de l'État, dans la substitution de l'autorité unique du roi à l'autorité multiple et divisée des seigneurs féodaux.

Comment s'opéra ce changement qui se trouvait pour ainsi dire dans l'air? Est-ce par l'effet des causes naturelles, des trois motifs que nous venons de déduire, ou par l'effet d'une invention subitement venue au monde? C'est ce que nous expliquerons un jour, s'il nous est donné de mener à bonne fin un travail analogue à celui-ci et embrassant l'histoire de l'art de la guerre depuis l'usage de la poudre.

FIN.

TABLE DES MATIÈRES.

Evreux, A. Hérissey, imp. — 560.

DES TRAVAUX

DU

CAPITAINE LA BARRE DUPARCQ

SUR L'ART MILITAIRE.

PREMIER ARTICLE.

On peut diviser tous les auteurs en deux catégories :
1° ceux qui traitent un sujet particulier ou des sujets variés,
mais qui ne se rattachent pas à un principe général ou à un
même corps de doctrine ; 2° ceux, au contraire, dont les diverses productions sont autant de rayons partant du même
point et qui en se projetant sur la circonférence en étendent
l'horizon. Les premiers offrent un moyen commode de s'instruire partiellement, mais ils ne sont réellement utiles
qu'autant que le lecteur peut les compléter par d'autres
traités particuliers ou par ses propres connaissances : car
tous les ouvrages ont pour but final de prouver l'exactitude
de certains principes qui doivent diriger les hommes dans le
jugement comme dans la volonté. Ceci est vrai pour toutes
les connaissances humaines, et dans chaque branche on peut
en faire l'application. Pour procéder avec exactitude à cette

classification, le premier problème à résoudre est celui-ci :
comment résumer et coordonner les travaux multiples d'un
auteur qui professe une science? La méthode qui nous
semble la plus favorable, pour en chercher la solution, consiste à classer ces divers travaux en œuvres théoriques et
en œuvres historiques : ceci fait, il en résulte, ou qu'elles
touchent à une doctrine dont l'auteur lui-même n'aura compris que vaguement le principe fondamental, ou bien que
c'est ce principe même que l'auteur aura voulu démontrer
avec des preuves suffisantes; le premier cas appartient à la
première catégorie que nous indiquions, l'autre appartient à
la deuxième. La division que nous proposons pour classer
les divers travaux d'un auteur n'est pas arbitraire : elle tient
à notre nature et à l'exercice de nos facultés; car l'homme,
individuellement ou collectivement, en dehors des passions
qui l'entraînent, pense et agit d'après ce qu'il adopte des
opinions que les intelligences élevées formulent en doctrines.

Nous nous proposons de faire une application de cette méthode aux nombreux ouvrages d'un savant et zélé professeur
de l'École militaire de Saint-Cyr, M. le capitaine La Barre
Duparcq, qui a écrit, outre ses leçons qui n'ont pas été
publiées, — en ouvrages théoriques : *Commentaires sur le
Traité de la guerre de Clausewitz* et *Éléments d'art militaire;* — en ouvrages historiques : *Fortification des gens
du monde, Portraits militaires, Biographies de Montluc
et de Maurice de Saxe, Études sur la Prusse, Histoire
militaire de la Prusse, Maximes de Frédéric le Grand,
Le plus Grand Homme de guerre* et *Considérations sur
l'art militaire antique* (1); ce dernier ouvrage sera bien-

____

(1) Citons aussi les traductions que l'auteur a faites des ouvrages suivants:
Principes de la grande guerre, de l'archiduc Charles; *Histoire de la fortifica-*

tôt suivi d'une *Histoire de l'art de la guerre avant l'usage de la poudre* qui, avec le traité de Mauvillon sur les effets de la poudre dans l'histoire de l'art, est destinée à faire ressortir toute l'influence des méthodes et des instruments de guerre dans les grands événements que rapporte l'histoire.

Enfin, le 11 février 1860, l'Académie des sciences morales et politiques a décerné la première récompense à l'auteur, pour le mémoire qui répondait à cette question : « Exposer les divers principes qui ont successivement pré- « sidé à la formation de la force publique en France, et re- « chercher l'influence que ces divers modes de formation « ont exercée sur le développement de l'unité nationale. » En mettant cette question au concours, l'Académie des sciences morales était convaincue de la grande influence qu'a toujours exercée sur l'organisation sociale la constitution militaire d'un pays, et conséquemment aussi la méthode de guerre, puisque c'est pour combattre qu'on organise une armée. Il nous est difficile de cacher notre satisfaction en voyant que le sujet des occupations de notre vie entière semble enfin avoir conquis dans la littérature le rang auquel nous nous efforcions de l'élever, en transportant l'art militaire dans le champ de la philosophie politique. C'est pourquoi nous croyons que le professeur qui a produit tant de travaux a compris sa mission dans le sens le plus élevé, en montrant que la carrière militaire exige de grands sacrifices, une abnégation constante, une incessante soumission. Pour faire le sacrifice constant de sa propre volonté, il faut considérer les obligations qu'impose le métier des armes comme

---

tion permanente, de Zastrow ; *Histoire de l'art militaire chez les anciens*, de Ciriacy.

Tous ces travaux prouvent que ce laborieux et intelligent officier a consacré sa vie à remplir ses devoirs de la manière la plus haute.

devant faciliter l'accomplissement d'une noble mission ; celui qui, pénétré de ce sentiment, embrasse cette carrière ne doit pas, comme dans les autres, considérer le profit, mais quelque chose de plus haut et qui échappe au calcul parce qu'il ne se compte ni ne se pèse.

C'est dans le prochain article que nous chercherons à démontrer ce qui est simplement exposé dans celui-ci. De l'analyse sommaire de la doctrine de l'auteur, du caractère de ses nombreux travaux, on pourra conclure à laquelle des deux classifications il doit appartenir, et juger si comme professeur il a atteint son but principal, qui est d'inspirer à ses élèves l'amour du métier, de les préserver du mépris des détails en leur montrant que le perfectionnement des éléments facilite l'usage de la machine, et que celle-ci élève et conserve les empires.

DEUXIÈME ARTICLE.

Dans notre premier article nous disions : 1° que dans les études bibliographiques il faut d'abord déterminer si les divers ouvrages d'un même auteur se rattachent à un principe général, ou s'ils traitent de sujets entièrement différents ; 2° que la meilleure méthode à employer pour procéder à cet examen est de séparer dans les travaux la partie dogmatique de la partie historique, car la seconde étant la contre-épreuve de la première, on peut s'assurer par là si elles ont un but commun, c'est-à-dire un ordre d'idées à faire prévaloir, ou si elles ont en vue d'éclaircir des questions particulières. Ceci établi, revenons à l'auteur dont nous nous sommes promis d'examiner les œuvres conformément à la thèse que nous avons soutenue ; voyons dans laquelle des

deux catégories on devra le placer, et tout d'abord s'il y a
dans sa doctrine cette unité qui caractérise la première.

Nous réduirons à une question principale, dont la solution
doit d'ailleurs faciliter celles des questions secondaires, l'analyse circonscrite que nous avons entreprise.

Rechercher si dans l'ensemble de ses ouvrages, tant dogmatiques qu'historiques, on peut découvrir une doctrine
complète sur toutes les branches de la science militaire.

Mais avant de résoudre cette question, il importe de défi-
nir ce qu'on entend par doctrine en pareille matière, et d'indiquer quelles sont les principales différences qui existent
sur la science ou sur l'art entre les diverses écoles qui se
sont formées.

On peut considérer sous un double aspect tout ce qui
regarde la science et l'art de la guerre : 1° ce qui est relatif
à la composition de la machine et aux moyens matériels qui
lui sont nécessaires pour produire les divers effets en vue
desquels elle a été constituée ; 2° ce qui concerne l'arrangement ou la combinaison des divers éléments, la manière de
les employer, et surtout le rôle du général en chef qui en est
le moteur principal. Dans la première partie, on comprend
le choix des hommes, leur division en fractions constitutives, le mode d'administration destiné à pourvoir à leur
entretien, les dispositions pénales ou rémunératrices et la
hiérarchie. Dans la deuxième, le rôle des diverses armes,
leur organisation particulière, la tactique élémentaire, la
tactique générale, la fortification et la stratégie. Voyons
maintenant en quoi diffèrent les diverses écoles sur la manière de constituer une armée et de la faire mouvoir. L'organisation des armées et leur division en fractions constitutives ont pour base la méthode française du xviie siècle,
perfectionnée dans les deux siècles suivants, généralement

adoptée en Europe, et d'après laquelle les peuples orientaux cherchent aussi à organiser leurs milices ; les armes, la tactique élémentaire, les ordres de bataille ne diffèrent pas beaucoup non plus de ce qui était en usage dans le xviiᵉ siècle ; les changements survenus depuis sont plutôt des perfectionnements que des choses radicalement différentes. C'est, à notre avis, dans les opérations militaires qu'existe la différence caractéristique entre la deuxième moitié du xviiᵉ siècle et le commencement du xviiiᵉ. A cette dernière époque on apprécie bien mieux les avantages de la mobilité ; on fait une guerre de mouvement plutôt que de position, et il est à remarquer qu'il s'agit déjà de grandes masses, car cette méthode, employée dans les petites armées du xviiᵉ siècle, avait cessé de l'être avec leur accroissement numérique. Une des conséquences de cette mobilité fut que les batailles se multiplièrent et que le nombre des siéges diminua. En effet, Napoléon a livré plus de batailles que Gustave-Adolphe, Turenne, le prince Eugène et Frédéric ; ces derniers, réunis, en ont livré trente-cinq, Napoléon seul en compte quarante-neuf ; les siéges, au contraire, deviennent de moins en moins fréquents et suivent une progression inverse de la première. En outre du système de Frédéric le Grand, qui ouvre l'ère moderne, et des guerres de la révolution, Jomini considère aussi le système des grandes invasions et celui de lord Wellington. Il nous reste maintenant à déterminer s'il y a de l'unité dans l'ensemble des œuvres de notre auteur, et à laquelle de ces écoles sa doctrine le rattache.

Comme nous l'avons déjà mentionné, l'auteur a publié des travaux dogmatiques et des travaux historiques. Les *Études sur la Prusse* ont pour but l'examen d'une organisation militaire des plus complètes, et peut-être aussi des plus compliquées ; la critique qu'il en fait lui donne l'occasion d'exposer ses idées sur la constitution militaire d'un État, et par conséquent sur la composition de cette importante machine que nous appelons une armée. Nous avons vraiment admiré avec quelle sagacité l'auteur a su mettre en évidence ce qu'il considère comme la partie défectueuse de cette organisation. Une preuve sans réplique résulte des discussions actuelles des chambres prussiennes sur le projet du gouvernement tendant à modifier le système en vigueur; les adversaires de ce système le combattent par des raisons conformes aux réflexions de l'auteur, dont ils constatent le mérite par un témoignage des plus flatteurs.

Dans son introduction aux *Principes de la grande guerre* de l'archiduc Charles, les *Commentaires sur Clausewitz*, *Le plus Grand Homme de guerre*, *La Fortification des gens du monde* et dans les *Éléments d'art militaire*, on trouve toute la partie dogmatique; l'auteur y indique comment la guerre doit être conduite depuis les plus petites opérations jusqu'aux plus savantes combinaisons; il explique le rôle de chaque élément et de quelle manière on doit employer la machine dans tous les cas qui peuvent se présenter (1). Dans les *Portraits militaires*, les *Biographies de Monthuc et de Maurice de Saxe*, et dans les *Maximes de Frédéric le Grand*, il explique le rôle du moteur, c'est-à-dire du général en chef, et certes il ne pouvait pas adopter une meilleure méthode que celle qu'il a suivie en traitant cette intéressante question au point de vue scientifique, dramatique et philosophique, puisque la manière d'opérer des hommes de guerre les plus célèbres fournit d'excellents indices de l'état de la science dans toutes ses parties; les ouvrages que nous

____

(1) Pour la fortification, l'attaque et la défense des places, il suit l'école française dont Vauban est le chef, et quoique par la traduction de Zastrow il fasse connaître l'école allemande, il n'en adopte pas les opinions.

venons d'énumérer renferment une véritable histoire de cette science tirée des mémorables actions des grands capitaines ; la partie dramatique est dans l'individualité qui opère sur un vaste théâtre, et d'où dépendent de très-grands intérêts. Quoi de plus intéressant, en effet, que de voir un homme éminent lutter contre les difficultés que lui opposent la force des choses ou ses ennemis ! Où donc cet intérêt est-il plus grand que dans la guerre ? Là, aux prises avec les événements, sans cesse tenues en éveil par des dangers toujours renaissants, l'intelligence et la volonté se développent au suprême degré.

Si dans son cabinet le général est un savant, en campagne c'est un artiste ; ses actions revêtent ce caractère poétique qu'ont tous les arts, et qui est quelque chose d'indéterminé, touchant à l'infini ; car si l'imagination est arrêtée dans son vol par les limites précises qui circonscrivent la science, la culture des arts lui donne au contraire la plus séduisante latitude. Cette série de travaux ne peut être que l'effet d'une pensée génératrice qui, par tous les moyens et en s'appuyant des meilleures autorités, cherche à convaincre de la grandeur et de l'utilité de la science qu'il professe. Il nous est donc permis de conclure de cette courte notice :

1° Que l'auteur, par ses nombreux écrits, rentre dans la catégorie de ceux dont tous les ouvrages ont un but nettement déterminé, et sont comme des traités particuliers des diverses branches d'une même science ;

2° Que ce qui précède suffit pour démontrer qu'il a atteint son but, qui est à la fois d'instruire et d'intéresser ses lecteurs, et de leur donner une haute idée des sciences militaires. Reste à déterminer l'école à laquelle il appartient ; obligé de renfermer notre appréciation dans le cadre étroit d'un journal, nous pouvons affirmer plutôt que prouver que l'auteur appartient à l'école dont les chefs sont Jomini et l'archiduc Charles, et qui compte comme historiens : Frédéric, Napoléon, Soult et Napier, c'est-à-dire l'école moderne dont l'origine remonte au xviie siècle, avec le duc d'Albe et Alexandre Farnèse et qui, après avoir traversé alternativement diverses phases de médiocrité et de progrès au xviie siècle, s'être subitement élevée au xviiie avec Frédéric II, est restée quelque temps stationnaire et a reçu une nouvelle et énergique impulsion dans les guerres de la Révolution, à cette école enfin dont les principes ont reçu une magnifique application, en 1814, dans la campagne de France que l'archiduc Charles a tant admirée et à propos de laquelle il disait, en 1819, à l'auteur de cet article : « Si un trône de- « vait être le prix d'une campagne, c'est alors que Napoléon « aurait dû y être élevé, et pourtant il le perdit ! » Dans cette prodigieuse campagne que l'illustre historien du Consulat et de l'Empire nous explique aujourd'hui dans son xviie volume, le moteur, pour continuer notre comparaison, n'avait plus qu'une machine dont les rouages étaient usés , car la fatigue et le découragement avaient attiédi le zèle des soldats et éteint leur enthousiasme ; ses adversaires, au contraire, dont les forces morales étaient en pleine vigueur, avaient des armées supérieures en nombre, disciplinées et exaltées ; pour ceux-ci, la lutte constituait la supériorité et non le succès, tandis que le vaincu, dont le génie était presque l'unique ressource, y acquérait plus de gloire que le vainqueur. Reprenant notre rôle de bibliographe, nous pouvons dire que c'est dans l'œuvre encore inédite du savant auteur sur l'art et la science de la guerre avant l'invention de la poudre qu'est expliqué ce que Gibbon disait de Charlemagne : « L'art de la guerre compromis par la guerre « elle-même renaît avec les arts de la paix. » Il nous montre, en effet, que dans la civilisation antique les arts de la paix et ceux de la guerre occupent le même degré à l'échelle des connaissances humaines et disparaissent également lors de l'invasion des barbares ; puis il suit de nouveau leurs progrès lents, il est vrai, mais sensibles cependant, à travers la deuxième période du moyen âge, jusqu'à l'époque où l'intelligence semble sortir d'une longue léthargie et va bientôt trouver dans la renaissance de toutes les sciences l'emploi de ses facultés. Mais où ce point de vue est sans doute le plus lumineusement exposé, c'est dans le mémoire récompensé par l'Académie des sciences morales, sur la question par elle mise au concours, des diverses modifications qu'a subies, en France, l'organisation de la force publique et de leur influence sur l'unité nationale, ou plus exactement sur l'ordre social tout entier, car l'unité ou la décomposition des États sont des effets de la diversité des mœurs et des coutumes ; or celles-ci, naissant de besoins à satisfaire, ne peuvent pas avoir la même forme si les besoins sont différents. L'appréciation de ce travail, au point de vue philosophique, par des juges compétents, prouvera à l'auteur, ce dont sa modestie lui faisait douter, qu'il peut sans crainte aborder ces hautes questions ; c'est dans le rapport qui, en séance publique, doit en justifier le mérite, qu'on trouvera le complément de cette analyse imparfaite et sa justification, c'est-à-dire que l'auteur, dans ses nombreux écrits, a voulu codifier tout ce qui concerne la science de la guerre et calculer l'influence des grands hommes sur les destinées du monde.

En terminant cet article bibliographique nous ne pouvons taire les impressions que nous laisse cette vie d'étude et de réflexions, toute vouée à l'accomplissement d'un grand devoir qui est de préparer une génération à faire avec joie le sacrifice de sa volonté et de son existence au profit de la patrie, à la convaincre que maintenir l'ordre intérieur et défendre l'État est la plus haute mission, et que cette mission est conservatrice, non comme la force brutale, mais comme la force guidée par l'intelligence! Voilà surtout ce qui constitue la civilisation, et l'on peut affirmer que les nations qui s'engagent dans cette voie acquièrent une supériorité incontestable sur celles qui s'en écartent : témoins l'Inde, l'Algérie, le Caucase et le Maroc.

Une telle vie nous rappelle ces pieux et laborieux bénédictins qui ont illustré la patrie et la religion, pour lesquels le monde était un vaste dépôt d'archives et un observatoire.

Mais là n'est pas le seul avantage du pays qui a vu naître le savant auteur; car si la France cultive avec succès la science des armes, on sait aussi qu'elle est prompte à l'action et que c'est à elle surtout que revient l'honneur de démentir cette maxime ancienne que le savoir et la valeur sont incompatibles.

LUIGI BLANCH.

28 mars 1860.

(Extrait du journal *Il Diorama* de Naples, des 17 mars et 18 avril 1860, et traduit de l'italien par le capitaine RICHARD, répétiteur du cours d'art militaire à l'École de Saint-Cyr.)

ÉVREUX, A. HÉRISSEY, imp. — 560.